陶瓷文物修复理论与方法

周　华　季子薇　著

文物出版社

图书在版编目（CIP）数据

陶瓷文物修复理论与方法 / 周华 , 季子薇著 . –– 北京 : 文物出版社 , 2022.4

ISBN 978-7-5010-7457-0

Ⅰ . ①陶… Ⅱ . ①周… ②季… Ⅲ . ①古代陶瓷—器物修复 Ⅳ . ① G264.3

中国版本图书馆 CIP 数据核字（2022）第 022093 号

陶瓷文物修复理论与方法

著　　者：周　华　季子薇

责任编辑：李　睿
封面设计：王文娴
责任印制：王　芳

出版发行：文物出版社
社　　址：北京市东城区东直门内北小街 2 号楼
邮政编码：100007
网　　址：http://www.wenwu.com
经　　销：新华书店
印　　刷：宝蕾元仁浩（天津）印刷有限公司
开　　本：787mm×1092mm　1/16
印　　张：21.75
版　　次：2022 年 4 月第 1 版
印　　次：2022 年 4 月第 1 次印刷
书　　号：ISBN 978-7-5010-7457-0
定　　价：168.00 元

目录

六、考古现场出土陶瓷文物保护与修复 ·········305

七、出水陶瓷文物保护与修复 ···············310

序言

陶瓷文物是中国文物的重要组成部分，也是数量最多的部分。根据2012～2016年国家文物局组织的第一次全国可移动文物普查结果可知：陶瓷器文物有4540274件，数量占比7.09%；珍贵文物中陶瓷器846600件，数量占比21.96%；而在考古发掘单位，没有被列入普查名单或正在发掘的陶瓷文物数量更是数不胜数。

陶瓷以天然矿物经过人工调配而成的粉状化合物为原料，经过取土、练土、成形、高温烧制而成，属于无机非金属化合物构成的多晶体材料，主要成分为SiO_2与AL_2O_3。

陶瓷文物材料的腐蚀程度由其制作工艺与保存环境共同决定。据不完全统计，陶瓷文物的病害包括：磨蚀、化学腐蚀、生物腐蚀、剥釉、盐的侵蚀、酥粉、沉积物对器物表面和纹饰色彩的覆盖、外力造成的破损、开裂、残缺等。

为了延长陶瓷文物有效寿命，防止或预防陶瓷文物在运输、保管、研究和展示过程中发生意外损伤或自然劣化，需对其进行保护修复。而保持文物的稳定状态并使文物价值能够尽可能长的得到有效保护是唯一的目的。陶瓷文物的保护与修复是统一的，但又有所区别的两个方面。二者的侧重点不同：保护偏重对环境、材质研究和预防性研究；修复则更侧重外观形象的复原、修复技术和工艺的研究。虽然两者的方向不同，但同时又互相交织。

本专著则是陶瓷文物保护研究与修复技术研究的结合，涉及陶瓷文物保护与陶瓷文物修复的相关内容。

在编写的过程中，遇到最大的困难就是怎样将理论与实践相结合的问题。因为古陶瓷的修复理论和技巧有很多，但是怎样才能将其彻底理解透彻呢？后来，经过小组成员的集体讨论，决定加入具体的修复实践，在每一个章节的末尾，都加入了学生实操的真实案例。因为这是一本大学生、研究生使用的专著，所以实操的对象自然也是他们，案例也从他们之中找寻。

《陶瓷文物修复理论与方法》的编写，搜集整理了自2014年开始我在北京联合大学开展陶瓷文物保护教学与科研的收获与成果，这些成果多在北京联合大学2014级、2015级、2016级陶瓷文物修复小组同学的毕业论文及几位陶瓷修复研究生的毕业论文中呈现。另外我在这里尤其要感谢吕淑玲老师及温建华博士对我及北京联合大学陶瓷文保专业方向的帮助。

北京联合大学自2008年起，便聘请了著名陶瓷修复专家，首都博物馆吕淑玲研究馆员给文物修复专业方向学生授课，没有吕老师的辛勤指导与无私付出就没有北京联合大学陶瓷文物修复教学的传承！

同时要感谢台湾修复师温建华博士，自2017年开始，便邀请温博士给陶瓷文物修复小组的同学"开小灶"，在国内率先把现代陶瓷文物修复的国际理念、研究方法、研究思路带到北京联合大学。

目前国内有针对专科生与本科生层次的陶瓷文物保护与修复技术的教材，多从技艺角度出发，缺乏文物保存科学内容和文物保护材料研究内容。文物与博物馆专业硕士定位于文物保护与修复高端应用型人才，不仅需要训练较高的修复技艺，同时需要学生具备较高程度的科学素养。需要对文物保护材料有较深的认识，能够在文物保护过程中，按照国家文物局规范开展文物保护实验与研究，开展文物保护材料学实验。

而目前已有的出版物中看不到能够既体现传统修复，又能体现现代科学材料的陶瓷修复书籍。当我在2018年访问波兰哥白尼大学文物保护专业之后，终于下定决心编写具有中国特色，同时又具有现代文物保护理念的《陶瓷文物修复理论与方法》。故该书的一大特色就是将传统修复与现代科技保护理念结合，并进行了体系构建。该书同样适合其他高校文博专硕人才培养。

本书的内容包括：陶瓷文物修复导论、陶瓷文物材料学基础、陶瓷文物病害诊断学、陶瓷文物修复材料学、陶瓷文物修复工艺学、出土陶瓷文物保护修复、出水陶瓷文物保护修复以及陶瓷文物的预防性保护、波兰哥白尼大学陶瓷修复等内容。

在最后我要感谢我的学生们，他们分别是：2014级的王艺佳、江雪辰、陈茜茜、黄昊天、李齐、季子薇；2015级的程倩、贾涵辉、胡雨晴、杨佳星；2016级路焕羽；2017级研究生何姗、南希。

希望该书能为我国陶瓷文物修复教育教学的现代化进程提供参考！

由衷地感谢付出过、努力过的人们！

编者记

一、陶瓷文物修复导论

　　我国是世界上最早发明瓷器的国家。我国陶器的起源也很早，可追溯到2万年到1.9万年前的江西万年仙人洞遗址[1]。

　　中国陶瓷具有连续不断、长达万年的工艺发展史。从新石器时代早期陶器的出现，到新石器时代晚期印纹硬陶和商、周时期原始瓷的烧制成功；从汉晋时期南方青釉瓷的诞生，到隋唐时期北方白釉瓷的突破，都在不断提升我国制瓷工艺的水平。而宋代到清代颜色釉瓷、彩绘瓷和雕塑陶瓷的辉煌成就已不是某一个地区或某一种单色瓷，而是遍及南北各窑场的颜色釉瓷、彩绘瓷和雕塑瓷，足见它们此时的工艺已发展到我国历史上的最高水平[2]。

　　以上五个里程碑既继承又发展，清楚地表现了我国陶瓷工艺的发展过程和取得的突出成就。但它们之所以能随着历史的进程逐一得到实现，全在原料的选择和精制、窑炉的改进和烧成温度的提高、釉的形成和发展等制瓷技术上不断取得的重大突破。以上因素共同形成了我国陶瓷工艺百花争艳、陶瓷文化流传千古并独步天下的局面。

　　制陶的主要原料为泥坯，具有可塑性强的特点，便于做成各种形状的器物。故自新石器时代起，人们广泛地使用陶器，这是全社会共同生活生产的需要，它既是廉价的消费品，也是广大劳动阶层的生活必需品。与此同时，还要为死者烧制可供其在地下世界使用的陶制明器。这些因素使得陶瓷文物成为中国文物的重要组成部分，也是数量最多的部分。根据2012～2016年国家文物局组织的第一次全国可移动文物普查结果可知，全国国有单位收藏的陶瓷器文物共4540274件，数量占比7.09%；珍贵文物中陶瓷器数量846600件，数量占比21.96%；而在考古发掘单位，没有被列入普查名单或正在发掘的陶瓷文物标本数量更是数不胜数。

陶瓷文物材料的腐蚀由其自身与保存环境共同决定。据不完全统计，陶瓷文物的病害包括：磨蚀、化学腐蚀、生物腐蚀、剥釉、盐的侵蚀、酥粉、沉积物对器物表面和花纹色彩的覆盖、外力造成的破损、开裂、残缺等。

为了延长陶瓷文物寿命，防止或预防陶瓷文物在运输、保管、研究和展示过程中发生意外损伤，或自然劣化，需对其进行保护修复。为了能恢复陶瓷文物及其价值的完整性与真实性，陶瓷修复的技术应用而生。

在清代的《景德镇陶录》中就出现了对碗碟的修复记录。早期对陶瓷进行修复主要是以锔瓷为主，到了民国才出现使用化学材料进行修复。对古陶瓷进行保护和修复，不仅有助于进一步研究历史，而且还有利于人类文化遗产的持久保存。

古陶瓷修复是一门中国传统手工技艺，但是现代文化遗产保护理论的产生对博物馆陶瓷文物修复提出了新的要求。随着科学技术的进步和文物保护理念的发展，文物修复者不能墨守成规，不能仅仅依靠传统的修复方法和修复材料来修复文物。本书尝试根据国家文物局陶瓷文物修复的行业规范，在文物修复工作中，把传统陶瓷修复技艺与现代科技相结合，开展陶瓷文物的科学保护与修复的探索。

1.1 陶瓷文物的基本内容及分类

陶瓷文物种类繁多，不同窑址与年代生产的陶瓷，在胎质与施釉表现上差异性极大。从新石器时代早期的粗陶到清代的彩色瓷，均为天然矿物经过人工调配而成的粉状化合物原料，经过取土、练土、成形、高温烧制而成，属于无机非金属化合物构成的多晶体材料，主要成分为SiO_2与Al_2O_3。

陶与瓷之不同概略来说，陶器的原料取用为自然风化瓦解的"黏土"，或河川淘选的"沉积土"（二次生成土）。其土质矿物组成复杂，烧成温度低（约700℃~1100℃），故烧成后器表有许多粗细不一的颗粒。瓷器的取料则为质地较精纯的"高岭土"，且烧成温度高达1200℃~1400℃。因含有Al_2O_3、SiO_2，及K、Na、Ca、Mg等化学成分之釉料，故烧成后器物表面光滑、质地坚硬、敲声响脆，有别于陶器的质朴粗拙，显得较为细精雅致。

1.1.1 不同国家或地区对陶瓷文物的分类

陶瓷文物属于普通陶瓷中的日用陶瓷范畴，主要依据吸水率来决定，其次再由烧成温度来辅助判定，这是因为陶瓷成分的组成决定吸水率。国内外对普通陶瓷的分类有众多的看法，美国窑业协会陶瓷命名委员会在1950年曾发表陶瓷分类方法，具体将陶瓷分为：瓷器（Porcelain）、半瓷器（Semi-Porcelain）、陶器（china）、半陶器（Semi-china）、炻器（Stone ware）、土器（Earthen ware）六大类。在中国台湾，通常将陶瓷分类为瓷器、硬陶、软陶三类。

国内关于陶瓷的分类有三分法、四分法、五分法及六分法[3][4][5]。由于陶瓷文物劣化进程和陶瓷本身胎质成分、孔隙度、硬度及釉质相关，不同种类陶瓷会演变出不同的劣化问题与修复方法。故笔者从修复材料筛选角度，认为李家治先生的四分法比较适合文物保护修复工作者。即陶瓷可分为土器、印纹硬陶、原始瓷及瓷器四种类型，以下分别介绍：

1. 土器（clay ware）

一种低级粗陶器，吸水率介于10%~20%，由二次生成土制成，内含丰富的石英、云母、长石颗粒。可分为粗砂陶、细砂陶与泥质陶三类，主要在700℃~1000℃高温烧制而成。

2. 印纹硬陶（Stamped Hard Pottery）

一种介于陶与瓷之间的陶器，吸水率介于1%~10%。印纹硬陶与土陶器最大区别在于它们的化学组成不同，一般陶器胎体含铁（Fe_2O_3）较高，只能在1000℃以下烧成；硬陶含铁量较低，烧成温度一般在1000℃~1200℃。由于印纹硬陶比一般陶器具有更致密及坚硬的质感，因此被称为"硬陶"。印纹硬陶质地致密坚硬，跟瓷器相似，多为棕色、黄褐色或灰蓝色。

3. 原始瓷器（proto-porcelain）

原始瓷器是在制陶技术的基础上发展而来的，因工艺原始，故被称为"原始瓷"，原始瓷吸水率仅为1%。它以高岭土作胎，烧制温度高达1100℃~1280℃，表层在高温下烧成与胎体结合很牢的玻璃釉质，胎质坚硬细腻，叩之有金属声，当时原始瓷生产以长江中下游较为发达，釉色多呈青黄，在氧化焰中烧成。中原地区的原始瓷，釉色多呈青绿，在还原焰中烧成，故又被称为"原始青瓷"。原始瓷的器形有尊、豆、罐、瓮、钵等。

4.瓷器（Porcelain）

瓷器是由瓷石、高岭土、石英石、莫来石等烧制而成，外表施有玻璃质釉的器物。瓷器的成形要在窑内经过高温（约1280℃～1400℃）烧制，瓷器表面的釉色会因为温度的不同从而发生各种化学变化。烧结的瓷器胎一般含铁量小于3%，且主要特性是吸水率极低（<1%以下），其分子均已完全融合。

1.1.2 按用途分类

根据用途，可将陶瓷分为普通陶瓷及特种陶瓷。

1.普通陶瓷

即传统陶瓷（conventional ceramics），是以黏土等天然硅酸盐为主要原料烧成的制品。生活中最常见的陶瓷制品，又可以细分为日用陶瓷、建筑卫生陶瓷、化工陶瓷、化学瓷、电瓷等工业用陶瓷。

2.特种陶瓷

即所谓的精密陶瓷（fine ceramics），是指具有特殊力学、物理或化学性能的陶瓷。按其应用功能分类，大体可分为高强度、耐高温、复合结构陶瓷及电工电子功能陶瓷两大类。在陶瓷坯料中加入特别配方的无机材料，经过1360℃左右高温烧结成型，从而获得稳定可靠的防静电性能的新型特种陶瓷。特种陶瓷通常具有电、磁、光、热、声、化学、生物等一种功能或耦合功能，如压电、热电、电光、声光、磁光等功能。

3.传统陶瓷与特种陶瓷的相同点与不同点

（1）在原料上，特种陶瓷突破了传统陶瓷以黏土为主要原料的界限，特种陶瓷一般以氧化物、氮化物、硼化物、碳化物等为主要原料。

（2）在成分上，传统陶瓷的组成由黏土的成分决定，所以不同产地和炉窑的陶瓷有不同的质地。由于特种陶瓷的原料是纯化合物，因此成分由人工配比决定，其性质的优劣由原料的纯度和工艺决定，而不是由产地决定。

（3）在制备工艺上，特种陶瓷突破了传统陶瓷以炉窑为主要生产手段的界限，广泛采用真空烧结、保护气氛烧结、热压、热等静压等手段。

（4）在性能上，特种陶瓷具有不同的特殊性质和功能，如高强度、高硬度、耐腐蚀、导电、绝缘，以及在磁、电、光、声、生物工程各方面具有的特殊功能，从而使其在高温、机械、电子、宇航、医学工程各方面得到广泛的应用。

1.1.3 按原料分类

根据制陶制瓷原料及配比不同，陶瓷可分为陶器和瓷器，这也是最常规的分类方法。

1. 陶器

主要为自然风化瓦解的"黏土"，或河川淘选的"沉积土"（二次生成土），其土质矿物组成复杂，可分为

（1）粗陶器：以易熔黏土为主烧制而成；

（2）普通陶器：以可塑性高的难熔黏土、石英、熟料为主烧制而成；

（3）细陶器：以可塑性高的难熔黏土、石英、熟料、镁质黏土、硅灰石、透辉石为主要原料烧制而成。

2. 瓷器

主要原料为母岩风化土，可分为：

（1）炻瓷器：介于半陶半瓷之间，类似细陶器；

（2）普通瓷器：以高岭土、瓷石为主要原料，并含有可塑性高的难熔黏土、长石、石英、骨灰、滑石等；

（3）特种瓷：以高铝矾土、氧化铝、滑石、氧化镁、锆英石等为主要原料。

1.1.4 按性能分类

材料性能一般是指材料在机械、热学、电学、腐蚀、辐射和生物劣化等方面的性能或特性。在陶瓷文物保护领域，陶瓷材料的性能关系到陶瓷材料的稳定性和耐腐蚀性。

1. 陶器的性能

一般而言，陶器材料的吸水率大于3%，硬度小于400HV具有不透光性，胎体未玻璃化或玻璃化程度差，结构不致密，断面粗糙，敲击时声音沉闷等性能。

2.瓷器的性能

瓷器的吸水率小于3%，硬度大于400HV，具有透光性，胎体玻璃化程度高，结构致密，细腻，断面呈石状或贝壳状。敲击时声音清脆。

1.2 陶瓷文物修复学的基本内容及研究方法

1.2.1 基本内容

1.陶瓷文物的价值评估

价值评估是文物保护与修复的首要工作，文物保护修复的第一步便是挖掘文物的价值。陶瓷文物的价值内容包括陶瓷文物的历史、艺术及科技价值的挖掘与评估。陶瓷文物的价值挖掘与评估是开展文物保护工作的先决条件，对陶瓷文物历史价值的研究离不开考古学及历史学的学科支撑，对陶瓷文物艺术价值的研究离不开工艺美术史和艺术史的学科支撑，另外对陶瓷文物科技价值的认知则需要科技史与科技考古学科的支撑，在上述工作基础上，开展陶瓷材料层面的病害诊断，方案设计，及修复方案实施，修复效果的评估。

2.陶瓷文物材料学

价值与材料是文物的两个纬度，价值作为文物精神的一面，是传承与保护的核心内容；材料作为文物的物质载体，同样需要保护与保存。皮之不存，毛将焉附。延长其有效寿命，延缓其劣化，是文物保护工作者的历史使命。

陶瓷文物的材料学涉及文物材料学与文物保护修复过程中应用到的材料学问题，陶瓷文物材料学则属于古代材料研究范畴，与文物科技价值认知有相通之处，需要开展陶瓷科技史与陶瓷考古、工艺美术史等研究与调查。陶瓷文物修复材料学则需要开展材料工艺与材料发展史、材料研发、材料耐候性、材料相适性研究。

3.陶瓷文物病害调查与诊断学

在掌握陶瓷文物相关历史学、化学、美学、材料学等基本知识与能力后，需要根据陶瓷文物病害调查规范与方法对文物病害现状进行认知与评估。首先依据"不改变文物原状"与"最小干预"原则，优先采用直接观察法识别病害种类，将陶瓷文物置于适当的光线条件下进行目视检查，对直接观察无法判定的病害，视陶瓷文物的具体情况，进一步采用实验分析方法判定、识别病害种类，绘制病害图，记录病害分布位置。根据陶瓷文物特点和仪器类型，应优先选用无损分析设备对文物病害进行识别。对不能通过直接观察及无损分析方法识别的病害，根据陶瓷文物的具体情况并按照相关规定，采用取样分析的方法确定。病害分析内容不仅包括病害的识别、测量，还需要确定病害的性质，将其分为稳定性病害，活动性病害及可诱发性病害。经过以上调查与诊断，综合得出该文物的健康综合情况，为下一步的修复方案提供支撑。

4. 陶瓷文物修复工艺学

陶瓷文物修复工艺学不仅包括传统陶瓷文物修复技艺的内涵与价值的挖掘、研究与传承，还涉及田野调查，传承人口述史调查、文献索引、传承人脉络梳理、技术的考证、技术的革新、技术的传承，也包括为了达到更好的保护修复效果，对现代工艺的引进与改进。

在现代文物保护理念下，传统陶瓷文物修复技术还应该面临传统文物修复技术的科学化问题。以传统文物修复工艺实地调查为基础、以现代科学知识和科学方法为科学化分析手段，并利用现代科学原理、科技理念进行工艺解释，揭示传统技术与工艺的科学内涵，实现技术的不断优化与提升。从口传身授到科学定性、定量，实现将工匠的传统经验上升为科学理论，进而全面推动现代科学技术和传统工艺的有机结合，最终实现建立一套规范的传统工艺科学化体系的目的。

5. 陶瓷文物修复伦理

根据《威尼斯宪章》要求：一、修复过程是一个高度专业性的工作，其目的旨在保存和展示古迹的美学与历史价值，并以尊重原始材料和确凿文献为依据。一旦出现臆测，必须立即予以停止。此外，即使如此，任何不可避免的添加都必须与该建筑的构成有所区别，并且必须要有现代标记。在任何情况下，修复前后必须对古迹进行考古及历史研究。二、缺失部分的修补必须与整体保持和谐，但同时需区别于原作，以使修复不歪曲其艺术或历史见证。三、一切保护、修复工作应有准确的记录。

《中国文物古迹保护准则》则提出：文物保护修复需建立在文物真实性与完整性基础上。保护修复过程中，要遵守最低限度干预、保护文化传统、使用恰当保护修复技术、防灾减灾等原则。

可见，文物修复并不是简单的科学与技术的叠加，而涉及文化与意识形态，涉及行业伦理。只有在行业伦理指导下，依照程序，才可正确的开展文物保护与修复工作。

1.2.2 陶瓷文物修复学的研究方法

首先要对陶瓷文物进行价值评估、工艺研究和病害调查。评估文物的劣化程度，确定是否需要开展保护修复工作；其次需要开展修复材料和修复工艺的筛选及实验研究，确定文物修复方案；然后在修复方案指导下，进行文物的修复实践工作；最后利用现代的科学仪器设备和检测方法对文物的修复效果进行评估。

陶瓷文物修复需要和文物保存科学或文物保护技术紧密结合。文物保存科学是研究环境、时间因素，各种物理、化学、生物等因素对遗产本体的作用机理和作用规律的一门学科；结合考古及人文科学的研究方法，利用现代的科学仪器设备和检测方法对文物的材质与文物表层、内部结构、构造特性进行研究，判断文物的信息与价值；如何将文物资料长久保存的预防性保护研究。这些科学探索和研究为文物修复学在修复材料选择，修复技艺选择提供了理论支撑。

1.3 陶瓷文物修复发展史

1.3.1 国外陶瓷文物保护修复发展史

1.国外陶瓷工艺的发展阶段[6-13]

陶器和瓷器在具体研究时往往需要分开来看，因为二者的属性大有不同。陶器是人类文明进步后产生的必然结果，是生活方式的变革，所以陶器的研究对于考古界来说尤为重要。捷克考古学家卡雷尔在捷克共和国摩拉维亚南部的下维斯特尼采境内发现的距今29000～25000年前的格拉维特文化，出土2000多个陶塑碎片，主要以动物雕塑为主，最具代表性的是一个被称为维纳斯的女性形象陶塑（如图1-1）。这是已经发现的世界上最早的陶制品，但很可能是人类无意识创造的。而最早发现的人类创造的陶制容器，是在中国的江西仙人洞遗址出土的陶制碎片（如图1-2），已经被证实距今2

万年左右。这些碎片上有烟熏和残留的水垢痕迹，学者由此推断这些陶器是用来烧水和烹煮食物的炊具。

图1-1　捷克出土维纳斯雕塑

　　陶器的起源不是单一的，世界各地都有陶器的发现。像日本的"绳纹草创期"就发现了无数的万年前陶器遗址。自1960年福井洞穴遗址被发现以来至20世纪90年代中期，日本发现的万年前陶器遗址有197处，而且不止分布在冲绳和北海道。1998年在鹿儿岛县简仙山出土的陶片，烧成温度只有400℃~550℃，是名副其实的土器。陶器和瓷器的过渡阶段出现了低温釉陶，也就是在陶器表面施加低温釉，也被称为铅釉陶。有些人认为铅釉陶最早产生在中国汉代，其实这个观点有所争议。埃及在公元前3000年就生产出碱釉釉陶，公元前2000年埃及新王朝时期烧造出青釉下用锰的紫色描绘花纹陶器。到了公元2世纪，地中海沿岸在陶器上以铅为助熔剂的铅釉陶器流行，以铜绿、铅褐、锰紫色釉陶器为罗马人所喜爱。叶喆民先生也在《中国古陶瓷科学浅说》一书中写到："这种碱金属硅酸釉埃及早已发明，但长时期没有传到埃及国外。自从混入含铅物质变成容易熔化的釉后，再逐渐扩散到美索不达米亚、波斯和西亚一带"，并认为我国的铅釉是经西域传来的。

图1-2　江西万年仙人洞出土陶器

意大利被称为艺术之都，在陶器方面也可以看出它的艺术文化底蕴。早在罗马帝国时代，埃及的铅釉陶技术就传入了意大利，其后中东地区起源的锡釉陶技术，也经过西班牙南部马略卡岛传入了意大利，所以在意大利生产的锡釉陶被称为马略利卡。文艺复兴时期，锡釉陶制造技术迅速由意大利传开，首先到达法国，然后传至德国、荷兰、英国及北欧国家。

法国在16世纪广泛使用铅釉陶，后来锡釉陶技术传入后受到了普遍欢迎。18世纪初，路易十四熔毁了宫中的银器来偿付西班牙王位继承战争中的费用，此后权贵们大都转用陶器，所以陶器生产达到了一个高潮。

德国的陶器有两大类，一个是炻器，一个是锡釉陶。德国制造的炻器质地坚实，饰以浮雕，在国外广泛行销，17世纪时远销日本。

荷兰也是影响欧洲陶瓷器生产的重要国家。16世纪20年代，一些意大利陶工迁居荷兰，开始了荷兰的锡釉陶生产，并以仿制中国宜兴陶器为主。17世纪初，荷兰的陶器生产集中在德尔夫特，其产品称为德尔夫特陶。后来，荷兰东印度公司大量输入中国瓷器，陶器的装饰遂转向模仿中国的青花而摒弃了意大利的装饰格调。

由于地理原因，英国的陶器在中世纪时期没有受到外界影响，初期均为无釉陶器，随后发展为了铅釉陶。后来荷兰的锡釉陶技术传入英国，铅釉陶生产被淘汰。直到英国陶瓷家伟奇伍德的米色陶器问世之后，受到了英国及其他国家官僚贵族的赏识和追捧，从此锡釉陶逐渐没落。

根据江西万年仙人洞的考古发现[1]，中国目前仍是陶器最早起源地，但世界各地的陶器烧制都有各自的进程。不像瓷器技术是中国独有的，国外只能苦苦钻研技术以求模仿中国瓷器。16世纪初，海上贸易将高岭土样品传入了欧洲，但因掌握不好配方所以瓷器制作屡次失败。德国的萨克森州选举人奥古斯特二世是狂热的瓷器爱好者，他命炼金术师博格用黄金去交易中国出口的瓷器，此时德国科学家齐恩豪斯在实验室研究瓷器制作技术。奥古斯特二世正好派博格去监督齐恩豪斯，所以两人成为了合作伙伴，终于在1708年用高岭土和雪花石膏制作出了一种坚硬且白色半透明的瓷器。1709年在奥古斯特二世的资助下，梅森瓷器厂建立，这也是欧洲第一家瓷器生产厂。1710年这种制瓷配方卖给了维也纳，所以第二个瓷器厂——维也纳瓷器厂在奥地利诞生。随后法国、英国、德国等国家都有了自己的瓷器厂，1760年后瓷器制造逐渐在欧洲普及。

可以看出，陶器的发明就是为了方便人类生活，使用价值极为重要。所以最初的陶器保护就是恢复其使用功能，纵观世界各地都是如此。现在国内发现最早的一个陶器修复就是新石器时代的一个陶罐，在两个碎片上打孔穿绳，使其合在一起。而随着人类文明的不断进步以及审美要求的不断提高，自从瓷器被中国发明以后，欧洲国家竞相模仿追求。中国可以说一直在瓷器方面占据着主导话语权。然而在陶瓷器文物保护方面，使中西方区分开来，甚至是中国要学习借鉴西方理念是从什么时候开始的？有可能要追溯到西方文艺复兴时期。

2.西方文物修复理念

文艺复兴运动使西方意识到，文物的艺术价值和历史价值需要重新被认识。19世纪下半叶到20世纪初，欧洲关于文物保护修复理论代表性的流派分三类：法国流派、英国流派和意大利流派。西方的文物保护理念多从建筑上出发，法国派以凡·杜克为代表，他认为建筑修复是一种风格修复。修复过程就是恢复建筑原有风格的过程，应达到纯一性，后来被附加的东西都应该被去除，并且原先的建筑里没有的东西也可以根据修复师的理念自主恢复，只要保持风格统一就可以，属于理想化修复。

英国派以拉斯金为代表，他提出了最小干预原则，即最大限度保持建筑原状，尽量延长建筑寿命，反对使用现代技术。但其主张过于激烈，认为只要修复就会破环文物，修复理念过于不作为。

意大利派形成于18～19世纪，在法国和英国的基础上更加客观地阐述了其文物保护的观点，即"文献性修复"学说。提出了保护措施可识别原则，认为这样可以更严谨地保护历史痕迹。19世纪末该理念成为了欧洲的主流修复理念。

1931年《雅典宪章》要求对文物建筑做持久的维护并尊重其基本特征。直到1963年，卡萨尔布兰迪在《修复理论》一书中明确了修复概念，要对保护对象的美学和史学要素进行双重评估。并且提出了可识别原则、可逆性原则和最小干预原则等修复理论，为文物保护修复理念奠定了基础。1964年《威尼斯宪章》的颁布强调了修复要遵循文物真实性和整体性原则，为文物保护工作提供了国际公认的纲领性保护准则。1972年为保护具有突出重要性的自然遗产，《保护世界遗产和自然遗产公约》被制定。五年后实施了这一公约条款和原则的重要参考文件《操作指南》。1994年《奈良公约》

则将文物保护纳入世界文化多样性这一框架中加以考虑。提出文物保护工作应该考虑到不同地区的文化不同，应该根植于不同的文化背景中，充分尊重材料、工艺、传统文化等地域性差异特点从而进行保护。

此后文物保护概念不断完善，分为最基础的历史价值以及科学价值、艺术价值、文化价值、社会价值等。如今文物的保护与评估早已不再以单一标准去判定，而是将文物放在了多元化的价值体系当中。这一结果一方面是冷战结束后，世界更加多元化，欧洲国家如德国、法国、俄国的日益发展，使文化多样性更加被认同。一方面则是如日本、中国等非欧洲国家积极为寻求文物保护理念本土化做出的努力。《奈良真实性文件》通过后，尊重文化多样性不再是一个口号，其后在《巴拉宪章》《北京文件》《曲阜宣言》等都能见到文物保护理论观念适用性争议的解决方式。

总之，现代意义的文物保护与修复专业始于20世纪初。20世纪的前50年，该领域的进步在于廓清专业范围、明确专业地位、各国家或国际组织相继设立并开展活动；20世纪后50年，较突出的贡献在于大力发展专业培训课程、编订相关的行业道德规范和操作指南等。

1.3.2 中国古代陶瓷修复发展史[14~17]

上述是世界范围内文物修复理念的兴起和发展过程。说起中国的文物修复，最初只是为了恢复器物的使用功能而进行的修补，到了明清则商人会为了利益而去做一些修复措施。

在中国，古陶瓷修复是一项历史悠久的传统手艺，但其产生的年代已经难以考证。自陶瓷器的商业制造与流通开始，人们就产生了对陶瓷修复技术的需求。《景德镇陶录》中记载了景德镇的陶工粘合碗盏的方法："粘碗盏法，用未蒸熟面筋入筛，净细石灰少许，杵数百下，忽化开入水，以之粘定缚牢，阴干。自不脱，胜于钉钳。但不可水内久浸。又凡瓷器破损，或用糯米粥和鸡子清，研极胶粘，入粉少许，再研，以粘瓷损处，亦固"（《景德镇陶录》卷八），"诸名窑古瓷，如炉欠耳足，瓶损口棱，有以旧补旧，加以釉药，火烧成，与旧制无二，但补处色浑"（《景德镇陶录》卷九）。

而对于传统锔瓷工艺的起源，学术界有不同的看法。在查询到的文献资料中，有以下几种关于锔瓷工艺的记载，其中最早有关于"锔"工艺的文献资料是：

《唐诗纪事》中曾记录唐贞和年间，有一个叫胡令能的诗人，"少为负局镀钉之业……世谓胡铰钉者也"，"负"似同《玉篇·金部》中的"以铁缚物"，"局"同"镉"，"负局镀钉之业"疑为"锔瓷"工艺原型。

其次，曾有人提出锔钉工艺相关图像出现在宋代张择端巨型手卷《清明上河图》。但是通过详细比对了三个版本的《清明上河图》，包括北宋张择端的原版、明代仇英的版本和清代陈枚、孙祜的版本，只是发现画中有许多类似匠人挑担子的形象，但无法辨别出画中人的身份是锔瓷匠人。因此单凭《清明上河图》就确定锔瓷工艺起源于宋代的说法还有待查证。

再次，元末明初时期的著作《墨娥小录》。提及"粘碗盏条"所用黏合剂打造要领的记录："未蒸熟面筋入筛，净石灰少柞百数下，忽然化干，如水，以之粘定，缚牢，阴干，永不脱开，胜如钉钉者远矣，但不可于水内久浸。"这里提到的"钉钉"，指的就是"锔瓷"。最后，明正德年间李时珍《本草纲目》第十卷金刚石（纲目）中，对锔瓷的核心工具——金刚钻，做了明确记述，"其砂可以钻玉补瓷，故谓之钻"。

还有，清乾隆年间周鲲的《村市生涯图册》，关于锔瓷场景的描绘出现于此图册之中。

在明清时期，锔瓷工艺被广泛应用于老百姓的日常生活当中。也是从这时开始，锔瓷工艺开始分为两大类，一类是服务于平民百姓的"粗活"；另一类则是服务于官宦子弟的"细活"。"粗活"一般是百姓家里实用物破损以后，请走街串巷的锔瓷匠人，进行实用性修复，因此"粗活"多局限于"锔盆、锔碗、锔大缸"。另外，与所使用体形粗大宽厚，很易锈蚀的铁锔子不同的是，修补小件器物时也使用铜质锔钉，体形比较小巧。"细活"则是对皇室及达官贵人收藏把玩瓷器等，出现损坏，进行的细致锔瓷，重点不是在器物实用性，而是在器物的观赏性。这就要求锔瓷匠人的技艺更加高超，不仅要修复得更加细巧，还要符合当时的审美价值。锔钉材料除了铁钉也有采用金、银、铜等，根据锔钉大小有花钉、豆钉、米钉、砂钉之分。随着时间的发展，这种锔瓷工艺的目的逐渐不在于延续器物的使用时间，增强器物的实用性，而转变为通过锔瓷来彰显一个人的身份地位财力，所以在后期，达官贵族之间兴起了"锔瓷秀"。

通过明代李时珍在《本草纲目》中关于锔瓷的记载，可以证明锔瓷工艺在16世纪中叶的中国已经普遍应用。事实上，在国外用金属修补陶瓷的方法已广泛应用于罗马时代公元1、2世纪左右制作的萨米安（Saiman）红陶。

　　根据日本江户时代著名儒学家伊藤东涯所著的《蚂蝗绊茶欧记》记载可知，日本较早接触了中国的锔瓷技艺。蚂蝗绊锔补作品是中日两国文化交流的历史见证，同时也将锔瓷这项传统工艺技术传到了日本，并促进了日本锔补技艺和锔瓷艺术鉴赏文化的发展。直到17世纪初，欧洲人才了解锔瓷这项技艺，如意大利传教士利玛窦就对这种技术由衷惊叹。在他的《中国见闻札记》中对锔瓷有这样的记载："锔补修复后的瓷器还可以耐受热食的热度而不开裂，而尤其令人惊异的是，如果破了，再用钢丝融合起来，就是盛汤水也不会漏。"

　　通过中国、日本、欧洲地区瓷器修补的历史来看，它们的共同点都是个体户独自携带装备器材沿街招揽生意，或者在街边驻点等待客人光临。亚洲地区基本是男性工匠，欧洲则有女性工匠。成于19世纪的《安平县杂志》记载台湾有"补碗司阜"。晚到20世纪60年代，台湾地区街头还能看到这些手艺人，有的兼补金属鼎锅和雨伞。法国1900年发行的明信片所见补瓷匠人也被刻意强调其行走江湖吆喝揽客的场景。日本享和三年（1803）《江户物卖图聚》则能看到挑着扁担，溶融铅玻璃粉用作陶瓷接合补修的匠人；中国清代末期邹圹祖《风俗图册》也可以记录下工匠在街头补瓷的情景。清乾隆时期唐秉钧《文房肆考图说》载"（瓷器）有茅庐者，闻苏州虎丘有能修者，名之曰紧"，这个属于有一定知名度的定点补修作坊。

　　在佛教中，作为食器的钵若破损后未修补五次以上，不得更换新钵，以示节约。唐代义净所译《根本萨婆多部律摄》记载了陶钵修补方法，"若瓦钵有孔隙者，用沙塘和泥塞之，以火干炙。"（第二十二·乞钵学处），是中国中古时期佛教僧侣奉行印度陶器补修技艺之例。

　　宋代则是以沥青和脂灰修补破碎的瓷器。晚宋周密所编《志雅堂杂钞》记载到："酒醋缸有裂破缝者，先用竹箍定，却于烈日中晒，令十分干，仍用炽炭烧缝上令极热却，以好沥青末糁缝处令溶液入缝内令满，更用火略烘涂开，永不渗漏，胜于油灰多矣。"（卷上），指用沥青融入充填陶瓷裂缝，并用火烤干涂抹平。在国外使用沥青修补陶器之例见于两河流域遗址出土的苏美陶器，以及日本山形县新石器时代绳纹陶。据周密所听闻的说法，采用沥青修补陶瓷的效果要优于油灰修缮，这点能看出在周密编纂修补陶瓷札记的南宋至元代初期，以油灰补瓷应该是当时的普遍修复技艺。宋人孙升就在《孙公谈圃》提及一位江湖贩子卖修补瓷器用的脂灰发迹的事情，可见用脂灰修补在宋代就普及了。

明代的陶瓷胶粘剂很丰富，在《墨娥小录》中就有记载用糯米粥和鸡子清混合至黏稠，再加入粉末加以修补的记录。同书还有记录熟面筋混合些许石灰制成的粘着剂不仅永不脱落，甚至比铜钉更牢固，以此推测先前糯米粥和鸡子清混合加入的粉末很可能是石灰。不过此种方法的缺点是不可以在水中久浸。而且隆庆年间的《墨娥小录》和崇祯时期的《物理小识》所记述的陶瓷修补方式，都有依据修缮器类的不同而施加不同结合剂的现象。比如补接宋金时期的河北定窑瓷采用楮树汁涂在破损处再捆紧的做法，而对于宋代官窑瓷的修缮则要用鸡蛋清加石灰，再取青竹烧取竹沥，1:1混入鸡蛋清中，熬成膏状粘在破损处，之后再处理加工的做法。此外，明人周晖辑《金陵琐记》记载了用蜡修补宋代古瓷的案例，并且是将蜡调成了与瓷釉一致的发色，但由于这种方法不具实用性，所以一般用于修补供观赏收藏用的珍贵陶瓷器。在现有资料里，关于用漆修补瓷器的案例基本上没有发现，反而在日本最迟在镰仓时代，已经能见到不少用漆修补的陶瓷考古标本。

明万历五年进士王士性《广志绎》（卷四）记载当时修补缺损的宋代古瓷时，曾经利用其他已经损毁的同类制品将它捣碎成灰，以此为原料修补陶瓷缺损部位。在万历十九年高濂《遵生八笺》另外提到一种名为"复烧"的陶瓷修补技法，即缺损部位是移植同类器相应的部位，并且上釉入窑烧成，做法极为讲究，缺点是补接部位会釉色浑浊。

明清以来，古瓷器修复就十分活跃，随着民国时期崇古好古之风盛行，古瓷器修复业得到迅猛发展。甚至古陶瓷能够作为货币商品流通，同时因为本身具有观赏性，亦被人们拿来鉴赏品评。有这个市场存在就形成了利益价值，商人们通过种种手段，将器物肆意改动。比如将不同的真品残片拼合在一起，变成一个新的"四不像"，或者为了达到天衣无缝的效果将其入窑二次烧造。无论哪种方法，都是破坏文物原有相貌，抹去其本身的历史信息的错误行为。到了20世纪三四十年代，古董商为牟利而聘人采用化学材料进行修复。

1949年之后，古陶瓷修复技艺由过去为古董商牟利，转向为博物馆等文化事业服务。古陶瓷被当作重要的历史文物而加以慎重地修复，这项传统的修复技术逐步纳入文物保护科学的范畴中去。

中国的陶瓷器修复历史虽然很悠久，但直到引入现代粘结剂等化工材料之后，修复效果才有显著提高，才更好的满足了博物馆或收藏界的需要。这类使用现代化学材料而不必高温重烧的修复方法，俗称为"冷修"。相对的还有"热修"，即用釉料等材料将器物拼接之后入窑重烧。这种修复方法不但损害、歪曲了文物所承载的历史信息，而且可能对文物造成破坏，不被文物修复专家采用。

此外，民间还保留锔瓷这种传统修复工艺，做法是在瓷器碎片上钻孔后，使用金属锔钉，将瓷器碎片重新铆钉在一起。这种修复因为技术的限制，只能恢复器物的使用功能，不但无法恢复器物原貌，而且对胎釉造成更多损害。可见，古陶瓷器修复技术更多地依赖现代科学技术给予的知识和工艺上的指导，真正采用安全手段实现高水平的修复效果应归功于新一代材料的"神奇"效果。时至今日，古陶瓷修复从材料到方法都极大地区别于传统修复业的做法。

除了技术上的进步，新旧古陶瓷修复的区别还在于修复观念上的巨大变革。修复者应该怎么看待需要修复的陶瓷器？古陶瓷修复的目的又是什么？对这些问题的思考伴随着人类不断进步的文化遗产保护理念和原则规范，改变着古陶瓷修复的工作性质。

1.3.3 近现代陶瓷文物修复发展史

二战以后，国际上掀起了文化遗产保护的热潮，从而带动了文化遗产保护观念的变化，这在《威尼斯宪章》等诸多文物保护的国际法规和宪章里都有所体现。这些基本原则和规范被世界各国普遍接受，也被应用到我国的文物保护事业的实践中去。

我国《文物保护法》在立法之初就制定了相关性的条款：1982年颁布《中华人民共和国文物保护法》中第二章第十四条："核定为文物保护单位的革命遗址纪念建筑物、古墓葬、古建筑、古窟寺、石刻等（包括建筑物的附属物），在进行修缮、保养、迁移的时候，必须遵守不改变文物原状的原则。"1986年颁布《博物馆藏品管理办法》中第五章第二十五条规定："藏品修复时，不得随意改变其形状、色彩、纹饰、铭文等。修复前、后要做好照相、测绘记录，修复前应由有关专家和技术人员制定修复方案，修复中要做好配方、用料、工艺流程等记录。修复工作完成后，这些资料均应归入藏品档案，并在编目卡上注明。"这些保护原则与法律条款保证了历史文物不会被后人肆意改变物质组成或者外形结构，从而避免修复操作可能造成的对文物所蕴含的艺术、历史、科学等价值的破坏。由此可见，古陶瓷修复行业一路走来，已经从传统手工行业的角色转变为文物保护中的一个专门分支。为文博事业提供科学规范的技术服务，凭借的不仅是先进的修复技术，更是进步的保护修复理念。

回顾我国古陶瓷修复行业的历史变迁，从修复材料和技术的升级到文物保护理念的更新无不说明这门专业的进步与发展。但是由于种种原因，古陶瓷修复更多地停留在工艺技术的层次上，真正从文物保护科学的高度，对修复材料和工艺开展的专业研究相对薄弱。

从研究成果来看我国目前总结古陶瓷修复技术方面的著述较为匮乏，古陶瓷修复工作者多年摸索出的工艺技术或经验没有得到及时整理和总结，重修复实践轻理论研究的情况很普遍。从已发表的相关专著和论文来看，有关古陶瓷修复的文献不仅数量有限，且多为内容概括的介绍性文字。而涵盖修复工具、环境、材料、工艺等各方面的总结性专著寥寥无几。

造成这种状况的原因有二：一是因为修复专家要开展深入的研究，比如对修复材料的筛选，需要一些大型现代分析仪器和必要的测试费用，普通文博单位或个人很难具备这些客观条件；二是因为以往的修复专家的技术和经验都是依赖师徒口耳相传以及实践中摸索得来，材料优劣的评价也主要基于长期的实践，缺乏将修复实践向科学化规范化道路推进的意识。而且古陶瓷修复在艺术品市场活跃的今天有很丰厚的商业回报，许多关键性的修复技术和知识被故意加以保密，这也是古陶瓷修复研究难以公开交流的原因。

总之，背景知识的不足和观念上的局限性使过去的古陶瓷修复者很少能够著书立说传播技术，而有限的设施配备也不允许修复专家或一般博物馆开展更深入的研究工作。我国的古陶瓷修复原是门传统"手艺"，如今要引入现代科学技术和文物保护的观念，从过去纯粹的修补技艺转变为文物保护科学的组成部分，势必要重新界定该专业的研究目标和研究手段，使其向科学化、规范化的道路发展。具体来说，一方面可以加强修复材料的性能和使用方法的研究，尤其是借鉴引入其他专业领域的商业产品时更加需要认定材料性质，明确使用方法。另一方面是系统总结古陶瓷修复已有的成果，尤其是将各环节的操作明确化、程序化，为博物馆的修复操作人员和其他专业人员的培训提供可以参考的技术标准。现代的文物修复是一项科学性的专门技术，应当科学评估所用修复材料和技术的优劣，精确规范各个操作环节，摆脱古陶瓷修复业旧时依赖主观经验的面貌。

以下是统计的陶瓷类文物保护修复相关文献的情况（图1-3）。

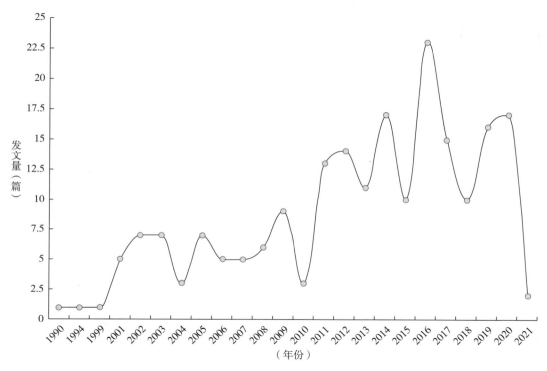

图1-3　古陶瓷文物保护相关文献发表年度趋势

可以看出，以"古陶瓷保护"为关键词在知网上进行搜索，一共搜查到相关文献208篇，最早的发表于1990年。从1999年开始古陶瓷保护类文章进入一个小高峰。在经历2004年和2010年的低谷期后，数量基本趋于波动上升状态。

但是从图1-4 关于古陶瓷文物保护发表的主要内容里可以看出，关于文物修复保护技术的文章少之又少，大多是考古发现或是研究某一种类的瓷器，而且发表质量也参差不齐。

所以说我国在陶瓷文物保护技术方面的研究需要进行深度研究，在平衡考古与文保、博物馆的关系的大前提下稳步前行，从文物保护的技术手段和文物保护的材料两方面入手，推进我国陶瓷文物保护事业的发展。

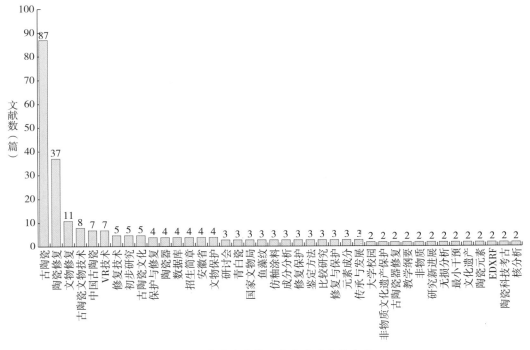

图1-4　古陶瓷文物保护发表的主要内容

1.3.4 中国文物修复理念的发展

西方的文物保护意识体系形成较早，对于文物的价值界定也比较清楚。德国、日本等国家也对于文物保护的理念系统化起步较早。中国虽然历史更悠久，但往往观念也更难以改变。不同于国外的民主精神，中国古代皇权更加集中，手工业总是为皇权服务，陶瓷器也不例外。瓷器的创烧更加巩固了皇权的地位，比如官窑瓷器不能流入民间，必须打碎掩埋，或者各地民窑的上等瓷器需要进贡到宫中等措施，使得人们的服从意识更强，人们不会想着去建立一套体系流传下去。民间的修复多是恢复陶瓷器的使用功能，采用锔瓷方法，一直到民国时期和解放初，此方法还依然沿用。锔钉修补的陶瓷器牢固，但是有点碍于观瞻，所以皇宫里的瓷器修补不采用此方法。乾隆皇帝评判陶瓷器的标准分为：髻垦暴薜。变形伤缺即谓髻垦，釉调不匀、发色不正视为暴薜。乾隆皇帝认为变形伤缺才是瓷器最大的损伤，但遇到年代久远的髻垦古陶瓷，虽惋惜但也会将其列入珍藏。如若是当时的变形瓷器，则命人丢弃，没有商量余地。在修补瓷器方面，乾隆比雍正更系统化。雍正只是让人修补一下，并没有作出过明确指示，乾隆则根据其评判标准定义了陶瓷修护内容主要是补釉和补胎。皇帝的这种认为完美的瓷器应当是完整无瑕的观念也影响着后世，直到西方修复观念传入我国之前，我们一直秉持着修旧如旧的观念，此时的"旧"指的是器物最初的模样。

不难理解，原初模样这一概念很大程度上依靠人的主观性。我们无法得知每一件器物最开始的模样到底如何，这就导致在修复概念上造成差异与分歧，有点类似于英国流派的风格修复。20世纪80年代后，西方的文物保护观念流入中国，我们对于修旧如旧的概念也有了更加深入的探讨，承认了"原状"应当是历史信息的叠加，而不是单纯的最初状态。

2015年修订的《中国文物古迹保护准则》中列举的"原状"概念则更多元化，不再以时间为单位进行衡量，而是考虑了其中蕴含的历史、艺术、科学、社会、文化价值。我国的文物保护逐渐与世界接轨，不仅体现在理念上，还体现在行动上。1983年我国加入了国际博协，这是由博物馆和博物馆专业人员组成的唯一全球公认的权威组织，也是我国改革开放以来最早加入的国际文化组织之一。每三年举办一次的国际博协大会大大促进了博物馆间的交流以及文化的交流，也为主办国提供了展示本国文化的机会。此后我国也通过举办国际博协大会、组织国际博物馆日活动、参与国际培训、联合出版等途径增强与国际博物馆界的联系，促进形成规范化、系统化的国际共识。

1.3.5 如何结合国情建立中国陶瓷文物保护修复体系

要结合国情走出中国的陶瓷修复保护道路，可以借鉴日本的陶瓷修复理念发展历程。他们对于陶瓷文物保护修复有几种叫法：即修复、修理、修缮、修补。其中修复和国际通行的理念一致，是使用较广泛的概念。而后三者的意义一般集中在"修理"层面，即主要恢复使用功能。有一段时间日本也在追求修旧如旧以假乱真的效果，和中国初期类似。他们这种追求高度逼真的修复风格以大阪市立东洋陶磁美术馆的修复专家曾根郎先生为代表。但后来这种做法被学界批判，认为其混淆了文物本应留存的历史信息。所以目前日本文保界有一种方法叫"保存复原"，即通过非常全面细致的研究来复制文物，复制品越接近原物，就越真实保存了这种工艺和器物。即使原器物消失，新器物也完全可以延续和传承原物的工艺和艺术价值。像日本东京艺术大学保存修复科的博士课程中，修复器物仅占很小的一部分，器物复制、工艺复原以及现代科学技术分析、仪器检测则占了较大比例。

另外一种修复研究叫做"想定复原"。当原物样貌不清楚时，修复者需要通过阅读相关参考文献和类似的参考品设计图案，重新制作一份完整的复制品。这种复制品的缺失部分是修复者自己加以想像恢复成的完整器物。这两种方法都没有在原器物上进行操作。

和中国文化不同的一点是，日本的古董市场上几乎不会有用修复过的器物进行牟利的行为。中国则有商业修复，这一文化和中国自古以来崇尚整器的观念有关。

笔者认为中国目前对于古陶瓷修复保护工作最需要改善的一点就是提高知名度。一是提高陶瓷文保工作在中国的知名度，让更广泛的群众意识到这一工作的存在。另一个是在国际上提高我国古陶瓷修复的知名度和话语权。为了达到这两点，最紧迫的任务是建立起古陶瓷修复保护的行业性纲领文件。使陶瓷文保行业规范化、制度化、程序化，要逐步地区别开之前民间修复留下来的一些习惯和概念，使之成为两种体系。现有的师徒制度要传承保留，另外还要推进授课教学制度的建立和完善。国内有部分高校开设文物保护修复专业，但大部分情况还是在考古学或历史学下设。应正视文物修复是一门系统的科学，和历史学、考古学、博物馆学并列成为专门学科。使公众的认知加以转变，也使一些学者的观念加以转变。至于师傅、传承人和学生方面，应建立不同的考核体系进行能力评估。以往的老师傅理论化知识可能不是很系统，那么考核制度就需要着重考虑手工艺水平的考核体系建设，传承人则在这套体系内尽可能丰富完善理论知识，进行理论与手艺的双重考核。授课制度出来的学生则需要侧重理论知识环节，尽可能提高修复水平，同样设立双重考核系统。而授课方式下的老师则需要兼顾理论和修复水平两方面，可以采用校内导师+校外师傅这样的指导形式。很幸运北京联合大学的文物保护在周华老师的带领下，从2014年的试点班开始一步步摸索教学制度，到如今较为系统化地建立了文保行业的授课教学制度。

提高国际影响力这一点，笔者认为陶瓷这一方面还是比较能够实现的，得益于中国瓷器在世界上的知名度。我们可以举办专门的陶瓷器巡回展览，国际性论坛会议交流，交换人员学习等方式来增强我国瓷器文保的知名度。

我们已经走在了陶瓷文保修复的道路上，也将会一直不遗余力地走下去。

1.4 陶瓷文物修复原则及理念

1.4.1 布兰迪的修复理论

布兰迪的修复理论中对于修复作出了定义："修复即以传承后代为目的，在保证作品的物理持存中，在作品审美与历史的双极性中，从方法论的角度对作品进行的一次确认。"延伸到陶瓷文物的保护修复中，我们应当谨记每一个修复行为都是更好地使文化传承下去。基于这一理念，有以下几个原则需要遵守：可逆性原则、可辨识性原则、可兼容性原则、最小干预原则。

① 修复部位易于拆除，又不损坏文物的原始材料，这是遵循可逆性原则；

② 修复应尊重文物的原始部分，有所区别且与其协调，这是遵循可辨识性原则；

③ 修复中使用的材料应同文物的原始材料有兼容性，不能改变和破坏文物的原材料，这是遵循可兼容性原则；

④ 修复过程应保持对文物的最小干预，保证不改变文物原状，能不修则不修，能小修不大修，能修的绝不拆除重修，这是遵循最小干预原则。

1.4.2 国内陶瓷文物修复原则 [18~21]

国内文物保护界关于陶瓷文物修复在不同时期有不同的理解和抉择。总结下来有以下几点：

1. 建立档案明晰的陶质文物保存现状

为全面系统地掌握其保存现状，实行及时、有效的预防性保护，更科学地开展文物修复工作，应建立一个包含陶器病害状况全方位信息的文物保护技术档案，包括材质特征、出土年代、现存地点、陶片大小、表面覆盖物遗存、病害状况等情况。根据文物的唯一性、不可再生性特点，在陶器修复前、中、后这三个阶段全程拍照记录，除了拍摄整体外观还需拍摄其重点修复部位，同时做好文字记录，包括修复过程和出现的问题，采用了哪些修复方法，记录修复步骤、修复材料和修复工具等内容。

2. 制作隔离层遵循了可逆性原则

制作隔离层处于陶片预拼接和拼接之间的工作。由于纸胶带的黏度不大，对器物表面的损害较小，为此陶片的预拼接选择纸胶带固定并在表面做好标记，就能大致确认陶片位置。在对陶片进行粘接前需要制作隔离层，一是因为文物保护材料有最佳年限，到期限后可以在不损伤文物的条件下更换保护材料；二是在粘接过程中难免出现错位情况，隔离层可以使之后溶解胶粘剂的工作变得容易，对整个修复工作的影响降低到最小。

3. 陶器补全时遵循了兼容性原则

陶器的补全一般使用石膏补配法。在考虑修复原则时，也需要考虑到补全材料的来源难易、成本高低以及操作的难易程度等问题。还需要考虑其与陶器是否兼容，成本是否低廉，原料来源是否广泛，实际操作是否简单易行等因素。综合以上因素的考虑，在遵循兼容性原则的前提下，选择了石膏补配法，原因在于石膏与陶器相似，并且原料易得、价格低廉、操作简单。

4. 陶质文物着色时遵循了可辨识性原则

着色时严格按照可辨识性原则展开工作，原则上要求上色之后的颜色与陶器自身的颜色有一定的对比度，用肉眼观察能分辨出陶器哪些部分修复过，使得之后的文保工作者了解前人具体做了哪些修复工作，这样可以更好的根据保存现状制定保护修复方案。

5. 文物修复过程中整体贯彻了不改变原状原则和最小干预原则

在对陶器进行具体的保护与修复时，对于器物本身及表面蕴含的历史文化信息予以最大限度的保留，如器物表面覆盖的土垢、残织物残留、腐烂植物的痕迹等，这些内容都是古代社会生活的一种见证，也是我们深入了解古代历史的一个缩影。

可见，文物保护的一整套流程都渗透着文物保护修复原则，时刻要考虑此时的修复为以后带来什么影响，能否使文物的价值持久的传递给后人，这是文物修复原则的意义所在。

1.4.3 关于陶瓷文物修复理念的思考与探索

陶瓷类文物保护与修复过程中，应该修复到什么地步、保留何种信息，补充到何种地步才算是达到最小干预原则？它涉及修复界限这一需要被不断探索的概念。

《中华人民共和国文物保护法》第四章第四十六条中明确规定：修复馆藏文物，不得改变馆藏文物的原状；复制、拍摄、拓印馆藏文物，不得对馆藏文物造成损害。

可能有人觉得文物修复就应该修复成原来的样子，就像国外对青铜器的修复，认为锈蚀是需要被清理的部分，但国内认为锈蚀也是体现其历史沉淀的一种表现，这就产生了概念上的不一致。

那么在陶瓷类文物中，在清洗这一环节上，需要将陶瓷器尽可能还原本来面貌，因为其自身材料特性，无论是出土还是出水陶瓷器类文物，胎体遭受腐蚀一般被认为是有害的，需要去除。

在粘接环节中，对于粘接材料的选择是体现是否遵循文物保护中最小干预原则以及可逆性原则的地方。传统修复用胶粘剂的材料一般是骨胶、虫胶、树胶、糯米胶等天然植物胶、动物胶，优点是天然材料多可再处理，不足是胶体颜色深、易脱落，综合考虑是不符合文物保护修复概念的。随着科技的进步，20世纪60年代环氧树脂开始作为胶粘剂，尤其在古陶瓷修复中大量应用，如ZW-2，ZW-3胶等。20世纪80年代以后主要采用合众牌全透明AAA超能胶。胶粘剂的强度、抗老化性、可逆性、可塑性是需考虑的因素，国外的文物用胶粘剂材料研究比国内要深入，比如光固化胶粘剂就极其适合文物修复，但在国内专门生产文物胶粘剂的机构还没有，有待进一步探究。

补配环节中需要考虑补配材料的硬度、耐老化程度、显色度等方面，因为瓷器的质地坚硬、透明、细腻，表面富有光泽，所以补配材料的选择是重中之重。国内瓷器修补中一般使用环氧树脂胶粘剂混合填充物，可以减少固化收缩率，增加黏度，增加抗冲击韧性，增加耐磨性能，改善胶粘剂的耐介质性能、耐水性能和耐老化性能。填充物应该根据所修复瓷器情况来选择和添加，常用填料有矿物粉颜料、瓷粉、白粉、石膏粉、滑石粉、高岭土、白炭黑、云母粉、金刚砂、石棉粉、水泥等等。

陶瓷器保护修复中，上色这一环节在展览修复中所秉持的原则是远看一致，近看有别。要遵循最小干预原则，不能遮盖住原有瓷器的颜色，同时近看能够让人识别所修复部位。上色的材料普遍使用丙烯颜料，水性丙烯颜料用酒精可以擦除，具备可逆性，同时丙烯颜料的附着力、耐光性、持久性、安全性均较出色，是瓷器类文物上色较为理想的材料。

1.5 陶瓷文物修复的分类

我国陶瓷文物修复类型的分类是以文物最终需要体现哪些价值为标准的，如考古型修复，主要目的是为了将器物复原完整，方便考古学家对文物进行器型学和地层学的研究；展览型修复是我国博物馆单位的修复方式，让观众能区别出原来的器形和修复过的部位，但是修复部位也要与原本器物颜色上要相互地接近，就是远看无差别近看有差别；商业型修复主要为了商业买卖，清朝末年的时期非常兴盛，使修复的器物可以达到没有修复痕迹。李奇老师则在这三大类上补充了感情记忆型修复和使用型（包括创新使用功能）修复。中国社科院的管珮贤的硕士毕业论文中则是结合当下情况将其分类为文物型修复、市场型修复、数字型修复。

以上的修复方式根据修复方法和目的来看有重复的地方，整合以后可以分为形制复原、仿真复原和完全复原。

1.5.1 形制复原

形制复原，又称考古修复。形制复原更多强调通过文物形制开展研究，如考古学家识别陶器的器形、纹饰等进行类型学、地层学的研究。考古学的出现一定意义上促进了文物修复事业的发展，破碎的文物需要经过修复才能达到完整的状态，便于后续研究工作的开展。韩用祥通过"老滩嘴遗址"的发掘指出了解遗址的文化特征需要通过文物修复后的文物来确定，对出土遗物进行及时修复很有必要。又以"盘龙城遗址田野考古发掘"为例，说明了考古发掘具有文物保护意识不仅对后续的修复工作有指导意义，而且还能保存更多的文化信息，考古发掘与文物修复保护工作应该同时进行，为后续的研究做好基础[22]。除此之外，细致的文物保护工作为考古学提供更多的细节信息，王炜林在李倕墓出土的冠饰研究过中指出科学细致的分析研究，使得看似不相关的部分组合在一起，让考古成果的阐释更趋于真实[23]。

"考古型修复是现代文物保护体系产生后最早实施的修复方法"[24]，即保留修复痕迹，观看者容易分辨出哪部分为原器物，哪部分是修复的区域，但是由于考古修复具有忠于原貌的优点，修复部位不做任何修饰会降低美观性，文物展示利用价值有很大折扣。

由于考古发掘出土文物数量多，修复工作量大，而且修复工期有限，有些地方条件较为简陋，材料单一，因此考古工地的陶器修复基本上采用白色石膏修复，优点是修复时间短，效率高，不足是石膏的白色粉末会污染器物。

1.5.2 仿真复原

仿真复原是通过修复技术使文物达到近似真实的情况，由于修复材料的加入，文物修复后依旧是接近于原物甚至修复完成后完全与原物一样，看不出修复痕迹。但是以上的做法，是从表面去判断的，经过科学仪器的检测，依旧会发现修复的痕迹，因此展览型修复和商业修复均属于仿真复原的概念。

1.展览修复

展览型修复也可称陈列型修复，观看者在一定距离之外看不出修复痕迹，走近观察可以辨别修复痕迹，或者面向公众的一面看不到痕迹而内部或背面保有修复痕迹。在远看与近看修复痕迹的距离上，"目前西方博物馆已经普遍接受'六英尺、六英寸'的修复原则，即修复痕迹在六英寸（约0.15米）远可见，而六英尺（约1.8米）远就看不见。"[25]现如今我国博物馆单位的修复需要按照中国文物保护法及中国文物古迹保护准则中的系列文物保护基本原则执行，要求修复部位与未修复部位稍有区别，但又不影响文物整体的视觉效果。由于被修复的文物常常需要被放置在博物馆展厅中展览，其具备了展示和传播文化的功能。因此修复痕迹就不能明显但要可识别，从而通过修复技术恢复文物原貌提高陈列价值。

2.商业修复

商业型修复目的在于将文物恢复到最初的完好状态，经修复后的文物不论是近看还是远看，观者无法使用肉眼看到修复痕迹，展现在眼前的文物就像最初时完整的状态。从这类修复类型的名称和最后展现的成果来看，修复目的已经超出了保护的范围，更多是将文物商品化，贴上标签，进行商业交易。

关于文物市场上的修复，多为艺术品修复方式，或者天衣无缝式修复。在修复技术上近几年出现了新的尝试，如3D打印技术、金缮工艺、髹漆工艺在陶瓷文物修复和装饰中使用。

1.5.3 完全复制

完全复制技术通过使用原材料、原烧制工艺，成品需要在器型、釉质、胎色上与原物一致。复制技术起源于春秋时期，北宋时期盛行，元明时期发展不景气，清代又恢复兴盛。文物复制需要遵循原则，首先是统一管理，复制品作为特殊的物品，要统一进行管理，在规定的地点生产和售卖。第二是严格把关，文物复制须严格报批审核。第三，要保证真品的安全。第四，要保证复制文物的质量，如尺寸大小、外形颜色、制作原料，要达到少而精。第五，复制的文物要标明自身身份和真品有区别。

1.5.4 研究修复

研究修复并不是现代陶瓷修复中的一类，詹长法先生首先提出这一概念，我认为是在修复的基础上更加突出研究的重要性。传统匠人仅仅是修复陶瓷，使其造型完整。而研究修复不仅仅是对陶瓷进行修复，而是对器物从始至终都进行研究，包括陶瓷的病害分析、科学检测、修复方案设计、修复材料的分析等一系列的科学手段。新一代的修复匠人就像"文物医院"的"医生"，而陶瓷就好比"病人"，医生为病人诊断分析后，再开出一剂良方，标本兼治。

1.6 陶瓷文物修复师的要求及定义

近年来由于国内文物行业的迅猛发展，国家已经建立了相应的职业名目和制度。文物修复师的平台越来越大，体现和传承弘扬优秀传统文化这一时代任务提供给修复师难得的发展机遇。

文物修复师是负责对存在不同病害的文物进行修复、研究的职业，不仅强调动手能力，还需要具备充足的理论知识，遵守行业规范。2015年修订的《中华人民共和国职业分类大典》已经把文物修复师一职列入其中。自1980年代以来，全国性文物修复专业研讨会分别由国家文物局、中国文物保护技术协会、中国文物学会文物修复委员会等组织召开，给文物修复行业提供了很好的学术交流平台。

即使这样，文物修复师在国内依旧是个稀缺岗位。由于它是一个由多学科交叉形成的综合学科，并且极其考验耐力与毅力，导致我国真正成熟掌握修复技术的人员仅数千人。

作为一名修复师，首先要掌握修复理念，遵循文物修复原则。其次要掌握现代科技，应用到文物修复当中，熟悉物理、化学知识，会使用相应仪器设备。另外，还需树立良好的道德理念，我们不难看到一些关于修复失败的新闻。西班牙的一位老太太把耶稣画像《戴荆冠的耶稣》修复成了猴子模样（图1-5），西班牙古堡马德雷拉变成了水泥墙（图1-6）。国内也有这样的案例，四川安岳石窟的宋代佛教造像，修复前神圣庄严，修复后色彩浓艳（图1-7）。2012年，辽宁云接寺开展的清代壁画修复也同样变得像卡通动画（图1-8）。

图1-5 《戴荆冠的耶稣》修复前后

图1-6 西班牙古堡马德雷拉修复前后

图1-7 四川安岳石窟宋代佛教造像修复前后

图1-8 辽宁云接寺清代壁画修复前后

　　由此可见，修复是一个难度极大的职业，必须经过专门的学习，而且还需要对历史文化有崇敬之心，不可像上述案例一样，完全抹去了文物的历史性和原真性。

　　关于修复师的定义，E.C.C.O 联盟制定了修复师职业准则[26]。E.C.C.O 是欧洲保护师——修复师组织联盟，通过各会员所在国的行业协会，E.C.C.O 代表了来自全欧洲属于欧盟和欧洲自由贸易协定的 16 个国家的超过 5000 名会员。

　　修复师的基本职责是为人类及人类后代保护文化遗产，保护师——修复师致力于促进对文化遗产的环境背景、重要意义和物理属性的感知、鉴赏以及理解。他们还要承担总体规划并鉴别，拟定保护计划预处理建议、进行预防性保护、保护修复处理，并将任何观察和介入行为进行记录建档等职责。鉴别的内容包含：鉴定文化遗产的材质，评估其状态；鉴定其变化的性质和程度；评估其损毁的原因；确定修复的方式与范围，同时也包括对现有相关信息的研究。保护师—修复师的职业教育和培训应达到保护—修复大学硕士学位或被认可的同等水平。

　　预防性保护是通过创造最合适的条件来保存文化遗产，同时兼顾其社会用途，旨在阻止恶化、防止损坏。同时它也包括正确管理、运输、使用、存储和展陈，还可包括为而制作复制件。保护主要是对文化遗产所采取的直接措施，稳定文化遗产状态、延缓其恶化程度。修复是在尊重文化遗产的美学、历史和物理性质的前提下，为促进文化遗产的感知、鉴赏和理解而直接实施于受损、恶化的文化遗产的行为。

　　建档是指对所有执行过程及其基本原理的精确图解与书面记录。报告副本须呈送文化遗产的拥有者或监管人，保证其随时可用。对文化遗产的存储、维护、展陈或使用的任何进一步要求也应在档案中详细记录。该记录保留了修复师修复过程和成果，以备日后参考。

　　此外，修复师还有以下职能：

　　1.在保护—修复领域开展项目开发、规划设计与调查研究；

　　2.为文化遗产的保护提供建议与技术支持；

　　3.为文化遗产准备技术性报告（不包括对其市场价值的判断）；

　　4.进行研究讨论；

　　5.发展教育项目并教学；

　　6.传播调查、培训与研究中获得的信息；

7.推进对保护——修复领域的更深入理解。

文物修复师应该遵守以下准则：

（修复师有权在任何情形下拒绝违反相关条款或此准则精神的任何要求，有权要求文化遗产拥有者或监管者告知所有关于保护——修复计划的相关信息）

1.修复师职业关乎公众利益，其操作活动必须遵循所有相关国家和欧洲的法律和协议，特别是有关盗窃财物的法律与协议。

2.修复师工作的直接对象是文化遗产，并对文化遗产拥有者和社会负责。修复师在不妨碍其自由与独立的前提下有资格进行实践活动。

3.修复师需尊重委托给他的文化遗产的美学、历史与精神意义及其物理完整性。

4.与其他介入文化遗产保护工作的专业同仁合作时，修复师需在保护文化遗产的同时考虑其社会功用。

5.不论文化遗产的市场价值的高低，修复师必须按照最高标准工作。

6.在针对文化遗产采取物理性工作之前，修复师应考虑预防性保存保护，将处理行为限于必须处理的项目。

7.修复师应根据目前知识水平，尽量使用对文化遗产、环境和人类无害的产品、材料和规程。如有可能，修复师的行为和所使用的材料应不妨碍今后的任何检测、修复和分析，他们也应与文化遗产的材料不相冲突，同时尽量做到过程可逆。

8.对文化遗产进行保护、修复处理的诊断检查、任何保护修复的介入和其他各种相关信息应以书面和图解记录形式建档。报告也应包括参与执行该项工作的所有成员名单。报告副本应呈交给文化遗产的拥有者或监管者，并保持该报告随时可用。该报告保留修复师的智慧运用的过程并留备日后参考。

9.修复师应保证他只承接自己能够胜任的工作。如果文化遗产的最佳利益没有被顾全。则修复师不能开始或继续对其进行处理。

10.为改进与提高专业工作质量，修复师必须努力丰富他的知识与技能。

11.如有必要，修复师应与其他专业人员合作并参与完全的信息交换。

12.在任何突发事件中，若文化遗产有紧迫危险，修复师应提供他所可能的援助。

13.修复师不应从文化遗产上移除材质，除非对于文化遗产的保护来说它是不可或缺的或者它严重有损文化遗产的历史和美学价值。如果可能，移除的材质应被保存。

同时，该程序应予完整记录。

14.当文化遗产的社会用途与其保护相冲突时，修复师应与其拥有者或监管者讨论，制作该物件的复制品，作为适中的解决方案。为不损害原件，修复师应提出恰当的复制再造程序。（E.C.C.O.职业准则）

意大利政府于2009年5月26日第86号部长令，对文物修复师和其他辅助补充参与可移动文物、建筑文物装饰表面的修复及其他保护活动的工作人员职业资质的定义规定[27]。

中国政府关于文物修复师职业资格也进行了十多年的探索。国家文物局于2005年，2012年分别由中国文物信息咨询中心、中国文化遗产研究院在北京组织召开文物修复师资格考试大纲、标准讨论会。

与会专家提出，文物修复人员长期以来被视为研究辅助人员，属于有"术"无"学"，自身发展受到局限，建立职业资格制度，加强人才培养，提高业务素质，规范行业管理，正当其时。职业资格授予不能仅仅沿袭以往培训一下就颁证的做法，应当对人员的素质进行全面考核，并通过继续教育不断提高其业务水平。

在2021年文物修复师国家职业技能标准（征求意见稿）中，将文物修复师分为古建筑，壁画彩塑，土遗址，石质，纺织品，纸张书画，竹、木、漆、牙、角器，陶瓷器，金属文物等9类13项标准。相关标准不仅涉及传统修复技艺的知识与能力，也涉及现代保护科技的知识与能力，同时在高级别修复师中对文物修复方案的编制能力也有要求。

在陶瓷修复师国家职业技能标准中，对陶瓷文物修复师的职业名称、职业定义、职业技能等级、职业环境、职业能力倾向、教育程度、职业培训要求、不同级别修复师的职业技能鉴定要求及职业道德、基础知识、工作要求进行了详细注解。另外对不同等级修复师职业技能鉴定比重进行了介绍（见表1–1及表1–2）

表1–1　理论知识权重表

项目	技能等级	五级/初级工（%）	四级/中级工（%）	三级/高级工（%）	二级/技师（%）	一级/高级技师（%）
基本要求	职业道德	5	5	5	5	5
	基础知识	30	15	10	5	——

	技能等级 项目	五级/ 初级工 （%）	四级/ 中级工 （%）	三级/ 高级工 （%）	二级/ 技师 （%）	一级/ 高级技师 （%）
相关知识要求	现状调查	25	30	30	15	——
	修复材料制备与工具设备选用维护	15	10	5	5	5
	本体修复	20	30	40	50	50
	档案记录	5	10	10	——	——
	技术管理和培训	——	——	——	10	20
	技术创新与交流	——	——	——	10	20
合计		100	100	100	100	100

表1-2 技能要求权重表

	技能等级 项目	五级/ 初级工 （%）	四级/ 中级工 （%）	三级/ 高级工 （%）	二级/ 技师 （%）	一级/ 高级技师 （%）
技能要求	现状调查	40	50	30	25	——
	修复材料制备与工具设备选用维护	20	10	10	5	——
	本体修复	20	30	40	45	50
	档案记录	20	10	20	——	——
	技术管理和培训	——	——	——	20	40
	技术创新与交流				5	10
合计		100	100	100	100	100

总之，陶瓷文物修复师需能够运用文物修复理论与方法，独立开展文物病害描述绘制及修复工作，同时具备组织多学科合作的科学素养，与文物保护技术专业人员合作确定文物的受损状态，能够预防、保护和修复文物，并减少文物材质的进一步退化；可以根据正确的艺术和文化价值对文物进行分类，能够深入了解预防措施所需要的保护和修复方法，系统掌握专业技术知识。总之，文物修复学专业的教育宗旨是培养他们（学生）识别与评价病害，并拥有高超的手工技能和灵敏的艺术敏感度。

1.7 陶瓷文物修复人才培养

1.7.1 文博行业文物修复人才现状

我国历史悠久，文物遗存众多。2005年国家文物局组织的馆藏文物腐蚀损害情况调查显示，中国50.66%的馆藏文物存在不同程度的腐蚀，近2000万件馆藏文物亟待修复[28]。在2012～2016年开展的全国第一次可移动文物普查发现，截至2016年10月31日，普查全国可移动文物共计108154907件/套。有近40%的文物，约4000万件可移动文物需要修复。2012年国家文物局在全国31个省市自治区进行了全国文博业务机构专业人员现状调查统计，其中文物修复技能人员（包括文物修复、古建修缮、考古技工）总数为2715人，占专业技术人员总数（15786人）的17.2%；仅占当年全国文物系统从业人员总数（111388人）的2.4%[29]。在2015年开展的文博系统首次关于全国文物修复人员的调研中，参与调查的533家博单位中，92%的单位认为文物修复人员配备不足，参与调查的2207人，近5年人均每年修复馆藏文物约15件[30]。中国文物保护基金会前秘书长詹长法曾统计，我国从事专业文物修复的人才不足1000人，技术成熟的文物修复专家只有400人左右[31]。然而从事文物修复的1000多人中，大多数并不是通过文物保护技术专业或文物修复与鉴定等专业培养出来的，而是入职以后由博物馆的修复工人以师傅带徒弟的方式培养的，而这些参与培训的老师傅则是由中国几百年历史的传统文物作坊式的"师承制"培养出来的[32][33]。目前中国传统的书画修复与装裱、陶瓷修复、青铜器修复均已经申报成功国家级非物质文化遗产项目，这些老先生当中一大部分成为了传统文物修复技术传承人，传统"师承制"下走出的修复师们修复技艺精湛，但由于多缺乏系统的文物保护知识，只能称之为文物修复工匠。这种培养方式的最大问题是成才速度慢，效率低；通过师承制方式，需4～7年才能出师，而且部分人因为文博单位的学历门槛要求，很多人转而改行。

1.7.2 高等院校文物保护与修复人才培养情况

2012年，西北大学文化遗产学院受国家文物局委托完成了《全国文博人才教育教学体系研究》的课题。根据调研数据显示，目前全国共有58个高等院校设置了文化遗产保护类的相关专业，共计有考古学、文物与博物馆学、文物保护技术、建筑史、科技史等专业以及科技考古、文化遗产管理、文物鉴定与修复等相关专业方向。据不完全统计，在校生规模逾

17000人，其中本科及以上学历教育学生占34.9%，2015年毕业学生人数达4000余人。和文物保护与修复直接相关的专业为文物保护技术本科专业与文物鉴定与修复专科专业[34]。

我国文物保护技术本科专业伊始于20世纪80年代的西北大学，西北大学在陕西省文物局的支持下，于1989年从西北大学化学系抽调老师组建文物保护技术本科专业。北京大学于1993在考古学专业下设置了文物保护技术本科专业方向，采取隔年招生的方式。复旦大学和西安交通大学也曾在2000年左右开设过文物保护技术本科专业，后因各种原因，停止招生。近五年来，西北民族大学（2012年），大同大学（2013年）等高校陆续开办文物保护技术本科专业。根据教育部专业目录，文物保护技术属于文理交叉、理工渗透，现代科学技术与人文科学知识相结合的交叉学科专业，学制四年。通过对各高校文物保护技术专业的培养方案与培养目标的统计分析，文物保护技术专业主要侧重于文物材料研究、文物保护材料研究、文物预防性保护、保存科学等，需要掌握大量考古学、历史学、博物馆学等文史知识；大学化学，大学物理，材料学等理化知识；受学分的限制，文物修复相关实践课程课时量相当少。

文物鉴定与修复专业也是我国培养文物保护与修复人才的专业之一。我国开设文物修复与鉴定的院校数量达25家，在校人数近3000人，主要集中在二、三本和专科院校，学制一般为三年或四年。这些学校在文物修复人才培养质量方面参差不齐，大多数文物修复与鉴定专业存在专业师资力量不足、校内实训室与校外实习基地缺乏，专业实践教材缺乏，教学标准模糊等五个方面的问题，学生很少能够获得文物修复实践机会，由此导致培养目标无法实现等问题，因而自然能够被行业认可的毕业生也就很少[35][36]。虽然如上海视觉艺术学院，陕西文物保护专修学院等获得了地方政府的大力支持，积极向国外学习先进经验，在国内文物修复与鉴定人才培养条件方面走在全国的前列，但是由于受到体制的限制，专科或本科学历很难进入到文博系统就职，解决不了文博事业单位文物修复人才短缺的局面。

1.7.3 存在的困境

2018年1月30日教育部发布《普通高等学校本科专业类教学质量国家标准》，这是我国高等教育领域首个教学质量国家标准，该国标突出产出导向，要求各专业主动对接经济社会发展需求，科学合理设定人才培养目标，完善人才培养方案，切实提高人才培养的目标达成度、社会适应度、条件保障度、质保有效度和结果满意度[37]。

通过审视我国当前文保事业人才发展现状，可知现有的文化遗产保护类专业教育理念和人才培养体系已明显不适应且不能满足文化遗产保护事业的发展。一方面表现为现有文物博物馆单位专业人才总量严重不足，结构不尽合理，呈现出橄榄型态势，高端复合型人才和职业导向的技能型人才严重欠缺；另一方面，文化遗产保护类专业教育与实际需求不相适应：文物保护技术专业侧重于保存科学人才培养，解决不了文物修复人才紧缺的局面；文物修复与鉴定专科专业虽侧重于文物修复人才培养，然而受学制与教学条件影响，成材率偏低，毕业生专业对口率仅不到20%[38]。

由于专业的局限性，对于老师的选择有较为严格要求。目前我国现有高校的文保专业的师资队伍普遍单一，要么设置在艺术系，全部是美术，艺术院校的师资，要么设置在文博系，全部是考古、历史、文化遗产的教师；北京大学、西北大学很早就将化学、材料、物理等课程由化学系或物理系教师授课，在其他高校则由于招收的是文科生，师资缺乏，意识不够等原因，直接缺失这方面的教学。除了理论课程以外，实践课程的授课老师则更加的不稳定和缺失。若聘请行业的修复人员给予授课则存在临时性以及不稳定的因素，而且这部分的课程很难纳入教学体系；专门公开招聘文物修复的实践教师难度也很大，因为高校招聘门槛设置高。

可见，高等院校的学科理念、学制设置，课程体系、培养方式、人才质量尚与文化遗产事业的发展需求存在较大差距，严重滞后于行业需求。

1.7.4 对策与建议

1.构建多层次多类型的人才培养体系

建立职能分化的文物修复人才培养体系，构建出适合文化遗产事业发展和我国国情的多层次多类型人才培养体系，避免人才培养同质化现象。相应的在学科定位、专业设置、课程体系、人才培养层次均应体现出差异和针对性。

高等教育承载高端复合型人才培养，"211"、"985"高校应多注重硕士、博士研究生层面的培养，涉及保存科学、修复材料、保护与修复理论、文物的预防性保护及保护管理学等研究，招生以理工科背景为主。

普通本科应多注重本科生层面的修复人才培养，兼具培养一定的检测分析能力，涉及不同材质文物的病害调查、修复、复制、鉴定。

职业教育主要负责培养修复技师。大专及艺术院校则注重学生修复技艺的培训及培养，在毕业时掌握一项修复技能，可以解决其就业问题。同时规范职业准入标准，统一制定考核标准以及建立修复技师职业资格制度。

2.完备的实践教学体系

加强多学科交叉教育，严格进行技能训练。在现有课程设置的基础上，加强文物修复理论、病害调查与分析、档案记录、材料及工艺、检测分析、预防性保护、标准规范等内容的教育，改善授课顺序随意的现状。通过校内实训室与校外实训基地相结合，课上实践与课下实践相结合的方式，解决学生动手能力不足的问题；通过理论课程与实践课题相结合的方式，提升学生的创新与研究能力。

3.建立多学科、多渠道的师资队伍

文物保护技术专业或者修复专业集文理交叉、理工渗透于一体，是现代科学技术与人文科学知识相结合的新兴边缘学科。人才知识和能力的培养离不开师资队伍的多元性。未来应加强与行业的联系，一方面引进或培养具备理论与实践综合执教能力的专职教师；另一方面通过学历教育与师承教育相结合的形式，建立各类修复专业教学体系，改善目前以讲座代替课程的局面，形成文物修复职业教育教学研究网络体系。

4.建立文物修复职业教育与学历教育培养接续制度

建议教育部在现有中高职衔接探索研究的基础上，充分考虑文物修复职业教育的特殊性，探索区别于学科性人才培养的本科层次五年制职业教育试行和培养模式，实践学分转换和学历补充为核心的职普互通机制，使文物修复职业教育与高学历相关联或衔接，比如专升本、本－硕连读、本－硕－博连读，使技能型人才培养有教育延伸的途径，同时也使职业路径层次更加丰富。

参考文献

[1]Xiaohong Wu，Chi Zhang，Paul Goldberg，David Cohen，Yan Pan，Trina Arpin，Ofer Bar-Yosef. "Early Pottery at 20，000 Years Ago in Xianrendong Cave，China，"；Science，2012.

[2]李家治.中国古陶瓷工艺发展过程——五个里程碑和三个重大技术突破[J].装饰，1993（04）：48-49

[3]李家治.中国科学技术史：陶瓷卷，北京：科学出版社，1998：11.

[4]西北轻工学院等编.陶瓷工艺学，北京：轻工业出版社，1980：21.

[5]李家驹.日用陶瓷工艺学，湖北：武汉大学出版社，1992：3.

[6]潘路.青铜器保护简史与现存问题[J].文物科技研究，2004，2（00）：1-8.

[7] Miriam Clavir. The social and historic conservation of professional values in conservation. Studies in Conservation, 1998, 43（1）：1-8.

[8] William Andrew Oddy. The history and prospects for the conservation of metals in Europe. Current Problems in the Conservation of Metal Antiquities, 1989：1-28.

[9] Vincent Daniels. Early Advances in Conservation. British Museum Press, 1988.

[10] William Andrew Oddy. The Art of the Conservator. Smithsonian Institute Press，1992.

[11] Nicholas Stanley Price. Historical and Philosophical Issues in the Conservation of Cultural Heritage. The Getty Conservation Institute, 1996.

[12] E. Rene de la Rie. Conservation Science Unvarnished，1999.

[13] Jukka Jokilehto. Conservation and Creative Approach，2000.

[14]谢明良.陶瓷修补术的文化史[M].上海书画出版社，2019.

[15]蓝浦，郑廷桂.景德镇陶录[M].黄山书社，2016.

[16]沈初.西清笔记[M].中华书局，1985.

[17]唐英.唐英集[M].辽沈书社，1991.

[18]张亚伟，高海.文物保护原则的理论与实践研究——以陶质文物保护修复为例[J].山西大同大学学报（自然科学版），2018，34（03）：94-96.

[19]张宇一.当代国内外陶瓷修复工艺及理念的比较研究[D].景德镇陶瓷大学，2021.

[20]高道道.中西方文物修复理念及技法浅析——以古陶瓷修复为例[J].东方收藏，2021（03）：100-101.

[21]吕淑玲，兰栋，孔祥伟.关于古陶瓷修复中"最小干预原则"的思考——以2018年全国文物修复职业技能竞赛为例[J].自然与文化遗产研究，2019，4（S2）：7-12.

[22] 韩用祥.文物修复保护与田野考古发掘的关系[J].文物修复与研究，2016（00）：

631–635.

[23] 王炜林.传统考古与科技考古结合的典范——读《唐李倕墓考古发掘、保护修复研究报告》[J].文博，2018（04）：111–112.

[24] 李奇.陶瓷文物修复技艺实录[M].武汉：武汉理工大学出版社，2017，8.（p10，p15）

[25] 赵丹丹.我国古陶瓷修复中修复材料应用的研究[D].南京艺术学院，2013.（p1，p17，p20）

[26] 欧洲保护师–修复师组织联盟职业准则，2002，

[27]D.M. 26 maggio 2009, n. 87（1）.

[28]国家文物局.全国馆藏文物腐蚀损失调查项目[R].北京：国家文物局.2005.

[29]西北大学项目组.全国文博人才教育教学体系研究[R].北京：国家文物局.2012.

[30]张晓彤，詹长法.万古传物 百年树人——浅谈文物修复人才现状及教育[J].遗产与保护研究.2016，（1）：122–125.

[31]杜小端.文物修复需要"科班"[N].光明日报.2015–02–25（10）.

[32]周华，舒光强，顾军.传统文物修复技术申遗现状与保护传承对策[J].艺术教育.2015，（11）：36–37.

[33]俞蕙，刘守柔.传统修复技艺类"非遗"项目的保护与传承研究[J].遗产与保护研究.2017，（3）：61–67.

[34]段清波，李伟，周剑虹.构建多层次多类型的文博人才培养体系［N］.中国文物报，2014–09–30（003）

[35]中国文化遗产研究院项目组.文物修复人员现状调研[R].北京：中国文化遗产研究院.2015.

[36]王宝兰.高职院校文博专业的现状及对策研究[J].山西经济管理干部学院学报.2017，（3）：107–109.

[37] 中华人民共和国教育部 普通高等学校本科专业类教学质量国家标准［S］.北京；中国标准出版社，2018–01–30

[38]张昱.我国文博职业教育的现状、问题及对策思考[J].中国博物馆.2017，（4）：42–48.

二、陶瓷文物材料学基础

2.1 陶瓷文物的原料组成

陶瓷文物材料制品由多相的无机非金属材料构成，原料属于天然矿物原料或岩石原料，原料的分类可以分为以下几种：

1.根据原料的工艺特性可分为可塑形原料（黏土类）、非可塑形原料（石英、长石）、溶剂性原料；

2.根据原料的用途分为瓷坯原料、瓷釉原料、色料及彩料原料。

3.根据原料矿物组成可分为黏土质原料、硅质原料（石英）、长石质原料（长石类）、钙质原料（方解石）、镁质原料（滑石、熔点高，强化瓷高温下的硬度）。

2.1.1 黏土原料

黏土原料主要由原生黏土和次生黏土构成，为陶瓷主要原料之一，可塑形原料，细瓷配料中可达40%~60%，陶器用量更多。为多种矿物混合体，粒径小于2微米。具有良好的耐火度、吸水性、膨胀性、吸附性，有白、灰、黄、红、黑等颜色。主要成分是高岭石、多水高岭石、蒙脱石、水云母等，伴生矿物有石英、长石、方解石、赤铁矿、褐铁矿与一些有机物。

原生黏土又称为一次黏土，是母岩风化崩解后原地流下来的黏土，此种黏土的可溶性盐类被水给带走，只剩下黏土矿与石英砂等，质地较纯、耐火度较高，但往往含有石英、云母、石膏、方解石、黄铁矿等，颗粒较粗，可塑性较低，例如高岭土。

次生黏土又称为二次黏土与沉积黏土，风化后的黏土经过河水雨水冲刷漂流，迁移至平原、沼泽、湖泊形成的黏土层，过程夹带有机质与杂质。次生黏土黏度高，可塑性好，但耐火度差，容易显色。

2.1.2 石英原料

石英原料为陶瓷主要原料之一，包括脉英石、砂岩、石英岩、石英砂、燧石、硅藻土等，石英在制瓷过程中具有以下作用：

1.在烧成前为瘠性原料，可对泥料起调节作用，降低坯体的干燥收缩，缩短干燥时间，防止坯体变形。

2.烧成石英的加热膨胀可部分抵销坯体收缩的影响，当玻璃质大量出现时，在高温下石英能部分溶解于液相中，增加熔体的浓度，为溶解的石英形成骨架防止变形。

3.石英对瓷器有很大的力学影响，合理的石英颗粒能提高瓷器坯体的强度。并改善透光度与白度。

4.釉料中二氧化硅为主要玻璃质成分，增加釉料石英含量可以提高釉的熔融温度以及黏度，减少釉的热膨胀系数，提高釉的力学强度、硬度、耐磨性和耐化学腐蚀。

2.1.3 长石原料

不含水的一系列碱金属或碱土金属的铝硅酸盐矿物的合称。包括钾长石、钠长石、钙长石、钡长石，长石原料的共生矿物有：石英、云母、霞石、角闪石。

长石在坯料和釉料中作为主要成分，起熔剂的作用。在坯体中可以实现较低的熔化温度，较宽的熔化温度范围。在釉料中可以实现较高的始熔温度，较宽的熔融温度范围。

2.2 陶器文物的制作工艺及其发展

陶瓷是陶器和瓷器的总称，陶瓷的发明为人类社会的进步做出了重大贡献，而我国在陶瓷工艺技术上取得的成就更是具有重要意义。

陶器是用黏土或陶土经过加工烧制成的器具，历史悠久。在新石器时代就已经见到初始的陶器，且往往作为生活用具使用，也是从旧石器时代过渡到新石器时代的标志之一。陶土是一种天然泥土，由多种细微的矿物集合，呈粉状或土状，颗粒大小不一致，常常含有砂和砂类等。其矿物成分复杂，主要是硅和铝的无机盐类，助熔剂含量比较高，由于含有有机物质，所以颜色不纯，有灰白、黄、褐红、绿、灰黑甚至黑色。

陶器的烧制温度比瓷器要低，大约在800℃~1000℃，器质多孔，吸水率高，其中烧造温度较高、烧结程度较好的那一类被称为"硬陶"，而施釉的那一部分被称为"釉陶"。烧制成功后在其表面彩绘，方法有很多，一种方法是将矿物颜料研磨成细小颗粒与动物胶或植物胶等胶结质调和均匀，用毛刷涂在陶器表面并进行描绘或渲染；另一种是直接将生漆涂在陶胎表面。

最早陶器一般被认为是用黏土或陶土混合打碎的贝壳、砂砾、沙等按一定比例加水混合制作的，这被称作"双料混炼"法，加入的羼合料大多是颗粒较粗的物料，为了提高成品的耐热急变性能，避免烧制时发生破裂，或者在特定情况下防止半成品在干燥和焙烧时发生开裂以及减少黏土的黏性等作用。桂林甑皮岩发现的"陶雏器"就是用这种方法制作而成，考古实验证明，此件陶雏器烧制温度不超过250℃，居然能历经万年留存至今，填补了我国陶器发展从无到有的中间阶段的空白。

陶器在制作前需要对陶土进行加工，粗陶只要把选择的陶土进行筛选即可，精细的陶器则需要把陶土浸入水坑或水容器中，经过搅动使植物细末及杂质上浮，去掉杂质后就可以成为很纯净的细土。仰韶文化中的细泥红陶器多使用这种细土制成，这类陶器被称为"泥质陶"，胎质较为紧密，渗水性差，一般用作水器、容器等。另外还有"夹砂陶""夹炭陶"等，即通过在黏土中加入羼合料来减低陶土黏性，使之易于成型，防止干裂，增加熔点防止部分陶土融化。

陶器的制作工艺，先要塑形，再放入窑内进行高温反应。在塑形之前需要先用真空泵或者手搓泥条的方法排除坯体内的空气，这个被称为除气法，这个步骤有助于平均分布坯体内的水分。而在塑形和放入窑内烧制中间需要经过晾干这一步骤，晾干则分为几个阶段。坯体约75%~85%干的阶段称为"皮革硬度"，而水分基本没有的阶段被称为"骨干"。

陶器制作工具最早是人类的双手，我国新石器时代陶坯成型的方法主要有手制法和模制法。手制法包括：捏塑法，即用手直接捏制成形；泥片贴筑法。即用泥料做成泥片然后粘贴制坯的方法；泥条盘筑法，即先将泥搓成长条状，然后螺旋向上进行盘筑，通常是待其稍干以后再接另外一圈，成型后再里外抹平。模制法是用专门烧制的陶模具或已经烧好的陶器做模具，在外表敷泥成型的方法，可分为单模制法、合模制法，主要在黄河流域，最早见于新石器时代早期，盛行于新石器时代晚期。判断模制法的标准是制成陶俑的表面不光滑、棱角较钝，装饰线条比较模糊，正面没有清晰指纹。其中判定单模制的标准是陶俑正面没有清晰指纹，背面较平，有压制形成的指纹印；合模制是使用两个或两个以上的模制成陶俑的方法，判定标准是陶俑正面没有清晰指纹，陶面有一圈闭合的对接缝。

另一种是轮制法，这种方法制作的陶器器型规整，器壁均匀，大约出现在新石器时代中期，在黄河流域仰韶文化、大汶口文化和长江流域的马家滨文化均发现了少量轮制陶器，龙山时代则是轮制陶器大量出现的时代，代表了史前时期制陶术的最高水平。

夹芯法一般在制作较大尺寸的陶俑时使用，由于上部较重，泥还未干时不易直立，往往在模制陶俑四肢中夹铁芯，使重量落在铁芯之上，使陶俑直立，往往此法与模制法一起使用。

粘接法是陶俑各部分独立制作，利用泥还未干的黏性将各个部分连接在一起的方法。特点是一般不牢固，粘接的部分易脱落，一般此法与其他方法配合使用。判定粘接法的标准是两部分相接处有一圈闭合的对接缝，各个部分易脱落，脱落部分平整，无碴口。

陶器的装饰工艺是在陶器表面做各种纹样，有拍压法、戳刺法、刻划法、贴附法、镂孔法和彩绘法。其中彩绘法在我国史前时期就已产生，一般多装饰于随葬的明器上。陶俑烧制完成后常以白色泥浆打底，再在白底上绘彩。由于是烧成后画彩，受潮或经水后易脱落。彩绘胶结物是将颜料颗粒以及颜料与基底粘接在一起的介质，这种介质自身具备一定的粘合力。其功用是使彩绘层附着在基底表面，也使彩绘颜料颗粒之间紧密粘结。古人通常使用动植物的部分有机成分作为胶结物。把这些有机物与水混合制成稀胶水，再调和以颜料颗粒，一般古代胶结物来源可分为动物蛋白、植物蛋白。油类、糖类、萜（tie）类和其他有机物。

烧制一般等陶坯阴干后进行，在600℃以上的温度进行就会硬化，烧造的火候越高，硬度越大，反之越小。烧成后的陶大体呈现红、灰、黑等颜色，还有极少量的白陶，陶器的颜色与陶土的成分、陶窑结构、烧造技术等都有密切关系。

2.3 瓷器文物的制作工艺及其发展

瓷器是在陶器的基础上发展而来，其制造工艺在胎体部分的过程和陶器一致，但瓷器是指用瓷土（瓷石、高岭土、石英石、莫来石）等烧制而成，外表施有玻璃质釉或彩绘的物器，烧制温度约1280℃～1400℃，满足这三个要素烧成才能被称为瓷器。瓷器表面的釉色会因为温度的不同从而发生各种化学变化。瓷器经过高温烧成之后，胎色白，具有透明或半透明性，胎体吸水率不足1%，或不吸水。

中国最早的原始青瓷，发现于山西夏县东下冯龙山文化遗址中，距今约4200年，器类有罐和钵。原始青瓷在中国分布较广，黄河领域、长江中下游及南方地区都有发现。

因为其无论在胎体上，还是在釉层的烧制工艺上都尚显粗糙，烧制温度也较低，表现出从陶器向瓷器演变的原始性和过渡性，所以一般称其为"原始瓷"。瓷业发展至宋代进入了繁荣期。当时的汝窑、官窑、哥窑、钧窑和定窑并称为宋代五大名窑，比较有名的还有柴窑和建窑。被称为瓷都的江西景德镇在元代出产的青花瓷已成为瓷器的代表。青花瓷釉质透明如水，胎体质薄轻巧，洁白的瓷体上敷以蓝色纹饰，素雅清新，充满生机，与青花瓷共同并称四大名瓷的还有青花玲珑瓷、粉彩瓷和颜色釉瓷，精美异常。

瓷器按烧造温度可分为高温釉和低温釉两种，高温釉温度在1300℃以上。商代原始瓷器属低温釉，气孔较大，胎料中杂质较多，釉色还不够稳定，到了东汉时期早期瓷器逐渐成熟，出现了青瓷和黑瓷。瓷器按器形可分为瓶、尊、炉、瓠、壶、盘、碗、杯、罐、盆、盒、枕、缸、砚等，器形种类丰富。

瓷器按釉色可分为：青釉、黑釉、绿釉、黄釉、蓝釉、白釉、紫釉。其中青釉以铁为主要着色元素，釉中含有<1%～2.5%范围的铁量在高温还原气氛中焙烧，便呈现青色，故名。商周原始青瓷是青釉的始创期，汉代趋于成熟，宋代达于高峰，出现了

粉青、梅子青等名贵品种。

白釉釉料中的含铁量降低到0.75%以下，施于洁白的瓷胎上，入窑经高温烧制，就会产生白釉。我国目前所见最早的白釉，是东汉墓葬出土的白瓷。唐代邢窑白瓷、宋代定窑白瓷、元代景德镇窑卵白釉、明代永乐甜白釉、明清德化窑象牙白釉等都是有名的白釉品种。

黑釉是以铁为主要着色元素，釉中含有5%以上的铁量在高温中焙烧，便呈现黑色。东汉时早期越窑已烧制出黑釉，但黑釉不纯。东晋到南朝初的浙江德清窑，烧制的黑釉瓷釉面光泽，色黑如漆。唐宋时期由于饮茶的盛行，黑釉茶盏风靡一时，把黑釉瓷的制作推向新水平，成为我国传统的瓷器品种之一。

红釉釉料是以铜为主要着色元素，在高温还原气氛中焙烧，便呈现红色，故名。宋代钧窑、元明清景德镇窑釉里红、鲜红、郎窑红、豇豆红等，都是铜红釉的名贵品种。

我国古代瓷器的装饰方法十分丰富。一般宋代以前多采用刻花、划花、印花等方法，即在胎体未干以前，用一种工具在胎上刻成或划成花纹图案，再有就是刻好模子印出花纹图案，然后施釉入窑烧制。元代景德镇瓷器的装饰方法，除一部分保留宋代的做法外，又大量兴起用笔画彩的方法，这种用彩料画出的花纹图案烧制而成的就叫做彩瓷。彩瓷按施釉方式又分为釉上彩和釉下彩。釉上彩即在已烧好的素器上进行彩绘，再入窑经600℃～900℃的温度烘烤而成的，彩绘在釉上的瓷器。最早见于宋代，明清景德镇窑釉上彩广泛应用，品种有斗彩、五彩、粉彩、珐琅彩等。釉下彩指在胎体上彩绘之后，再罩上一层无色透明釉，入窑经高温（1300℃左右）一次烧成的，彩绘在釉下的瓷器。釉下彩最早见于唐代长沙窑青釉褐绿色彩绘瓷器，元代景德镇窑的青花、釉里红瓷，使釉下彩工艺更臻完美，明清两代青花成为瓷器生产的主流。另外出名的唐三彩是唐代铅釉陶器的总称。铅釉陶器在汉代已经出现，至唐代开始盛行，就是在同一器物上用黄、绿、白或黄、绿、兰、褐等基本釉色，同时交错使用，而以黄、绿、白为主的低温彩釉陶器，这就是"唐三彩"。还有素三彩，首创于明代正德年间，嘉靖、万历时有较大发展。它一般由黄、绿、紫、白、兰等色构成，只要没有艳丽的红色，就可以称为素三彩。而墨地三彩创于康熙中期，晚期就停烧了，成品件数极少。墨地三彩是先在坯胎上刻出图案纹饰再用青花、黑里红、豆青三种彩料渲染后敷釉烧成。我国历代陶窑鉴定家都认定"五彩以描金为贵，三彩以墨色质地为贵"，如今已极为少见。

水彩是光绪末期出现的一种瓷器彩色。此种彩色不含粉质，具有彩料薄，颜色暗淡之特征，它是光绪末期，宣统以后瓷器上所使用的一种彩色。

粉彩是在五彩的基础上发展起来的釉上彩。因为彩料中加有铅粉成分，故称之为粉彩。粉彩可分为：青花粉彩、祭红釉地粉彩、天蓝釉地粉彩、豆青釉地粉彩、珊瑚釉地粉彩、抹红彩地粉彩、绿釉地粉彩、窑变釉地粉彩等。

软彩是一种含粉量极微，颜色暗淡的一种彩色，它介于粉彩与水彩两者之间，可以说是属于粉彩的范畴，它是在同治晚期开始出现的，到光绪、宣统时比较盛行。

斗彩是用釉下青花勾绘图案轮廓，然后在釉上用红、黄、绿、紫等各种彩色在轮廓线内填绘，经炉火烘烧而成的，这种做法使釉下青花与釉上彩结合在一起，互相争艳。

五彩，并非五种颜色，而是多种颜色的含意。其彩绘方法与斗彩的彩绘方法大致相同。也是在烧好了的瓷器上施加各种色料，再次经过炉火烘烧而成的。不同的是斗彩的釉彩多为釉下青花勾画图案的轮廓线然后再在轮廓线内填以彩料。而五彩则不然，五彩虽有釉下青花，但它不仅是用以勾画轮廓线，多数还绘成完整或部分图案，并常用褐黑或褐赤色代替青花作为图案的线描。另外，还有一种五彩瓷器不用青花作为线描，而直接在上了釉的白瓷上加彩。五彩是用黄、红、绿、紫、蓝等颜色所组成。

明代五彩是由红、绿、黄、紫四种釉上彩和釉下彩的青花所组成。清康熙五彩却是由五种釉上彩组成，以釉上的蓝彩代替釉下青花部分。常见的是由红、黄、绿、蓝、黑五种颜色，有的还增加了金彩。

明万历五彩一般可分为三类：一类是釉下青花，釉上用黄、绿及矾红三色，虽仅四种颜色，但在运用上交替错综，富于变化；一类是青花上加黄、绿、茄紫、矾红各种色彩，并用黑褐或褐赤色作为图案的线描，还有一类是不用青花，仅在釉上加以彩绘。一般说，康五彩比较浅淡、明五彩比较浓重，所以康五彩比明五彩更加艳丽。五彩品种很多，如釉里红五彩、青花釉里红五彩、天蓝釉地五彩、豆青釉地五彩、米色釉地五彩、哥釉五彩、黄釉五彩、黑釉五彩、水墨五彩等。

珐琅彩是清朝彩瓷中比较特殊的一种，因为珐琅彩的色料中含有玻璃质较多的缘故，因而有人称珐琅彩为料彩或洋彩。

作为瓷器大国，我国古代各地都有专门烧造瓷器的中心，后来出名的"三大瓷都"分别是江西景德镇、湖南醴陵和福建德化。烧制瓷器的窑口按类别则可以分为：耀州窑、邢窑、吉州窑、景德镇窑、龙泉窑、磁州窑、哥窑、官窑、汝窑、钧窑、定窑等。

其中磁州窑的烧造方法不同于以往，开创了白化妆技法。化妆土最早为白色优质瓷土制成的泥浆，是为了适应粗瓷细作，掩饰胎体表面的凹凸不平，从而提高瓷器的外观质量和釉的白度及光亮度。后又出现了有色化妆土。磁州窑巧妙利用化妆土，达到了不同的艺术效果，使化妆土成为一种装饰艺术，并达到了高超的水平，以白地黑花（铁锈花）、刻划花、窑变黑釉最为著名。

2.4 陶瓷文物材料的结构

陶瓷文物的结构决定其性能和质量，而陶瓷文物中的晶相、玻璃相、气相，则影响陶瓷的结构性能。晶相是陶瓷材料中主要的组成相，决定陶瓷材料物理化学性质的主要是晶相。玻璃相的作用是充填晶粒间隙、粘结晶粒、提高材料致密度、降低烧结温度和抑制晶粒长大。气相是在工艺过程中形成并保留下来的。

2.4.1 陶瓷的晶相

晶相是结晶的微观结构，由晶体中高分子链的构象及其排布所决定，种类有：单晶、球晶、树枝状晶、孪晶、伸直链片晶、纤维状晶、串晶等。观察晶相的主要工具有：光学显微镜、电子显微镜等。

其中含量多者称为主晶相，比例为10%~30%，含量少的称次级晶相或第二晶相。有时在晶界上还可能发现有第二晶相存在，它的存在一般需用 X 射线结构分析如 X 射线图，能谱分析，晶格条纹像等进行确定。陶瓷材料的晶体主要是单一氧化物（如 Al_2O_3，MgO）和复合氧化物（如尖晶石 $MgO \cdot Al_2O_3$，锆钛酸铅 $Pb（Zr，Ti）O_3$）。此外，非氧化物陶瓷材料中还有碳化物、氮化物、硼化物、硅化物等相应组分的晶体存在。陶瓷材料的性能和主晶相的种类、数量、分布及缺陷状况等密切有关。

2.4.2 陶瓷的玻璃相

玻璃相又称过冷液相（supercooling liquid phase），陶瓷显微结构由非晶态固体构成的部分。它存在于晶粒与晶粒之间，起着胶黏作用。陶瓷坯体中的一部分组成高温下会形成熔体（液态），冷却过程中原子、离子或分子被"冻结"成非晶态固体即玻璃相，通常比例为40%~65%。

玻璃相在陶瓷体中的分布可以是间断的，也可以是连续的。陶瓷配料中微量添加物或杂质的存在，在高温下有助于玻璃相的形成。其作用是多种多样的，如有时希望玻璃相能在较低温度下形成，促进传质，有助于降低烧成温度，使制品致密；有时希望出现高温熔体，可抑制晶粒长大或在适当温度下保温，促进晶粒长大或形成第二晶相。研究添加物的种类、数量，控制玻璃相的数量及分布是很有意义的。近来发现陶瓷体可以出现不同组成的玻璃相即玻璃分相。

2.4.3 陶瓷的气相

气相是指陶瓷组织中的气孔。气孔可以是封闭型或开放型的（即气孔通相陶瓷的表面），可以分布在晶粒内（封闭型的），也可以分布在晶界上，甚至玻璃相中也会分布气孔，气孔在陶瓷组织中比例约占5%或更高。

气孔作是指气孔会造成应力集中使陶瓷容易开裂，降低强度，气孔还降低陶瓷抗电击穿透能力，同时对光线有色散作用，降低陶瓷透明度。

2.5 陶瓷文物的釉料

釉是施于陶瓷表面的一层极薄的物质，利用天然矿物与化工原料按比例配合，在高温作用下熔融覆盖在坯体表面富有光泽感的玻璃层。施釉的目的在于改变坯体表面性能，提高产品使用性能，增加美感。同时釉可以着色、析晶、乳浊、消光、变色、闪光等等。

2.5.1 陶瓷釉料的作用

釉的作用归纳为以下几种：

1.使坯体对液体和气体具有不透过性，提高化学稳定性能。

2.给瓷器美感。

3.防止坯体沾污。

4.使陶瓷具有特定的物理和化学性能，如抗菌、生物活性、红外辐射性能，电性能。

5.改善陶瓷性能如力学性能、热性能、电性能等。

2.5.2 陶瓷釉料的特点

1.从釉层显微结构来看，除了结构中的玻璃相外，还有少量的晶相和气泡，其衍射图谱中可能会出现晶体的衍射峰，也就是说釉的均匀程度与玻璃不同。

2.釉不单是硅酸盐，经常含有硼酸盐、磷酸盐或其他盐类。

3.大多数釉中含有较多的氧化铝，属重要组分，功能在于提高釉的熔点。

4.釉的熔融温度范围比玻璃还大，低温的比硼砂还低，高温的温度极高如硬质瓷釉。

制釉原料包括：石英、钾钠长石、黏土、滑石、石灰石、白云石、硅灰石、锂辉石、锆英石、萤石等。

2.5.3 陶瓷釉的分类（表2-1）

表2-1 釉的分类

分类的依据		釉的名称
坯体的种类		瓷器釉、炻器釉、陶器釉
制造工艺	釉料制作方法	生料釉、熔块釉、挥发釉（食盐釉）、自释釉、渗彩釉
	烧成温度烧釉速率烧成方法	低温釉（<1120℃）、中温釉（1120℃~1300℃）、高温釉（>1300℃）、易熔釉、难熔釉 慢速烧成釉、快速烧成釉 一次烧成釉、二次烧成釉
组成	主要熔剂主要着色剂	长石釉、石灰釉（石灰—碱釉、石灰—碱土釉）、锂釉、镁釉、锌釉、铅釉（纯铅釉、铅硼釉、铅碱釉、铅碱土釉）、无铅釉（碱釉、碱土釉、碱硼釉、碱土硼釉）、铜红釉、镉硒红釉、铁红釉、铁青釉、玛瑙红釉
性质	外观特性	透明釉、乳浊釉、虹彩釉、无光釉、半无光釉、金属光泽釉、闪光釉、偏光釉、荧光釉（发光釉）、单色釉、多色釉、变色釉、结晶釉、金星釉、裂纹釉、纹理釉、水晶釉、抛光釉
	物理特性	低膨胀釉、半导体釉、耐磨釉、抗菌釉
显微结构		玻璃态釉、析晶釉、结晶釉、分相釉
用途		装饰釉、粘接釉、丝网印花釉、商标釉、电瓷釉等

2.5.4 陶瓷釉中各氧化物的作用

1.SiO$_2$

SiO$_2$是釉玻璃的主体（50%以上），可以提高釉的熔融温度和粘度，赋予釉的高力学强度，良好的热稳定性、化学稳定性，高的白度和透明度。

2.Al$_2$O$_3$

Al$_2$O$_3$在釉中的作用类似于SiO$_2$，但是提高熔融温度和高温粘度的能力更强。

3.CaO

CaO釉中是主要熔剂，1160℃以上熔融，它可以降低釉的粘度，提高釉的流动性和釉面光泽度，对有些色釉可增强釉的着色能力（如铬锡红釉），一般其用量不超过18%，过多会使釉结晶，形成无光釉。CaO与碱金属氧化勿相比，能增加釉的抗折 强度和硬度，降低釉的膨胀系数，能提高釉的化学稳定性。另外，CaO可改善坯釉结合性。配料中常采用石灰石，其密度小，能增强釉的悬浮性。

4.MgO

MgO是釉中的主要熔剂，高温性质及对釉面性能的作用与CaO类似。特点是由滑石引入时具有乳浊作用，特别是在与锆英石共同引入时。

5.Li$_2$O、Na$_2$O、K$_2$O

均是强熔剂，降低熔融温度和高温黏度，降低化学稳定性和力学强度。助熔能力：Li$_2$O> Na$_2$O >K$_2$O。Li$_2$O在无铅釉中使用可使釉的热膨胀系数降低，光泽度高，强度和耐酸性有一定的提高。Na$_2$O 降低弹性和抗张强度，提高热膨胀系数，光泽度差。K$_2$O常由钾长石引入，比钠长石熔融温度范围宽，黏度大，其他性能都优于钠长石，但用量也不能太大。

6.ZnO

少量（2%左右）ZnO可以降低成熟温度，加宽成熟范围，改善釉的力学性能，提高釉的光泽度和白度（乳浊作用）。在结晶釉和大红釉中也有重要的作用。

7.PbO

PbO是最强的熔剂。硅酸铅玻璃折射率高，光泽度高。适量的引入与碱金属氧化物相比可以降低高温黏度，加宽熔融范围；提高强度、光泽度和弹性；降低热膨胀系数。在低温釉中大量使用釉的强度和热稳定性降低。

8.B_2O_3

B_2O_3是强熔剂，降低釉的熔融温度，温度升高黏度降低大，有利于釉面的铺展，提高釉玻璃的折射率（光泽度），适量加入可以降低热膨胀系数，提高化学稳定性。过量导致釉的各种性能变差。1000℃以上易挥发。

9.BaO

BaO是助熔剂，少量引入可以提高釉的光泽度和力学强度，代替CaO和ZnO能提高釉的弹性。

10.SrO

SrO是助熔剂，具有BaO所有的优点。在改善坯釉适应性、提高釉面硬度、加宽石灰釉的烧成范围等方面都有很好作用。

11.骨灰、瓷粉、乳浊剂、色料等

骨灰，可提高光泽度，促进釉料分相，提高白度。

瓷粉，取代长石调节釉料，可提高釉的熔融温度，降低釉的高温黏度。减少釉面针孔，提高白度。

乳浊剂，氧化锡、二氧化钛、二氧化锆、硅酸锆、锑化物、磷酸盐。

着色剂，Mn、Cr、Co、Fe、Ni、Cu等的氧化物、化合物或合成颜料。

2.5.5 颜色釉装饰

颜色釉装饰源于陶器，在商代便有了青黄釉陶器出现，到汉末晋初年间就有青釉瓷器了。唐代的唐三彩，宋代的影青、粉青、钧红、黑釉等闻名于世，经明清发展成颜色釉。颜色釉多以金属氧化物的天然矿石为着色剂配制而成，如铁、铜、锰、钛、铬、锌、钴、锑等。它有高温、中温和低温之分。高温色釉以景德镇和河南禹县的色釉瓷为代表，采用还原焰烧成，烧成温度为1320℃左右；中温色釉以河北邯郸、山东淄博、江苏宜兴的色釉为代表，采用氧化焰烧成，温度在1200℃左右。

2.5.6 釉与坯的关系

釉与坯之间的反应直接影响釉的化学性质与釉面状态，釉的化学组成应与坯体的化学组成接近，但又要保持一定的差别，釉与坯体在高温下互相作用，使釉中的组份特别是碱性氧化物渗透坯体，同时使坯体中成分渗入釉中，形成晶体。釉在坯体表面会形成一系列物理化学现象，其中包括：

1.釉本身的物化反应，如脱水、分解、氧化、熔融。

2.釉与坯体接触的物化反应，釉中某些组份渗入坯体，坯体中成分会与釉料反应。一般釉会从坯体中引入 SiO_2，Al_2O_3，而从釉内引入碱性氧化物等成分，形成中间层，能增强坯釉的结合。

参考文献

[1] 兰德省，夏寅，周铁主编，陶质彩绘文物保护修复技术22讲[M].文物出版社，2019.

[2] 王惠贞，文物保护学[M].文物出版社，2009年

[3] 卞尚.陶质文物彩绘加固工艺试验研究[D].西北大学，2018.

[4] 夏佑.咸阳坡刘村东汉墓出土陶器制作工艺分析[D].西北大学，2018.

[5] 贺翔.彩绘文物次生病害与典型保护材料失效机理研究[D].浙江大学，2019.

[6] 潘晞.徐州北洞山西汉楚王墓彩绘陶俑的保护和修复[D].南京艺术学院，2018.

[7] 赵倩.信阳城阳城址战国楚墓出土彩绘陶器保护修复研究[D].西北大学，2017.

[8] 魏璐.榆林地区馆藏汉代彩绘陶器的保护研究[D].西北大学，2012.

[9] 李晓溪.脆弱陶质文物加固材料的筛选及改性研究[D].西北大学，2012.

[10] 赵静.典型酥粉陶质文物的病变分析及其变化研究[D].西北大学，2016．

[11] 刑惠萍.起甲、脱落、酥粉陶质文物胶料彩绘的回位修复研究[D].陕西师范大学，2010．

三、陶瓷文物病害诊断学

陶瓷文物病害诊断学是运用文物保护基本理论、基本知识和基本技能对陶瓷文物病害进行诊断的一门学科,其目标是对陶瓷文物的健康状况及发展趋势进行评估。研究内容包括:其一,对肉眼所见的病害现象进行描述,分类;其二,根据肉眼及仪器对病害进行定性与定量分析,并解释其病害机理;其三,根据病害的稳定性及发展趋势将其分为稳定性病害、可诱发病害、活动性病害,并进行风险评估与预判。

3.1 陶瓷文物的病害描述及分类

3.1.1 陶器的病害描述

1.附着物

附着物包括泥土附着物、其他附着物。从陶质文物表面刮取样品,记录采样位置。依据GB/T 14506,确定是否为附着物,并测量其分布面积。

2.硬结物

从陶质文物表面刮取硬块样品,记录采样位置。依据JY/T 009,对样品进行X射线衍射分析,判断是否为硬结物及其是否稳定,并测量其分布面积。

3.可溶盐

从陶质文物表面刮取表面结晶物样品,记录采样位置。依据JY/T 020,对采集的结晶物进行离子色谱分析,判断其是否为可溶盐及稳定性,并测量其分布面积。

4.酥粉

从陶质文物表面刮取粉末状或颗粒状松散样品，记录采样位置。依据JY/T 010，对采集样品进行分析，实验结果列表，判断其稳定性，测量其分布面积。

5.微生物损害

按照ISO7218、ISO16140、ISO18593判断微生物病害活性，对陶质文物表面微生物评估，测量其分布面积。

6.变色

将陶质文物或残片平铺于测定台上，将镜头正对变色处，参照GB/T 3977、GB/T 3978、GB/T 3979、GB/T 7921物体颜色的测量方法，确定色差，测量其分布面积。

3.1.2 陶器的病害分类（参考可移动文物病害评估技术规程–陶质文物）

表3-1 陶质文物病害活动性质划分

序号	病害名称	病害类型		
		稳定病害	活动病害	可诱发病害
1	龟裂		√	
2	起翘		√	√
3	空鼓		√	√
4	脱落	√		√
5	变色		√	√
6	剥落	√		√
7	残断	√		√
8	可溶盐		√	√
9	裂纹		√	√
10	裂缝		√	√
11	刻画	√		
12	酥粉		√	√
13	附着物	√		√
14	硬结物	√		√
15	植物损害	√		√
16	动物损害	√		√
17	微生物损害	√		√

3.1.3 瓷器的病害描述

1.毛边、伤釉与伤彩

优先选用目视，如有必要，可进一步采用显微镜分析，鉴别是否是因外力作用造成了釉层损伤，而并未伤及胎体。如果釉层的损伤处于口、足等边沿位置，则判定为毛边；如果处在其他非边沿位置，则判定为伤釉；如果是釉上的彩绘，因刮、磨等外力作用而造成的损伤或剥落，则判定为伤彩；倘若伤及胎体，则需进一步判断是否为缺损。待病害种类确定后，按照要求对病害进行相应的测量，最后结合检测分析数据对其活动性质作出判定。

2. 惊纹、冲口与裂缝

优先选用目视，如有必要，可进一步采用显微镜分析或超声波探伤分析。鉴别是否是因外力作用出现的纹路，如果纹路没有穿透胎，则判定为惊纹；如果纹路穿透胎，又分为两种，出现在口部的为冲口，出现在其他部位的为裂缝。待病害种类确定后，按照要求对病害进行相应的测量，最后结合检测分析数据对其活动性质作出判定。

3.破碎与缺损

优先选用目视，如有必要，可进一步采用显微镜分析或超声波探伤分析。鉴别是否是因外力作用造成了破裂，如果破裂的器物仍然完整，并无缺失，则判定为破碎；如果器物有所缺失，则判定为缺损。待病害种类确定后，按照要求对病害进行相应的测量，对于破碎，测量拼合完整后裂缝的总长度，对于缺损，则计算出所有缺损部位的总面积，最后结合检测分析数据对其活动性质作出判定。

4.侵蚀

优先选用目视，如有必要，可进一步采用显微镜分析或按照取样分析流程，依据相关标准进行鉴别。识别是否是侵蚀，并检测出侵蚀物的化学成分及相应的物质含量。待病害种类确定后，按照要求对病害进行相应的测量，最后结合检测分析数据对其活动性质作出判定。

5.附着物与生物损害

优先选用目视，如有必要，可进一步采用显微镜分析或按照取样分析流程依据相关标准进行鉴别。如果表面粘附物为金属、泥土等物质，则判定为附着物；如果表面粘附物为生物滋生或其代谢物（如珊瑚、贝类等），则判定为生物损害。待病害种类确定后，按照要求对病害进行相应的测量，最后结合检测分析数据对其活动性质作出判定。

6. 盐析

优先选用目视，如有必要，可进一步采用显微镜分析或按照取样分析流程并采用离子色谱分析，依据 JY/T 020 标准进行鉴别，识别是否为盐析。待病害种类确定后，对病害进行相应的测量，最后结合检测分析数据对其活动性质作出判定。

3.1.4 瓷器病害的分类（参考：可移动文物病害评估技术规程瓷器类文物）

表 3-2 瓷器类文物病害活动性质划分

序号	病害名称	病害类型		
		稳定病害	活动病害	可诱发病害
1	毛边	√		
2	惊纹		√	√
3	冲口		√	√
4	裂缝		√	√
5	破碎	√		
6	缺损	√		
7	伤釉	√		√
8	伤彩	√		√
9	侵蚀		√	√
10	附着物	√		√
11	生物损害		√	√
12	盐析		√	√

3.2 陶瓷文物的病害科技分析

3.2.1 陶器的病害科技分析

依据"不改变文物原状"与"最小干预"原则，优先采用直接观察法识别病害种类，对直接观察无法判定的病害，视文物的具体情况，可进一步采用无损分析或取样分析方法判定、识别病害种类，重点确定具有活动性或可诱发性特点的病害。绘制病害图，记录病害分布位置，完成病害档案的记录和病害评估报告的编写。陶制文物病害识别与检测方法见表 3-3。

表3-3　陶质文物病害识别与检测方法

病害名称	检测方法
龟裂，起翘，空鼓，脱落，裂缝，裂纹，残断，剥落，刻画，植物损害，动物损害	直接观察
变色	色度检测

无损分析：根据文物特点和仪器类型，应优先选用无损分析的方法对陶质文物病害进行识别。无损分析可选用的仪器分析方法及其适用的病害见表3-4。

表3-4　无损分析方法及其适用病害

病害名称	分析方法	依据
龟裂，起翘，空鼓，脱落，裂缝，裂隙，残断，剥落，变形，刻画，植物损害，动物损害	显微镜分析	附录B
变色	色差分析	GB/T 3977、GB/T 3978、GB/T 3979、GB/T 7921

取样分析：对不能通过直接观察及无损分析方法识别的病害，应根据文物的具体情况取样分析，取样应按照有关规定报有关部门审批。

取样分析可选用的仪器分析方法及其适用的病害见表3-5。针对病害的实际情况可以选择一种或多种分析方法以识别病害。

表3-5　取样分析方法及其适用病害

病害名称	分析方法	依据
附着物	黏土化学分析方法、化学分析方法通则	GB/T 16399、GB/T 14506
硬结物	X射线衍射分析	JY/T 009
可溶盐	离子色谱分析方法通则	JY/T 020
酥粉	扫描电子显微镜分析	JY/T 010
动物损害	红外光谱分析方法通则	GB/T 6040
植物损害	红外光谱分析方法通则	GB/T 6040
微生物损害	红外光谱分析方法通则	GB/T 6040

对文物所存在的各种病害进行识别后，需要进一步获取各种病害的面积或长度等，并详细记录病害所分布的部位。

表3-6　病害的测量项目

病害名称	测量项目
起翘、龟裂、空鼓、脱落、剥落、残断、变色、可溶盐、酥粉、硬结物、附着物、微生物损害、植物损害、动物损害	病害面积
裂纹、裂缝、刻画	病害长度

起翘、龟裂、空鼓、脱落、剥落、残断、变色、可溶盐、酥粉、硬结物、附着物、微生物损害、植物损害、动物损害需测量病害面积，若同种病害有多处，则测量该病害的总面积，并将其记录于表3-7。裂纹、裂缝、刻画需测量病害长度，若同种病害有多处，则测量该病害的总长度，并将其记录于表3-7。

表3-7　文物病害识别记录表

文物名称		文物登录号	
病害名称	病害描述（病害检测结果）		

3.2.2 瓷器的病害科技分析

总体依据"不改变文物原状"与"最小干预"原则，优先采用直接观察法识别病害种类。对直接观察无法判定的病害，视文物的具体情况，可进一步采用无损分析或取样分析方法判定、识别病害种类，重点确定具有活动性或可诱发性特点的病害。绘制病害图，记录病害分布位置，完成病害档案的记录和病害评估报告的编写。

表3-8　瓷器类文物病害识别与检测方法

病害名称	适用监测方法
毛边	直接观察、测量、显微镜分析等
缺损	
伤釉	
伤彩	直接观察、测量、显微镜分析、超声波探伤分析等
惊纹	
冲口	
裂缝	
破碎	

病害名称	适用监测方法
侵蚀	直接观察、测量、显微镜分析、扫描电子显微镜、化学分析、离子色谱分析、X 射线荧光分析、X 射线衍射分析、红外光谱分析等
附着物	
生物损害	
盐析	

3.3 陶瓷文物常用的分析检测设备

1.光学显微镜：检测陶瓷器的胎釉结构与修复情况的细节一般用5至100倍的双目体式显微镜。三目显微镜与数码相机相连接可进行拍摄。CCD 显微镜连接电脑，可在电脑观察并截取图像。

2.红外吸收光谱仪：又称经典红外吸收光谱仪，其应用面广，可以进行定量分析和纯度鉴定，样品用量少且可回收，不破坏试样，分析速度快，操作方便。

3.人工光源：检测陶瓷器物内外情况或器壁内结构需要强烈的光源，有时需要主要波长为200～400nm的紫外灯辅助观察，区分原器物和陈旧的被修复部位。

4.X 射线衍射仪：其衍射出的 X 射线可穿透一定厚度的物质，它具有靶元素相对应的特定波长，分析衍射出的结果可获得物质的晶体的内部结构。利用这一仪器，精确地测定文物的晶体结构、精确地进行物相分析。

5.色差仪：在色彩学中，除黑、白色外所有颜色都可以通过改变红、黄、蓝这三种基础色的比例调和出来。现在常见的色差仪的基本原理就是收集被测样品在标准光源照射下的反射光，然后利用光学的方法测量反射光的三刺激值，根据反射光的三刺激值在颜色空间所处的位置，利用色差仪可以观察陶瓷文物的颜色，使作色部分与文物颜色更加相近。

6.扫描电子显微镜能谱分析：其基本功能可以利用电子信号观察物体的形貌，放大倍率可以达到上千。成像效果良好，景深足够大，图像富有立体感。同时，现在扫描电子显微镜还具备了 X 射线能谱装置，可以测定目标区域或点的成分组成。

7.扫描电子显微镜分析：扫描电镜（SEM）是介于透射电镜和光学显微镜之间的一种微观性貌观察手段，可直接利用样品表面材料的物质性能进行微观成像。扫描电镜的优点是，1.有较高的放大倍数，20-20万倍之间连续可调；2.有很大的景深，视野大，成像富有立体感，可直接观察各种试样凹凸不平表面的细微结构；3.试样制备简单。目前的扫描电镜都配有X射线能谱仪装置，这样可以同时进行显微组织性貌的观察和微区成分分析。

8. X射线探伤：运用X射线探伤机器可以高效率、高准确度的检测出陶瓷文物是否存在接底等肉眼难以辨别的作伪情况，也能清晰地看到陶瓷器物内部是否存在裂纹裂隙等问题，以便及时采取保护。

9. 光泽度仪：瓷器表面有一层光亮的釉面，通过光泽度仪可以测定物品的光泽度。仪器可以测定陶瓷、大理石、油漆等，型号按照测量角度不同，分为高光泽度、中光泽度和低光泽度。

10. 离子色谱分析仪：离子色谱法由于其样品用量少，自动化程度高，分析速度快，操作简便等优点，越来越被应用于文物的保护修复研究工作中。瓷器受外界环境影响会出现不同的病害问题，对水下考古打捞上来的瓷器而言，长期的海水浸泡侵蚀使瓷器胎体附着大量盐分。出水后可溶盐在陶瓷器内部反复溶解和重结晶，会使出水陶瓷器出现胎体酥松脆弱和釉面剥落等问题，所以在保护修复过程中要对其进行脱盐工作，而脱盐前需要确定结晶盐的成分和含量。离子色谱检测仪能够检测文物脱盐过程中的离子种类和浓度，通过离子浓度的变化来监测出水文物脱盐的过程及脱盐终点的判断，并大致确定文物中结晶盐的成分。

3.4 陶瓷文物的病害风险评估与对策

3.4.1 陶器文物的病害风险评估与对策

陶质文物病害风险评估包括文物基本信息、修复历史信息和保存环境信息收集；通过直接观察和仪器检测进行病害识别；病害活动性质判定；文物病害综合评估、保护修复建议。最后形成评估报告。

基本信息包括：文物名称、入藏时间、收藏单位、文物登录号、文物来源、文物时代、文物材质、文物级别、文物尺寸和文物质量等。记录格式见表3-9。修复历史信息包括历次修复的时间、内容、技术、材料及后期效果评价，记录格式见附表3-9。保存环境信息包括文物保存环境（展厅或库房）的温度、湿度及空气中微生物生长及分布状况，调查数据以完整的年度数据为宜。

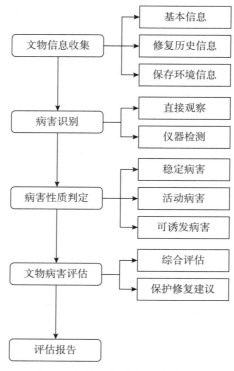

图 3-1 陶质文物病害评估流程图

表 3-9　文物基本信息登记表

文物名称		入藏时间	
收藏单位		文物登录号	
文物来源		文物时代	
文物材质		文物级别	
文物尺寸		文物质量	
修复历史信息			
保存环境信息			
备注			

3.4.2 瓷器文物的病害风险评估与对策

瓷器类文物病害评估包括文物基本信息、修复历史信息和保存环境信息收集；通过直接观察和仪器分析进行病害识别；病害活动性质判定；文物病害综合评估、保护修复建议，并形成评估报告。瓷器文物的评估流程如下：

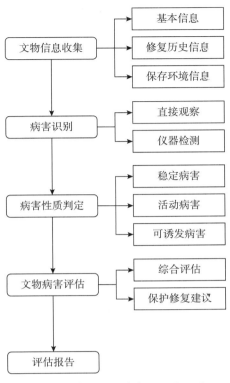

图 3-2　瓷器文物病害评估流程图

　　收集的基本信息包括：文物名称、入藏时间、收藏单位、文物登录号、文物来源、文物时代、文物材质、文物级别、文物尺寸和文物质量等。修复历史信息包括以往历次修复的时间、内容、技术、材料及后期效果评价。保存环境信息包括文物保存环境（展厅或库房）的温度、湿度及空气中主要污染物的含量变化，调查数据以完整的年度数据为宜。（格式见表 3-10）

表 3-10　文物基本信息表

文物名称		入藏时间	
收藏单位		文物登录号	
文物来源		文物时代	
文物材质		文物级别	
文物尺寸		文物质量	
修复历史信息			
保存环境信息			

3.5 一件青花松鹿图瓶的病害诊断研究

3.5.1青花松鹿图瓶的价值评估

此件青花松鹿图瓶器形为棒槌瓶，外壁为哥釉青花，内壁为片纹釉。瓶身图案以松鹿为主体，征集自景德镇，现藏于北京联合大学应用文理学院文博馆。

鹿纹和松树图案皆是中国古代陶瓷器装饰的传统纹样。中国古代瓷器纹样一直流行以谐音寓意吉祥，明清尤盛。鹿纹被广泛采用即因汉字"鹿"与"禄"同音，暗指高官厚禄。松树则以万古长青为寓意，同时作为"古树"取其同"古书"的谐音，一只梅花鹿站在松树下，寓意通过读书获得高官厚禄。这也是此瓶定名的由来。瓶身上的松树几乎占据了整个器物表面的一半，松针呈规整的圆球形，三个、四个或六个一簇，显示出清中晚期松树画法的特征。

棒槌瓶始创烧于清代康熙年间，因似旧时洗衣用的棒槌而得名，多为民窑所烧。康熙早期的棒槌瓶器形偏矮，中后期的器形趋长；到了雍正时期，棒槌瓶不如康熙时期挺拔，有束颈。该件棒槌瓶有束颈，推测应该是雍正时期以后的器物。根据该器物的外形特点、纹片釉开片的颜色、器物上松树的画法，以及征集时的资料，可以推断出这是一件清中晚期的作品。

3.5.2青花松鹿图瓶的观察

修复必须建立在有据可依的基础上。对一件文物进行修复之前要进行充分的检测分析，了解该件文物的具体信息与病害情况，再结合国家文物局文物保护行业规范制定合理的修复方案，对该文物进行合理保护修复。

通过量尺、超景深显微镜等工具、仪器的测量，该件文物通高22厘米，瓶口周长18.5厘米，瓶口直径6厘米，颈高6厘米，颈周长5.65厘米，肩周长33厘米，足周长24厘米，足直径7.25厘米，重716.4克，哥釉青花，瓶口沿处和颈部有残缺（图3-3），并有修复上色痕迹。瓶身有小坑和棕红色物质（图3-4）。

a青花松鹿图瓶正面

b青花松鹿图瓶背面

c青花松鹿图瓶左侧

d青花松鹿图瓶右侧

图3-3　青花松鹿图瓶

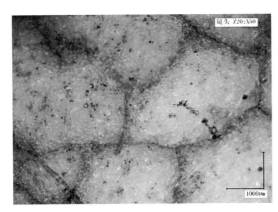

a（开片部分50倍）

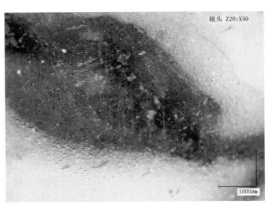

b（青花部分50倍）

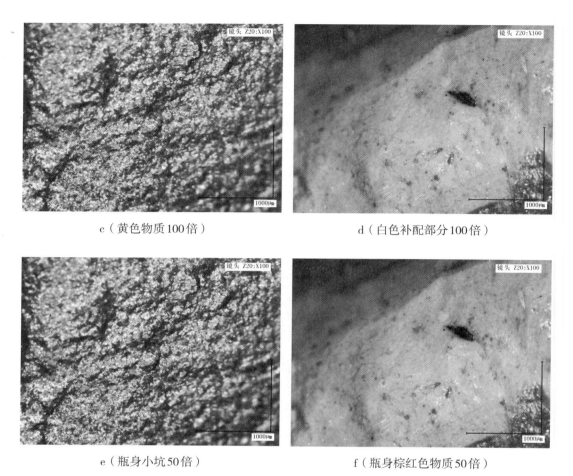

c（黄色物质100倍）　　　　　　　　d（白色补配部分100倍）

e（瓶身小坑50倍）　　　　　　　　f（瓶身棕红色物质50倍）

图3-4　青花松鹿图瓶显微照片

根据观察和测量对该器物绘制病害图如下（图3-5）：

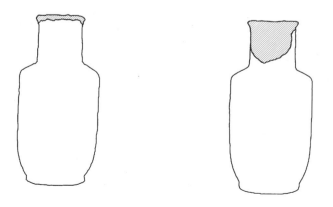

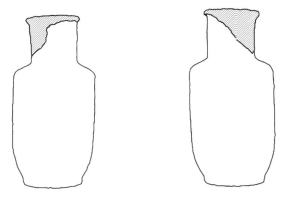

图 3-5　青花松鹿图瓶病害图示

3.5.3原补配材料的检测分析

该青花哥釉松鹿图瓶以往曾被修复过，此次重新修复前需要去除之前修复过的部分，故而要对这一部分进行检测分析，确定成分。根据补配材料的特性采取合理的拆除方式，避免拆除时对文物造成损害。

首先对文物进行了探伤拍摄，通过探伤了解其内部看不到的部分，接下来对需要拆除的部分进行了采样，用红外检测的方式对样品进行了检测分析。

1.探伤检测

实验仪器：大型X光探伤仪YXLON MG325

检测机构：北京联合大学应用文理学院历史文博系

a探伤图片

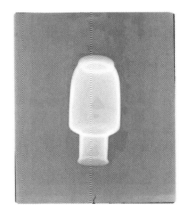

a探伤图片

图 3-6　探伤照片

X射线能穿透一般可见光所不能透过的物质，其穿透能力的强弱，与X射线的波长以及被穿透物质的密度和厚度有着密不可分的关系。由于补配和粘接部分的材料同该器物胎体本身的材料不同，所以其密度也就不同，探伤检测能够很好地看到肉眼看不到的地方是否经过修复。

上图为探伤检测拍摄的显示图，图中的瓶口部分出现了颜色过渡不均匀的现象且过渡轮廓比较清晰。瓶身及其余部分未发现过渡不均匀的现象（图3-6）。由此可以得出该器物只有瓶口部分经过修复而其余部分完好的结论。

2.红外检测

在进行红外检测前，通过视觉观察，对补配部分的材料以及上色的材料作了几种猜想。对上色材料的猜想一：黄色部分为金缮，采用金粉进行了上色处理。猜想二：黄色部分为无机颜料。猜想三：黄色部分为金粉和有机胶材料的混合物。猜想四：黄色部分为无机颜料和有机胶材料的混合物。对于补配材料的猜想：补配部分比较轻，根据超景深显微镜拍摄的结果，猜想为石膏。实验中刮取了瓶口修复部分的黄色样品，和黄色样品下的部分白色物质进行了红外分析检测。

实验仪器：美国Thermo Fisher显微红外光谱仪

检测机构：故宫博物院文保科技部

样品名称：白色物质

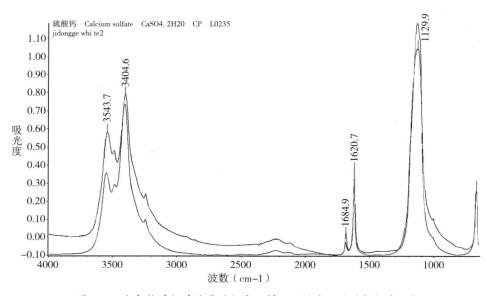

图3-7　白色物质红外结果（红线：样品；绿线：硫酸钙标准品）

红色测试曲线是青花松鹿图瓶白色物质红外测试结果，绿色曲线为硫酸钙标准品的红外结果，可以完全匹配上，因此推测该白色物质主要成分为石膏（图3-7）。

样品名称：黄色物质

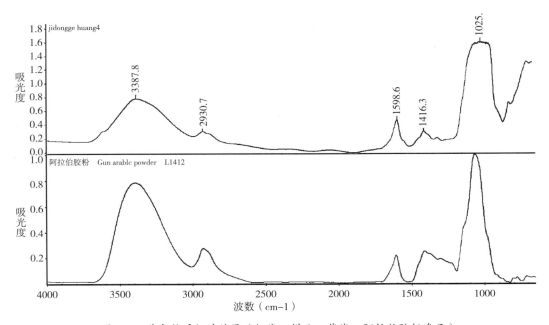

图3-8　黄色物质红外结果（红线：样品；紫线：阿拉伯胶标准品）

从红外谱图上看，该样品是多糖分子的典型红外吸收特征峰，与谱库中检索到的阿拉伯胶具有很好的特征比对（图3-8）。且样品呈黄色，具有很好的水溶性，因此判断成分可能为植物胶。

根据视觉观察，黄色样品涂饰在补配材料表面，有一定光泽，推测为颜料或者金粉，而红外检测分析的结果显示可能为植物胶。那么，黄色样品是否为混有植物胶和无机颜料或金粉的复合物或无机颜料？这一推测无法用红外检测分析确定，需要对其做更进一步的分析检测。

3.XRF检测

由于想要对黄色样品的成分做进一步的了解，采取了XRF对无机物的成分进行检测分析。

实验仪器：美国赛默飞世尔尼通XL3t950手持型X射线荧光能谱仪

检测机构：北京联合大学应用文理学院历史文博系

表3–11　瓷器黄色修复材料XRF数据

Ele	Bal	S	K	Ca	Sc	Ti	Fe	Cu	Zn	Rb	Sr	Pb
ppm	79.80	14.10	0.92	16.32	609	2.56	0.21	79	37	4	0.39	43

根据XRF的检测结果表明，未在检测中发现金元素，无法检测出的Bal占据一部分，所以剩下的部分为其他主要无机成分（表3–11）。

通过红外检测分析和XRF检测的结果推测，黄色样品为无机颜料和有机植物胶的混合物。

3.5.4　修复过程

1.拆分

由于该件器物之前经过修复，想要对该件器物进行再次修复首先要做的就是对旧有的修复材料部分进行拆分。拆除补配和粘接材料一般利用物理和化学的原理。通过检测分析，之前的补配材料为石膏，可以利用物理的方法进行拆除。

物理方法可以采用机械方法或加热拆分。该件青花松鹿图瓶瓶口补配的部分较大。机械方法需要用锉刀、打磨机、喷砂、干冰等方法进行拆除，但由于陶瓷文物比较脆弱，使用这些工具会对陶瓷文物的安全产生一定的影响，且打磨机、锉刀等工具在打磨石膏时会产生大量的粉尘污染物，不利于环境保护以及修复人员的健康。

加热则是利用高温使得粘接部分软化、脱落。相对于锉刀打磨机等，隔水加热对陶瓷文物比较安全，且不会对环境和修复者的身体造成损害。由于直接加入热水会产生热胀冷缩，损坏器物，所以需要逐步提高水温。该件青花松鹿图瓶为高温釉下彩瓷器，隔水加热不会对器物造成影响，且器物大小适合放入加热容器浸泡，可以采取隔水加热的方式，浸泡两个小时以上，使得补配部分脱落。

拆分过程中用到的工具有电磁炉、不锈钢锅和布。

在锅中放入冷水，并将青花松鹿图瓶中灌满冷水，防止加热时瓶内外受热不均对器物造成损害。使锅中的冷水浸没过器物，并在锅底部放入一块布，防止水沸腾后器物同锅底碰撞造成器物的损伤。经过两小时的加热，补配材料部分从瓷器上脱落，完成拆分过程（图3–9）。

图 3-9　拆分过程

2.清洗

一般情况下，修复一件器物前需要对其表面以及内部的污染物和杂质进行清洗，去除瓷器表面的污渍、灰尘、可溶盐类物质，锈迹以及钙质堆积物等。但是由于该件器物之前经过修复，所以对断碴口处的清洗需要放在拆分之后。

根据陶瓷器的污染物种类和其保存状况，清洗也可分为机械清洗和化学清洗。该件器物为瓷器，断碴口处的污渍、灰尘较多且仍存在胶粘剂。由于机械清洗无法对胶粘剂等进行彻底清洁，还会对器物表面造成磨损和划痕，伤害器物，所以我采取的是化学清洗，用棉签蘸取丙酮和无水乙醇这两种有机溶剂对断碴口处进行擦拭清洗。这两种有机溶剂可以很好地清除有机胶粘剂，又因为其具有挥发性，所以不会在瓷器表面残留（图3-10）。

3.补配及打磨

（1）瓶口复原

该青花松鹿图瓶的颈部和口沿处有部分缺失，想要复原口沿需要参考其他同类型瓷器，此次收集整理了大量棒槌瓶的图片资料以资对比，在对比中把范围逐步缩小到哥釉青花棒槌瓶。

康熙早期的棒槌瓶器型偏矮，中后期的器型趋

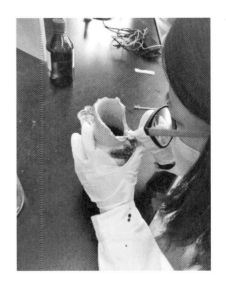

图 3-10　污染物清除

长，口沿多为盘口（图3-11a，3-11b）。到了雍正时期，棒槌瓶不如康熙时期挺拔，口外侈，有束颈。该件棒槌瓶有束颈，推测应该是雍正时期以后的器物。根据图片资料显示棒槌瓶口有盘口、撇口、唇口等。其中官窑器物中盘口、撇口居多，民窑器物中的口沿则多种多样（图3-11c—g）。根据口沿处缺失部分断势所保留下来的形态，以及参考前人补配的样式来看，唇口更加符合其器物形态。

图3-11 （a故宫博物院藏清康熙青花红拂传图棒槌瓶，b故宫博物院藏清康熙青花山水人物棒槌瓶，c哥釉青花人物棒槌瓶，d哥釉青花人物棒槌瓶口沿以及瓶颈，e哥釉棒槌瓶（喇叭口），f哥釉棒槌瓶，g青花人物图棒槌瓶（喇叭口）

（2）补配材料

在现代陶瓷修复中，补配时用到的方法和材料有很多。在日本比较流行金缮修复，金缮修复类似于我国古代传统的大漆修复，采取的是纯天然的大漆作为补配材料。但由于在漆表面涂饰一层金粉，违反了修旧如旧的修复原则，且金粉的颜色过于艳丽，放在博物馆中与其他古代陶瓷风格不一致，所以在我国，金缮修复更多用来修复陶瓷艺术品，以增加其艺术价值，在博物馆中并未得到采纳。

在我国的陶瓷修复中，石膏补配、环氧树脂补配、瓷配瓷等方法占据主要地位。但由于瓷配瓷方法成本较高，且对瓷片有一定的破坏，在博物馆修复时更多的是采取石膏和环氧树脂来作为补配材料。石膏价格低廉，取材比较方便，强度比较低，更适合胎体比较疏松的陶器的补配。不过，石膏在硬化后，随着空气中湿度和温度的变化会膨胀收缩，导致表面开裂、酥粉化。环氧树脂材料收缩率和膨胀率比较低，化学性质比较稳定，且具有一定的耐腐蚀性和可逆性。强度比较高，和瓷质文物胎体强度相似。对比石膏材料和环氧树脂材料的性能，环氧树脂胶拌粉的方法更适合作为本次的补配材料。

首先将AB胶的胶粘剂和固化剂按照1∶1的比例调好，逐步添加玻璃微珠，待胶与玻璃微珠融合后，制成胶球备用（图3-11）。

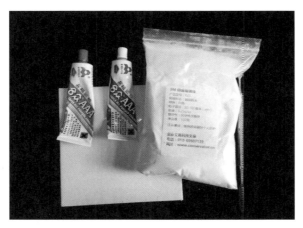

图3-11 补配材料AB胶和玻璃微珠

由于该器物胎体较厚，缺损部位位于瓶颈和瓶口处，不方便翻模，便采取了堆塑的方法复原瓶颈。操作中，把纸胶带粘接在瓶颈内部，形成一个圆，方便从内部固定环氧树脂材料。为了使补配部分和瓶颈外侧的弧度一致，在外侧也贴上纸胶带固定（图3-12a）。

　　口沿处的复原同样采取堆塑的方法，将制备好的胶球，依照唇口的形态和口沿处断裂的趋势将其补配好。要注意保持口沿高度一致（图3-12b）。

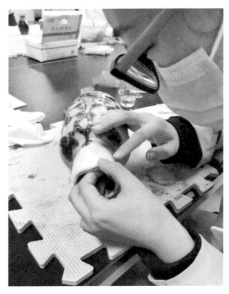 

图3-12a　用制作好的胶球进行堆塑　　　　图3-12b　用胶带固定好胶球

（3）打磨

　　待环氧树脂补配材料固化后，摘下纸胶带，使用打磨机和不同型号的砂纸对补全处多余的环氧树脂材料进行打磨处理。先用打磨机将高出器物的明显部分进行简单打磨，使得补配部分大体和器物原表面薄厚一致，弧度一致。接口应小心进行，避免打磨机打伤器物。再用180目的粗砂纸对器物进行整体打磨，逐渐使用越来越细的砂纸，使得补配的部分越来越接近器物的原表面厚度和弧度。最后使用1500目的砂纸对补配的部分进行打磨抛光，使得补配的部分的形态和质感和原物表面一致。接口处更要仔细打磨，保证同原物一致，否则很容易出现从接口处断裂和原物不完全一致的现象，影响作色（图3-13a、13b）。

图 3-13a　接口处未处理　　　　　　图 3-13b　接口处已处理

（4）作色

作色是陶瓷修复中的关键一步。很多商业修复中的不可识别修复，其修复像与不像的关键，往往就在于作色。因为博物馆中的展览修复要兼顾修复原则中的可识别性原则和美观性，所以作色要达到远看一致、近看有别的效果。

陶瓷器的色彩比较丰富，即使是一件单色釉瓷器，其颜色也包含很多层。修复人员需要调配与瓷器相符的颜色，这样才能使修复出的瓷器与原来的瓷器无差别或者差别不大。作色的方法也有很多，在国内以喷笔修复法和笔涂修复法为主，还有弹拨等方法，这些方法的使用要依据修复部分颜色的质感。喷笔作色法是用喷笔将颜色喷涂在器物上，由于喷笔喷涂面积比较大，喷涂时颜色单一，所以喷笔作色法比较多用于修复单色釉器物。笔涂修复法比较细致，所以常用于修复色彩比较多的瓷器。在欧美国家对于出土陶器和釉陶的作色方式，主要有笔尖点戳、牙刷弹拨、海绵涂擦等。

根据不同作色方法的效果对比与分析，我选取了喷涂和笔涂相结合的方式。对青花松鹿图瓶的底色采取喷涂的方法，由于瓶身的开裂纹和青花松树的部分比较细致，所以采取笔涂的方法进行绘画。

在色料的选择方面，可以有丙烯颜料、矿物颜料和水粉颜料。丙烯颜料作为水溶性材料在没干时，可以用水擦除，干燥时间也比较快且无毒，固化后则形成胶状物质，不易发黄变色且遮盖力比水粉颜料好。且丙烯干透后溶于丙酮，具有一定的可逆性。所以选择了丙烯颜料作为作色颜料。

因为瓷器表面有一层光泽，而无机颜料不具备这样的效果，所以我们需要在补配好的部分涂抹一层仿釉物质，从而达到瓷器的光泽感。丙烯颜料适合石膏等多孔表面，可以实现无眩光的表面，也可以达到适当增加光亮的效果，适合陶器的修复。但是当修复釉质肥厚的高温瓷器时丙烯颜料的光泽感已无法满足需求，需要釉质更为透亮、坚固的产品。针对瓷器的这一特点，欧美国家也研发了专用的修复光漆，包括水溶性丙烯酸酯光漆、含有抗紫外线稳定剂的丙烯酸酯光漆、无色而且不容易变黄的水性的丙烯酸树脂光漆。

目前国内使用的仿釉基料主要有醇酸清漆、硝基清漆、丙稀酸清漆及其它仿釉涂料。但由于这些溶剂型材料对人身体有害，所以不建议使用。我选择的是美国的GOLDEN光釉。这是一种单组份水性瓷器修复釉材料，其稀释剂为水，所以毒性远低于传统的溶剂型防釉材料，快干性好，硬度比较高，比较安全和方便。在干燥后可形成坚硬、无黏性的釉面瓷膜。该材料可使用毛笔或喷笔进行单层或多层的涂抹，可以用氨水清除，具有可逆性（图3-14）。

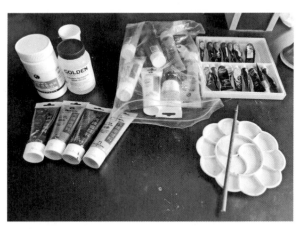

图3-14　作色的工具以及丙烯颜料和仿釉涂料

在颜料和仿釉材料确定后，作色之前要对器物的花纹以及颜色等进行观察，用丙烯颜料进行调色，调配好的颜色浓淡要合适，底色要方便喷涂，用笔描绘时的线条要自然流畅。最终修复好的瓷器要与原器物基本保持一致。

　　该青花松鹿图瓶的底色中有偏黄白和偏蓝白两种色彩，其开裂纹呈现偏棕的米黄色，青花颜色偏蓝紫，选用了丙烯颜料中的钛白、普蓝、赭石、酞青蓝、土黄等进行调色。先调好偏蓝白的颜色用喷笔进行第一遍喷涂，待颜色干透后用偏黄白的颜色进行第二遍喷涂。等做好的底色完全干透后，在干净的喷笔里倒入稀释好的高登釉，喷涂在补配的材料上，等其完全干透。青花松树的纹饰在瓶口处缺失，但保留部分具有一定的规律性，故可据此推测出完整纹饰。由于喷涂了釉，可选取铅笔绘制底稿，以方便修改。用铅笔在底色上勾画出经推测的松树纹饰，再用毛笔蘸取调好的青花颜料，按照铅笔底稿进行绘画。由于青花有晕染的效果，待松树颜色干透，可以在高登釉中加入少量颜料在绘制好的青花图案上进行晕染。由于开裂纹面积较大，且比较细致，所以最后绘制开裂纹。该器物的开裂纹也具有一定的规律性，靠近青花的部分开裂纹比较浅，且开裂纹呈圆形开裂，据此先用铅笔在瓶身上绘剖底稿，再用细毛笔蘸取丙烯颜料进行绘制。待所有颜料完全干透后，再用干净的喷笔在修复部位涂抹一层稀释好的高登釉。待釉层完全干透后，补配作色的部分就具有了瓷器光泽感（图3-15a，3-15b）。

　　在修复的同时拍照记录每一步修复过程，并完成修复档案的填写。

图3-15a　青花松鹿图瓶修复前　　　　　图3-15b　青花松鹿图瓶修复后

3.5.5 小结

本文作者按照国家文物局文物保护规范和流程，对该件器物进行病害诊断，并对原修复材料进行测试分析，白色部分为石膏，黄色部分为植物胶，直接采用开水蒸煮方式拆解；由于口沿部分缺失较多，通过图录查找其他同类型瓷器，选择唇口的口沿；另外根据瓷器特点选择环氧树脂与玻璃微珠补配，与丙烯颜料为上色材料进行了修复，达到了博物馆展示标准。此修复案例将文物传统修复与科技检测相结合，为同类古代瓷器的修复工作积累资料并提供参照。

参考文献

[1]中华人民共和国国家文物局.WWT 0057—2014可移动文物病害评估技术规程 瓷器类文物[M].文物出版社，2014，6.

[2]中华人民共和国国家文物局.WWT 0057—2014可移动文物病害评估技术规程 瓷器类文物[M].文物出版社，2014，6.

[3]周双林.文物保护中树脂的去除方法[J].汉江考古，2003，5（87）：85–87.

[4]胡东波 张红艳.常用清洗材料对瓷器的影响研究[J].文物保护与考古科学，2010，2（22卷1）：49–59.

[5]江福生.古瓷器的补缺与粘接[J].文物修复与研究.2008，3：170–172.

[6]李冰.简论日本古陶瓷修复的理念与方法[J].文物修复与研究.2012，7：398–404.

[7]纪东歌.南大库遗址出土雍正款瓷胎画珐琅黑地梅竹纹盘的修复研究个案[J].紫禁城.2017，5：98–107.

[8]潘慧琳.古陶瓷的修复与新材料新工艺的应用[J].文物修复与研究.2003，8：135–140.

[9]俞蕙.国外古陶瓷修复仿釉产品综述[J].文物修复与研究.2012，7：405–410.

[10]施静.浅析文物修复新技术新材料的运用[J].文物修复与研究.2014，7：36–42.

[11]于渊.古陶瓷修复技艺的传承与发展[D].山西大学.2015.

[12]吕淑玲.谈谈古陶瓷修复中的补配材料[J].文物修复与研究.2009.12：142–144.

[13]戴维康.干冰清洗技术应用于陶瓷文物清洗的探索研究[J].文物保护与考古科学.2015，2（1）：116–120.

[14]惠学军.瓷器补配工艺[J].博物馆研究.2015（4）：93–96.

[15]贾文忠.浅谈古陶瓷修复[J].中国文物研究.2008，9：59–63.

[16]余慧 杨植震.古陶瓷修复基础[M].上海：复旦大学出版社.2017.

[17]王蕙贞.文物保护材料学[M].西安：西北大学出版社.1995.

[18]SUSAN BUYS·VICTORIA OAKLEY. CONSERVATION and RESTORATION of CERAMICS[M].Butterworth–Heinemann Ltd.1996，11.

[19]刘修龙.中国传统青花瓷松纹饰的演变研究[D].景德镇陶瓷学院.2012，4.

[20]杨蕴.浅谈3D打印技术在陶瓷类文物修复和复制中的应用[J].文物保护与考古科学.2015，5（2）：110–113.

[21]赵丹丹.我国古陶瓷修复中修复材料应用的研究[D].南京艺术学院.2013.

[22]中国古陶瓷图典编辑委员会.中国古陶瓷图典[M].北京：文物出版社.1998.

[23]中国硅酸盐学会.中国陶瓷史[M].北京：文物出版社.1982.

四、陶瓷文物修复材料学

4.1 陶瓷文物修复材料学相关概念及要求

4.1.1 陶瓷文物修复材料学的概念及研究目标

1.陶瓷文物修复材料学概念

陶瓷文物修复材料学是一门研究文物修复材料性能、性质，修复材料与文物材料作用关系，以及修复材料劣化规律的科学。

2.陶瓷文物修复材料学研究目标

（1）陶瓷文物修复材料性能研究；

（2）陶瓷文物修复材料改性及研发；

（3）陶瓷文物修复材料制作及使用工艺研究；

（4）陶瓷文物修复材料筛选体系及评价研究；

通过以上研究，可以了解各种用于陶瓷文物修复的材料的性能，以便更好地使用它们，从科学角度去选择合适的材料，指导文物保护工作者研究更好的材料，解决没有解决的文物保护问题。同时替代性能不好的材料，对过去的保护进行适当的评价。

4.1.2 陶瓷文物修复材料的要求

1.修复材料的性能要求

保护修复材料的性质可分为表现性质和工作性质。表现性质是材料本身固有的理化性质，包括热学性能（热容、热导率、熔化热、热膨胀、熔沸点等）、力学性能（弹性模量、拉伸强度、抗冲强度、屈服强度、耐疲劳强度等）、电学性能（电导率、电阻率、介电性能、击穿电压等）、磁学性能（顺磁性、反磁性、铁磁性）、光学性能（光的反射、折射、吸收、透射以及发光、荧光等性质）、化学性能（即材料参与化学反应的活泼性和能力，如耐腐蚀性、催化性能、离子交换性能等）。

而工作性质则是材料在使用过程中所表现出的性质。如修复材料与文物材料相作用时的改性、杂化、复配的性能，陶瓷文物清洗、粘接、补配、加固、封护、仿釉后，文物整体表现的颜色、光泽度、强度、硬度、防水性、耐久性等性质。

为保护修复陶瓷文物选择材料，首先要考虑某材料的表现性质是否满足需要，然后再考虑该材料的工作性质在保护处理后长时段能否达到预期的保护效果。

2.修复材料的保护原则要求

（1）不改变外观的原则。这是不改变原状原则在文物保护材料选择方面应用的具体体现，文物防水剂、封护剂等表面保护材料尤其应当满足这一要求，因为颜色承载着文物的重要信息，如果将带有颜色的材料施加到文物上，两者色彩重叠导致文物颜色的变化，有悖于不改变原状的基本原则。

（2）长期耐久性的原则。文物保护的宗旨是最大限度延长文物的寿命，意味着保护材料在相当长的一段时间内具有良好的保护功能。如果保护材料很快就老化变质，不仅会增加再次处理所引入的大量人力资金的浪费，而且有时失效后的防护材料会给文物带来不同程度的损伤。

（3）性能最佳的原则。选择文物保护材料的目的是在某一方面或某些方面最大限度地改善文物原有的性能。因此，文物保护材料应该具有优良的功能特性，性能最佳原则是使用文物保护材料目的的必然所在。

（4）少干预原则。在确保文物安全的前提下，应尽可能少地对文物进行干预，包括干预的次数、干预的程度等。

4.1.3 陶瓷文物修复材料的研究思路与方法

1.根据使用时间开展修复材料研究，如陶瓷修复的中国传统材料和现代合成材料；

2.根据修复材料的作用方式开展研究，包括介入文物的材料和非介入文物的材料；

3.根据修复材料来源开展研究，包括天然材料与人工合成材料两类；

4.根据使用对象来开展研究，包括土陶修复材料、印纹硬陶修复材料、原始瓷修复材料及瓷器修复材料；

5.根据材料的使用功能开展研究，如陶瓷文物的加固剂、粘结剂、封护剂，憎水剂等；

6.根据材料的化学性质开展研究，如无机类修复材料、有机类修复材料、复合修复材料等。

本文将根据陶瓷文物修复材料的使用功能分别进行论述。

4.2 陶瓷文物清洗材料

4.2.1 陶瓷文物污染物

1.陶瓷文物污染物相关概念[1]

文物保护行业常常提到"清洗"二字，但鲜少对其定义进行解读。清洗行业常用的清洗定义：物体表面受到物理、化学或生物的作用而形成污染物或覆盖层称作污垢，去除这些污染物或覆盖层而使其恢复到原表面状况的过程称为清洗[2]。这种定义从为什么需要清洗来考虑，也因此先定义了污垢，再定义清洗[3]。此种定义方法于文物保护行业而言同样适用。由于文物保护工作的特殊性，判断污染物最重要的依据是该物质是否危害文物稳定性和影响文物价值识别。因此，污染物的定义就比清洗行业要复杂得多。在实际工作中，如瓷器的污垢不仅仅粘附表面，还渗入到裂缝、孔隙等器物内部。许多渗入内部的物质没有形成明显的眼睛可见的一定体积感的污垢，如可溶盐，只有特定情况下才在瓷器表面或裂隙中以体积感存在。《汉语大辞典》[4]中对"污垢"的定义是"积在人身上或物体上的脏东西"，但瓷器内部的离子状态可溶盐不是"积"，也似乎并不"脏"，而且人们对"污垢"一词容易将其归类为水垢，对于离子状态的可溶盐和体积很庞大的包裹物似乎都不够贴切。《汉语大辞典》中对"污染物"的定义是"能使环境发生直接或间接有害于人类生存和发展变化的物质"，相比"污垢"而言，将主语换成瓷器，"污染物"的性质更符合对瓷器外来物质的称呼。同时，文物污染物去除后也并不一定要或者并不一定能恢复到原表面状况。因此，文物保护行业的清洗定义应为：文物表面或内部受到物理、化学或生物的作用而形成影响文物稳定性或信息读取的外来物质称作污染物，去除这些外来物质而使其尽可能恢复到原表面状况和结构稳定性的过程称为清洗。从这个定义出发，瓷器表面的泥土、海洋生物、修复材料、锔钉、内部的可溶盐等非器物本身的物质均可称之为污染物。

对污染物进行分类主要是为清洗工作做准备的，因此，污染物分类方法必须具备实用性。当工作人员看到一件瓷器时，通过肉眼观察和手感触摸，会判断污染物的位置及状态，结合瓷器保存环境和流传经历，初步判断污染物的种类、物质和成因，同时直观地判断污染物对器物的影响。实际工作中还需要对污染物进行科学检测以了解化学成分，才能全面评估污染物的所有信息，从而选择清洗技术。

2.陶瓷文物常见的污染物[5]

（1）污染物按形状分类可分为颗粒状污垢，如粘附的土、灰尘；覆盖膜状污垢，如水垢、锈层。

（2）按来源可分为本身物质与环境化学作用的产物、外来污染物及人为的污染物。

（3）按成分可分为无机污染物及有机污染物。其中无机污垢包括水垢、锈垢、泥垢等，多属于金属或非金属的氧化物或无机盐类；有机污垢包括油垢、血渍、色素等。

（4）按溶解性可分为溶于水、不溶于水及水分散的。溶于水的包括钾、钙的无机盐、某些有机质如果汁等；不溶于水的包括可溶于有机溶剂的有机质；水分散的包括：尘土、石灰、石膏等无机污垢，润滑油、油漆等不溶于有机溶剂的物质。

3.污垢与载体之间的连接形式

污垢与表面的结合状态是多种多样的，结合力不同，结合的牢固程度也不同；去除的难易不同，方法也应该有所不同。按连接形式，污垢和物体本身的连接包括物理性连接、化学性连接。按力作用的方式包括：单纯靠重力作用在物体表面沉积的污垢，如固体尘土的粘附；靠静电附着在物体表面的污垢，如碳黑、氧化铁对衣服的粘附。靠吸附作用结合于物体表面的污垢：吸附的力有范德华力、氢键、也有化学键（离子的和共价的），污垢靠吸附作用结合于物体表面时，这种结合力是很强的，如在文物表面沉积的水垢。按所处的位置也能分为两类，一种是在物体表面形成的变质性污垢：这种污垢是金属的锈蚀物，它是金属的风化产物，另外青铜类文物表面还会有因各种原因形成的单质铜的颗粒状或膜状沉积，膜状物与表面的结合是很紧密的。另一类是渗入物体内部的污垢：沉积在陶质内部的盐类，深入青铜器内部的粉状锈等。

4.陶瓷文物常见的污垢[6]

表4-1　陶瓷文物常见污垢分类

污染物类别	序号	污称	内容
（一）附着物	1	灰尘	馆藏环境的粉尘等沉积，呈非层状松散附着。表面。▲
	2	泥土	埋藏环境的泥土沉积，呈包裹状松散附着。表面。▲
	3	多层沉积物	埋藏环境的附着物沉积，呈多层状附着，吸附作用弱。表面。▲
	4	薄层沉积物	埋藏环境的附着物沉积，呈薄层状紧密附着，吸附作用中。表面。■或★
	5	硬结物	埋藏环境的附着物沉积，呈多层状附着，吸附作用强。表面。▲＋★＋■
	6	凝结物	埋藏环境的附着物沉积，呈包裹状紧密附着。吸附作用强。表面。■或★
	7	包裹物	埋藏环境的附着物沉积，呈包裹状紧密附着。表面。▲＋★＋■
	8	锈蚀物	埋藏环境的金属氧化物沉积，呈非层状紧密附着，半渗入表面。表面。■
	9	冲口、惊纹和裂缝杂质	埋藏的附着物、馆藏环境灰尘和油脂、修复过程的修复材料等沉积，渗入胎釉各类裂缝中。缝隙。■或★
	10	孔隙填充物	因锔钉行为在打钉的洞中残留的钉子氧化物和馆藏环境灰尘和油脂沉积。孔隙。■或★
（二）可溶性盐	1	可溶盐	埋藏环境的可溶盐渗透，呈离子状态留存。器物内部。★
（三）修复材料	1	胶	泛指各种天然和化学胶粘材料，胶粘在器物断裂面和溢出在胎釉表面。▲＋■或★
	2	腻子	吸附材料，呈体积感粘附在器物缝隙处和缺损处。▲＋■或★
	3	石膏	配补材料，呈体积感粘附在器物缝隙处和缺损处。▲
	4	颜料	泛指油画和粉末颜料、仿釉材料等上色作釉材料残留物。▲＋■或★
（四）锔钉	1	锔钉	泛指各种起连接作用的各种金属钉子。★
	2	锔片	传统修复奖品工艺中起配补作用的金属片。▲

4.2.2 陶瓷文物清洗原理与方法

1.去污原理

（1）污垢去除的物理作用

包括：表面活性剂对各种表面的吸附；螯合剂在极性污垢表面的特殊吸附；沸石等通过离子交换对金属离子的吸附；通过电解质效应压缩界面的双电层。

（2）污垢去除的化学作用

包括：酸、碱物质对水垢和锈垢的溶解作用；螯合剂对污垢中碱土金属离子的螯合作用；漂白中的氧化还原作用；酶对污垢的分解作用。

去污是复杂的过程，它与渗透、乳化、分散、增溶等都有关系。污垢一般分为液体和固体污垢，不同的污垢要求不同的洗涤剂。

2.液体污垢（油垢）的清洗原理

洗涤的第一步是洗涤液对被洗物表面的润湿：由于洗涤液的表面张力很小，许多被洗物表面张力很大，因此润湿容易进行。如果被洗物表面粗糙，润湿更易进行。

洗涤的第二步是油污的去除：洗涤液对表面优先润湿，使油污卷缩而去除。水是去污的介质，但由于它本身表面张力太大，导致润湿性差，去污能力不强。在添加洗涤剂后，洗涤剂分子以亲油基朝向固体表面或污垢的方式吸附，使水和污垢之间的界面张力降低，通过机械作用，污垢开始从固体表面脱离。污垢脱离表面后，洗涤剂分子在干净的表面和污垢粒子表面形成吸附层，使污垢脱离固体表面而悬浮在水相，因此很容易被冲走，这样就达到了洗涤的目的。

单独使用洗涤剂中的阴离子表面活性剂效果并不显著，还需要添加某些助剂才能提高去污力。

3.固体污垢的清洗原理

固体污垢与表面一般通过点接触和吸附，固体和被洗表面一般都带负电，阴离子表面活性剂加入后，吸附在固体的表面，增加了它们表面的电荷，相互之间的斥力提高，因此污垢易于进入水中。而且因为这种作用，固体污垢在水中稳定地悬浮而不聚沉。

4.清洗剂的要求与配制

（1）对清洗剂的要求

一种优良的洗涤剂需要下列几种性质：

a. 好的润湿能力，要求洗涤剂能与被洗涤的固体表面密切接触；

b. 有良好的清除污垢的能力；

c. 有使污垢分散或增溶的能力；

d. 能防止污垢再沉积于固体表面上或形成浮渣漂浮于液面上。

（2）清洗剂的配方原则

在清洗技术中，清洗剂的配方研究是比较重要的一个方面，虽然有一些理论可以指导配方的选择，但在实际工作中根据经验选择配方是比较多的。如果对文物进行清洗，那么单一的配方更难以解决问题，因为文物的成分各不相同，埋藏环境不同，粘附的污垢也会有差异。对文物的清洗需要根据实际情况进行配方，并随时调整。

4.2.3 陶瓷文物清洗材料的类型[7]

1.水

水是自然界最常见、最易得的液体溶剂。以水为介质的清洗方法是最常见和最经济实用的。在文物保护工作中，许多文物出土后都粘附一些污垢，需要经过适当的清洗，以去除污垢，显示本来面目。在文物清洗过程中，用水清洗或用以水为溶剂配置的清洗剂清洗是比较常见的。水在清洗中的作用：a.单独做清洗材料；b.配置各种文物清洗材料；c.每件文物经过各种化学处理后要进行多次清洗，保证内部尽量少地残留外来物质。用水清洗文物时要注意水对文物的影响，水对文物有损坏时不能用水进行清洗。

古陶瓷清洗可以使用纯净水、蒸馏水、去离子水。天然水含有多种杂质，如碳酸氢钙、氯化物等，不能直接用于古陶瓷器的清洗。清洗前，先要判断器物胎釉的强度是否可以承受水洗，即用指甲在器物表面上划动，如能够划出痕迹，器物就要避免浸湿在水中清洗。对于光滑、牢固的器物表面，可以用软布、软刷配合温水进行清洁。尤其对出土的陶瓷器，在泥土变硬和收缩之前，用水配上柔和的刷洗通常是最好的清洗方法。当附着表面的污泥浊土过硬过厚，可先用手术刀等工具基本清除后，再用清水洗净。对于脆弱部位，则应选择脱脂棉签沾湿温水局部清洁，使用棉签时要卷动而不是涂擦，要将污物从器表揭起，避免灰尘、污渍压入内部。

胎釉牢固的器物可以浸在水中清洗，但不宜浸泡过长时间。有专家采用欧美国家流行的家庭蒸汽清洁机，该机器将液态水转化为蒸汽后喷在器物表面进行清洗，对于造型装饰复杂、污垢顽固的陶瓷器有很好的清洁效果。与普通手工清洗相比，不但工作效率大幅度提高，而且用水量相对较少。有彩绘、釉面脆弱、体积过大等不适宜用水浸泡的器物，可利用有吸水性的纸或棉花团沾湿清水后，敷在器物表面吸附污渍，这种清洗方式更温和、安全，不容易造成污物的扩散。

用水浸泡是清除器物内外可溶性盐的有效方式，必要时浸泡前须局部进行加固。清洗时，适当加热有助于扩大器物的孔隙，加速盐类的溶解。清洗的水要不断更换，最后测量水的电导率或者其中的氯离子来确定是否清洗完毕。如果器物体积过大，不适于浸泡，可以采用吸水纸敷在器表吸附盐类，这种方式比浸泡要安全，但无法明确清洗是否彻底，所以清洗后要定期检查其表面是否再次出现盐类，而且要存放在温湿度稳定的地方。

清洗结束后，器物要放在通风处自然晾干，或者是用冷风机吹干。孔隙率高的陶器所需干燥时间更长，完全干透前胎质变松软，需要小心取放。为减少水的用量、加快干燥的速度，清洗质地疏松的陶器时，可在水中添加丙酮或者无色工业甲醇（丙酮与水的比例是25：75；工业甲醇与水的比例是50：50），但是工作必须在通风良好的房间内进行。

2.表面活性剂[8]

人类很早就使用表面活性剂了，如过去人们使用的天然植物皂角的提取物就是表面活性剂。油脂皂化形成的皂类也有很长的历史。由于皂类易于和水中的盐类反应，发生沉积，因此应用受到限制，现在多使用合成的表面活性剂。

（1）表面活性剂的定义与分类

a.定义

表面活性剂为一类在溶液中浓度很低时就可以显著降低溶剂表面张力的物质。从结构上讲，表面活性剂是指分子结构中含有亲水基和亲油基两部分的化合物。

b.分类

表面活性剂的分类方法有几种，如按离子型、按溶解性、按分子量、按用途等。

常用的是按离子型分类，这样可分为：非离子表面活性剂；离子性表面活性剂：正离子型，负离子型，两性型。

（2）表面活性剂的性质a. 在各种界面上的定向吸附，b. 是在溶液内部能形成胶束。

（3）表面活性剂的作用

a. 润湿、渗透作用

通过表面活性剂改变液体对固体润湿性能的现象，叫做润湿。液体与固体接触时，有完全润湿、润湿与不润湿等情况，在液体中添加表面活性剂后，可以使表面张力减小，这样使接触角减小，原来不能润湿的表面变得可以润湿。渗透作用是润湿作用的应用，即液体向固体的内部和缝隙内部的运动。表面活性剂的加入可以使原来不能被液体润湿的表面变得可以被液体润湿并铺展，液体渗入固体的缝隙中去。促进润湿的表面活性剂叫润湿剂，促进渗透的表面活性剂叫渗透剂。

b. 乳化作用

乳化作用是指两种不相混溶的液体中的一种极小的粒子（粒径为 $10 \sim 1 \mu m$）均匀地分散到另一种液体中形成乳状液的过程。

做乳化剂的表面活性剂有两种作用，一是降低两种液体间表面张力的稳定作用；二是保护作用，在分散体周围形成定向排列膜防止分散体因相互碰撞而聚合的作用。

c. 增溶作用[9]

增溶作用指表面活性剂有增加难溶性或不溶性物质在水中溶解度的作用。增溶现象是胶束对亲油性物质的溶解过程，是表面活性剂胶束的一种特殊作用。胶束内部实际是液态的碳氢化合物，因此苯、矿物油等不溶于水的非极性有机溶质较易溶解在胶束内部的碳氢化合物中。不同物质的增溶现象不同。增溶作用发生在临界胶束浓度以上，胶束越多越大增溶能力越强。

d. 分散和絮凝作用

分散作用：把固体以极小的微粒分散在液体中形成悬浮体的过程叫做分散作用。粉碎好的固体粉末混入液体后往往会聚结下沉，而加入某些表面活性剂后便能使颗粒稳定地悬浮在溶液之中。表面活性剂能够使颜料分散在树脂溶液中成为油漆，使黏土分散在水中成为泥浆。

絮凝作用：用表面活性剂能使悬浮在液体中的颗粒相互凝聚，这是表面活性剂的絮凝作用。

e.其他作用：

1.对织物的柔软作用：表面活性剂定向排列在织物表面，使相对静摩擦系数降低；2.抗静电作用：表面活性剂在织物表面易吸收水分而形成导电溶液从而降低织物表面后静电。3.杀菌作用：季铵盐类和氨基酸两性表面活性剂对微生物的毒性较大。

（4）各类表面活性剂的结构特点[10]

表面活性剂由性质截然不同的两部分组成，一部分是亲油基，另一部分是亲水基。这种结构的特点是当它溶于水后，亲水基受到水的吸引，亲油基受到水的排斥，为了克服这种不稳定状态，就只有占据到溶液的表面，亲水基伸入水中，亲油基伸向气相。

（5）各类表面活性剂的类型与特点：

a.阴离子型表面活性剂

羧酸盐型：通式为RCOOMe（Me为金属）。代表品种有：肥皂、油酸钾、硬脂酸铝、松香酸钠等。

硫酸酯盐型：通式为$R-O-SO_3Me$。代表品种有：十二烷基硫酸钠、红油或蒙诺波尔油（蓖麻油硫酸化的产物，前者硫酸化程度低，后者硫酸化程度高）等。

磺酸盐型：通式为$R-SO_3Me$。代表品种有：烷基苯磺酸钠、胰加漂T、渗透剂OT、拉开粉等。

磷酸酯盐型代表产品有：高级醇磷酸酯二钠盐、高级醇磷酸双酯钠盐等。

b.阳离子表面活性剂

代表产品有十六烷基三甲基氯化铵、十二烷基二甲基苄亚甲基溴化铵、十六烷基溴代吡啶等。

c.两性离子型表面活性剂

这类表面活性剂当水溶液偏碱时，显示阴离子的特性，当水溶液偏酸时，显示阳离子的特性。典型的产品有十二烷基氨基丙酸钠、十八烷基二甲基甜菜碱等。

d.非离子表面活性剂

在数量上仅次于阴离子表面活性剂。特点是稳定性高，在水及有机溶剂中都有较好的溶解能力，在一般固体表面上不发生强烈吸附，与其他类型的表面活性剂有很好的相容性。

非离子表面活性剂包特：

1.聚乙二醇型：亲水性由聚乙二醇基（聚氧化乙烯基）所致。适当控制氧乙烯基的含量，可以制成由油溶性到水溶性的各种非离子表面活性剂。这类表面活性剂又分为：平平加型表面活性剂、OP型表面活性剂、P型表面活性剂、Pluronic型表面活性剂、脂肪酸−聚氧乙烯型表面活性剂等。

2.多元醇型：包括司盘型和吐温型。

非离子的洗涤剂是活性剂首选，因为其清洗后不会留下阴离子或阳离子，不会形成吸附灰尘的带电表面。洗涤剂本质上都带极性，不容易清除，而非离子洗涤剂要比离子洗涤剂更加容易清除。

e.高分子表面活性剂

分子量在数千到一万以上并具有表面活性的物质称作高分子表面活性剂。高分子表面活性剂的种类很多[11]。

f.氟表面活性剂

表面活性剂的碳链中氢原子全部被氟原子取代的表面活性剂。例如全氟辛酸钾、全氟癸基磺酸钠等。

g.有机硅表面活性剂

聚醚改性有机硅表面活性剂，含硫酸盐或磺酸盐化合物的有机硅表面活性剂，有机硅季铵盐化合物。

肥皂与洗涤剂的特性基本相同，但肥皂是有机酸（植物油或动物脂肪）加碱后加热，经皂化反应制成的，洗涤剂则是采用无机酸盐类。可是肥皂水不能使用于古陶瓷清洗，肥皂水会与陶瓷器内部或硬水中的金属离子反应形成不可溶的浮渣，在器物上留下难去除的黄褐色污斑。商业洗涤剂也要慎用，因为其中含有色素、香精漂白剂等成分不明的添加物，可能对器物造成损害，尤其是烧结温度低、孔隙率较大的陶瓷器。

有机溶剂适合清除油脂、油漆、蜡质类污垢，这些物质多是非极性分子，不溶于水，只能溶于非极性的有机溶剂中。当污渍无法用水和洗涤剂去除时，可以用棉签浸润有机溶剂来擦拭污渍。有机溶剂易挥发，有刺激性气味，对人体有一定毒性，操作要做好防护措施，并在有通风设备的地方操作，在通风、避光处储存。

古陶瓷修复常用的有机溶剂有：乙醇丙酮、香蕉水等。乙醇（俗称酒精），是无色透明易挥发的液体，能溶解许多有机化合物和若干无机化合物，可溶解油脂类树脂类材料。丙酮是一种溶解范围较广的优良溶剂，能溶解油脂、树脂和橡胶等许多有机化合物，可清除顽固的油腻污垢，也可溶解和软化多种粘结剂、色漆等修复材料。香蕉水（商品名）是由多种有机溶剂（酯醇、酮、芳香烃）配制而成的溶液，是无色透明液体，极易挥发与燃烧，主要用于溶解或稀释硝基清漆等。

3. 漂白剂

（1）作用的机制：有机物质具有颜色的原因是因为发色基团的存在，漂白简单地说是基质向脱色方向发生的所有色泽变化。漂白引起了色泽系统的氧化或还原降解，漂白剂破坏了发色系统或者对助色基团产生了改性作用，使之降解为较小的水溶性单元而易于去除。漂白剂在对基质进行漂白的同时，还有去除各种色斑的作用。

（2）种类：漂白剂有含氯漂白剂、含氧漂白剂、还原漂白剂等。

a. 含氧漂白剂

过氧化氢：过氧化氢的水溶液为弱酸，其氧化能力来自于过氧离子的氧化作用，某些金属离子对漂白有明显的催化作用，这些离子是：Fe^{3+}、Mn^{2+}、Cu^{2+}。添加氨水可促进释放活性氧的过程，为了控制释放的速度，可以使用硅酸钠。过氧化氢可以用于清除有机残积物、黑色的硫化铁锈斑。

优点：过氧化氢与色素作用，但不与纤维素发生作用或作用很弱，反应后没有引入任何离子。

副作用：据报道，过氧化氢的副产物在文物中可残留两年；某些镀层接触过氧化氢会产生破坏。另外过硼酸钠、过碳酸钠等均是在反应中生成过氧化氢，然后释放氧而起到漂白作用的。

b. 含氯漂白剂

次氯酸钠（$NaOCl$）：在冷水中也有很好的漂白作用，但是只有在 pH=9.5～11 的情况下才稳定。在酸性和碱性环境中生成氢氧化物和次氯酸，后者分解为氯化物、氯酸盐和氧，产生漂白作用。使用时可添加碳酸钠或醋酸以促进分解。这种漂白剂成本低。缺点是容易引起文物的破坏，例如被陶瓷的裂缝和缺陷部位吸收，通过吸湿－脱水循环，可以导致表层的脱落；次氯酸可使纤维素的羟基氧化，从而造成织物的破坏。这种漂白剂一般不能用于文物清洗，只有在特殊情况下才可使用，另外对某些染料也有破坏作用。

氯胺（T）：是一种温和的漂白剂，一直用于纸质文物的保护。有人认为它可以在高浓度下使用，不会产生危害，因为即使不能洗去，它也是中性的。残留的部分会继续产生漂白作用。

如果纤维中有铝等金属离子，可以产生络合物而用水洗法，因此需要添加还原剂去除。常用的还原剂是四硼氢化物，四硼氢化物能够破坏氯胺–铝化合物，而且减少纤维的羟基基团。在工业上使用的漂白剂还有氯化正磷酸盐、三氯氰脲酸等。

c.还原型漂白剂

连二亚硫酸盐：可作为纺织品去斑的主剂、作为大理石清洗铁锈的材料等。除锈后应该彻底清洗，以防止任何漂白剂及其副产物的残留。

如果水或有机溶剂都无效，可转而使用氧化剂，使污斑的色素氧化变为无色。过氧化氢（双氧水）是一种无色液体，既具有氧化性，又具有还原性，在光热作用下易分解为水和氧，在发生氧化分解的同时，反应产生的氧气压力对污垢的解离有促进作用，因此有很好的去污作用，可以用于氧化有机污渍。

清洗可以也采用过氧化氢和氨水的配方：先将碎片用水清洗几分钟，吸收水分，减少胎体对于过氧化氢的吸收，然后在过氧化氢溶液中滴入 $1 \sim 2$ 滴氨水（氨水起到催化作用，放出氧气将污垢带到器物表面），将混合溶液浸湿棉条，用镊子将棉条紧贴在污渍部位，并用锡纸或者塑料袋包裹好防止挥发，每2个小时更换棉条，直到污渍洗净为止（如图4–1）。最后用清水浸泡，漂洗干净，有时清洗时间要长达好几周。氨水有挥发性，过氧化氢反应后变成水，几乎不会形成残留。有专家认为6%（体积）的过氧化氢就可满足需要。

海中打捞上的陶瓷器容易沾染有机污斑，这是由海中生物和细菌活动形成的，通常呈黑色。有时硫化物还会渗透到多孔的胎体或者败坏的釉层下。烧结温度低的陶瓷器也非常容易附着这类黑斑，针对这类污渍的最有效的方法也是采用过氧化氢。根据污斑轻重不同，可以采用10%～25%（体积）的过氧化氢蒸馏水溶液。

过氧化氢不要用于软胎瓷器的清洗，如果漂洗不彻底，化学残留会导致环氧树脂粘结层迅速变黄。也不可以用在胎釉含铁的陶瓷器，因为会与铁发生氧化反应形成氧化铁，产生黄色、棕色的铁锈斑。过氧化氢还会损伤釉上彩和镏金部分。

此外，不可使用84消毒液等氯水漂白剂，容易残留氯离子，损伤胎釉且造成大幅度变色。

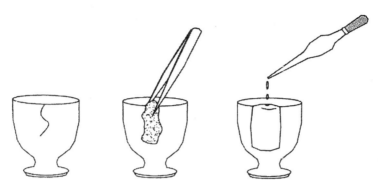

图4-1　采用过氧化氢清洗瓷器

化学反应式：$H_2O_2 \rightarrow H_2O+[\,O\,]$（活泼的新生态氧原子）

4.螯合剂

（1）定义

由一个简单正离子（称为中心离子）和几个中性分子或离子（称为配合体）结合而成的复杂离子叫做配离子，含有配离子的化合物叫做配位化合物。如果一个配合体能够通过两个或两个以上的键与中心离子结合形成多元环，这个配位体叫做螯合体。螯合体比配位体更为稳定。

（2）作用

用于软化水，去除难溶盐的沉淀、金属锈斑等。

（3）缺点

在文物保护中易出现的副作用：易损害陶瓷的釉或本本（由于污垢的一些成分与陶瓷的成分相似，螯合剂在螯合锈蚀中的金属离子的同时，也会将釉层中的金属离子如钙、镁等也溶解下来）。

（4）常用的三类螯合剂

a.多聚磷酸盐：如六偏磷酸钠。

b.氨基羧酸及钠盐：如EDTA，曾成功地用于海洋考古所得陶瓷的去垢（钙质），对瓷的铁含量没有影响。

c.羟基羧酸：包括柠檬酸和酒石酸等。pH=11时，它们络合钙离子的能力大于氨基羧酸和多聚磷酸盐；pH=11时，与碱土金属的络合能力较弱。在各种pH条件下，均对铁离子和其他多价金属离子有络合作用。缺点是络合的选择性不强，有可能对文物产生破坏。

络合剂主要用于清除器物表面不溶盐结壳和金属污斑，它可以与钙、镁、铝、铁等金属离子结合形成可溶性的络合物，再用水将络合物漂洗清除。螯合剂是络合剂的一种。螯合剂不可用于胎釉含金属成分的陶瓷器（例如，铅、铁）；未经烧制的纹饰；低温釉上彩、金彩；曾经修复过的部位；胎釉脆弱不稳定的器物等。

常用的络合剂包括：乙二胺四乙酸（EDTA）、六偏磷酸钠三磷酸钠、柠檬酸钠等。

乙二胺四乙酸可与金属离子形成稳定的八面体结构的络合物。5%的EDTA四钠盐（EDTA +4Na）溶液的pH值约11.5，配合轻柔的刷洗，可以成功清除海底发掘陶瓷器上的钙质结壳，而不会与胎釉中的氧化铁或氢氧化铁发生反应。而且，适当加温也可以加快络合反应的速度。5%的EDTA二钠盐（EDTA +2Na）溶液，溶液为酸性，能够有效清除顽固的铁锈斑或铜锈斑，但不适用于胎釉含铁的古陶瓷的清洗。除浸泡法、覆盖法之外，可以在溶液内添加增稠剂，调配成胶状，局部涂在锈斑上，然后用棉签擦去，反复多次直到清除干净。

六偏磷酸钠可以与硬水中的钙、镁等离子结合生成可溶性的络合物。在清洗海底陶器表面的钙质结壳时，可用10%的六偏磷酸钠水溶液清洗，但效果不如EDTA的四钠盐。六偏磷酸钠通常用作软水剂，可增强洗涤剂的清洁能力。

5.酶

（1）定义

酶是由植物、动物和微生物产生的具有催化能力的蛋白质。

酶是生物体中的活细胞产生的一种具有催化作用的物质，能加快化学反应的速率，并能使反应以一定的顺序转换，是一种生物催化剂。

（2）酶的组成

酶的相对分子量一般都在10000以上，从结构上分为单纯酶和结合酶。

单成分酶：仅由蛋白质组成。

双成分酶：组成包括蛋白质部分（称为酶蛋白），非蛋白质部分（称为辅酶或辅基）。

一般情况下，酶的分子要比它们作用的底物要大得多。酶的活性中心只是酶的很小一部分。

（3）分类

酶分为：氧化还原酶、转移酶、水解酶、裂解酶、异构酶等。

（4）酶作用的特点

酶具有高效率的催化作用，催化作用单一：有的酶只作用于一种底物（叫做酶作用的绝对专一性）；有的酶仅催化一种类型的反应（叫做反应专一性）。反应条件温和：不需要高温、高压、强酸、强碱等剧烈条件，可在常温常压条件下进行。活性可以调节控制：通过各种方式可使酶的催化作用得到激活或抑制。

（5）酶的去污作用

清洗过程中使用的酶，从化学反应上分类属于水解酶，包括蛋白酶、脂肪酶、纤维素酶、淀粉酶、果胶酶等。这些酶在清洗过程中能促进各类有机物发生水解反应而分解。

（6）常用种类介绍

a.脂肪酶：能够催化脂肪水解的酶。

b.淀粉酶：一种能对淀粉水解起催化作用的酶。

c.蛋白酶：蛋白酶能将各种蛋白质类污垢分解成水溶性的肽或氨基酸，从而很容易去除，作用方式是使细菌在蛋白质基质上生长，使其水解。

d.纤维素酶：是将纤维素水解成葡萄糖的一组酶的总称。

e.果胶酶：能够水解果胶质的一类酶。

果胶酶最早用于麻类脱胶，例如分解苎麻果胶以制取麻纤维。

6.针对可溶盐的清洗材料

考古出土的陶瓷器表面常常覆盖坚固的不可溶盐类结壳，其成分通常包括有碳酸盐类、硫酸盐类、硅酸盐类等物质。结壳成分的定性分析方法：

a.碳酸盐类：置于3%盐酸溶液中，室温下迅速溶解，产生大量气泡。

b.硫酸盐类：常与碳酸盐类相混，如果加入盐酸，并不完全溶解，再将残渣放到1%氯化钡水溶液，残渣溶解而澄清的氯化钡溶液变浑。

c.硅酸盐类：常与碳酸盐类相混，如果加入盐酸，不全部溶解，残渣能溶于3%氢氟酸溶液中。

通常不溶盐类结壳的硬度高于其附着的陶瓷器，很难用机械方法或清水冲洗来清除干净。需采用酸液将不溶盐溶解，然后用水漂洗清除。常用的酸洗液有：稀盐酸，稀硝酸。操作步骤是：预先用水浸湿器物然后将结壳部分浸在10%～20%的稀盐酸或稀硝酸中。当二氧化碳气泡停止后就更新酸液，直到再没有气体产生。结束后，用蒸馏水冲洗器物，测量清洗后的水的pH值，判断酸液是否彻底漂洗干净。

酸液清洗存在一定的危险，有的陶器内部掺有贝壳或方解石（碳酸钙），或镶嵌方解石作装饰，酸液会与这些碳酸钙成分发生化学反应，破坏器物结构；当酸液与碳酸盐反应时，激烈的二氧化碳气泡会使脆弱的釉层表面脱落；硝酸会溶解铅釉层，使釉色变白，因此首先要用稍安全的稀盐酸来清洗，不得已时再用稀硝酸。

草酸（乙二酸）对铁锈有较好的溶解力，但同时会与陶瓷器胎釉当中的铁发生反应，严重时会造成釉层脱落。

7.针对油脂的碱性清洗材料

碱性溶液可以用来清洗动植物油脂，或者颜料蜡等其他有机涂层。碱液中的氢氧离子与油脂发生皂化反应，起到去污作用。碱性清洗剂包括氢氧化物、金属氧化物以及氨的水溶液，常用试剂有氢氧化钠、碳酸钠、碳酸氢钠、氨水（见表4-2）。碱液去油污的能力强，但是用于孔隙率高的陶器时，不容易彻底地漂净，残留物会损伤破坏陶器的材质。因此，碱液只能用于孔隙率较低的陶瓷器。必须注意的是，碱液对于人体有伤害，操作时应穿工作服，戴橡皮手套和防护眼镜。

（1）氢氧化钠

俗名烧碱，苛性碱，白色透明晶体。有强烈的腐蚀作用，在空气中迅速吸收二氧化碳和水，需密封保存。氢氧化钠能与动植物油脂发生皂化反应，生成易溶于水的甘油和肥皂，肥皂又是一种表面活性剂，利用其乳化作用，可使未皂化的油污被润湿乳化而从物体表面去除。市售的氢氧化钠为固体颗粒，对于皮肤有灼伤危害，需要溶于水制成溶液，溶液一般为2mol/L。

（2）碳酸钠：

俗名苏打、纯碱，白色结晶固体，可以使油脂中游离的脂肪酸形成肥皂，利用肥皂的乳化润湿作用使油脂污垢疏松而去除。

（3）碳酸氢钠

白色粉状物质，碱性较弱，俗称小苏打。小苏打有的时候也结合牙医设备来当作温和的磨料。

（4）氨水

氨水不稳定易挥发，有强烈的刺激臭味，对眼睛、鼻腔有害。在陶瓷清洗中，氨水可以用作过氧化氢的催化剂，起到漂白污斑的作用。氨对铜离子具有良好的综合性能，产物都是易溶的，也被用来清除由于铜铆钉或镏金装饰腐蚀而形成的铜锈斑。氨水与工业酒精1∶1比例混合可以用来清洗虫胶。

表4-2 常用碱性试剂的pH值

类别	名称	化学结构式	浓度为1%时水溶液pH值（24℃）
氢氧化物	氢氧化钠	NaOH	13.1
	氢氧化铵	NH_4OH	11.5
碳酸盐	碳酸钠	Na_2CO_3	11.2
	碳酸氢钠	$NaHCO_3$	8.4

4.2.4 清洗材料筛选实验及评估研究

1.清洗材料筛选实验体系设计

由于陶瓷文物的特殊性与复杂性，清洗技术的简单复制与移用并不可取，而需进行科学严谨的综合性评估，以判断其对文物是否安全适用。在真正应用之前，需要建立科学系统的方法对其安全性开展评价，在文物保护工作中，技术措施的安全性与有效性是两项极为重要的指标，而安全评估更是文物保护的前提。进行安全性评价前，需要对所选择的文物或样品进行完整的现状调查，包括信息收集、病害诊断及评估等。

2.清洗材料效果评估[12][13]

（1）色差评估：在清洗前后分别使用色差仪对样品进行检测，测定表面颜色。

（2）光泽度变化评估：在清洗前后分别使用光泽度仪对样品的光泽度进行检测。

（3）釉面损伤评估：在清洗前后分别对样品的釉面进行显微分析。

（4）成分分析：对清洗液中釉、胎溶出物进行分析，判断清洗材料是否伤害到陶瓷文物本身。用色度仪测定表面颜色变化，用光度仪测定表面粗糙度变化，用吸附萃取和电化学法检测可溶盐离子残留量，用毛细管法测量毛细吸水率变化，用显微镜法测定表面磨损率，用接触角和表面张力仪测定保护残留物的去除率和降解率等，效果测试评价采用显微视频成像仪、色差仪及三维形貌仪三种评价仪器。

4.2.5 瓷器裂缝中污染物的分析和去除案例分析

1.引言

目前对于瓷器清洗的研究多集中在清除出土或出水瓷器表面的物质，例如用盐酸、草酸、柠檬酸、六偏磷酸钠和EDTA二钠盐清洗附着紧密的黄色斑点；用柠檬酸、EDTA、纯净水、草酸或者表面活性剂等溶液浸泡铁锈；用氢氧化钠复合溶液浸泡二氧化硅和硅酸盐水垢；制作脱离子水浸泡出水瓷器使其脱盐等等。

如果已经修复完毕的文物保存方法不得当的话，便会出现后天形成的新的污染物。瓷器上如果有裂缝成裂纹，空气中的各种污染物就会飘散并附着在缝隙中形成一条黑色裂缝。

针对污染物形成的特征，本次实验选取带有裂痕的家用瓷器。为了更好的使污染物呈现出其全貌，决定沿着裂缝敲开样品，令污染物完全展现，并对碎片上的裂缝进行取样。先从分析入手，分析出附着在上面的污染物的成分之后，根据结果准备常用的化学试剂和溶剂，对污染物进行去除实验，对比其效果并得出结论。

2.污染物分析

下列的图4-2，分别为编号C1～C5的试验样品。

图4-2 C1

图4-2 C2

图4-2 C3

图4-2 C4

图4-2 C5

（1）显微镜观察

首先，先对样品进行分析步骤中的宏观的了解，用超景深三维显微镜将缝隙放大观察。超景深三维显微镜具有独特的环形照明技术，并配有斜照明、透射光和偏振光，能满足一般的金相照片拍摄、宏观的立体拍摄和非金属材料的拍摄，集体视显微镜、工具显微镜和金相显微镜于一体，可以观察传统光学显微镜由于景深不够而不能看到的显微世界[14]。

图4-3分别为在超景深三维显微镜下，样品C1-C5的沉淀物的照片。从图中可以看出，C1～C3都是没有碎裂的碗，表面上一道不易察觉的缝隙里污染物的放大图，C4～C5拍摄的是断口上的污染物。所以在肉眼看来非常细小的裂缝中，其实沉积了无数的各种各样的污染物（图4-3）。

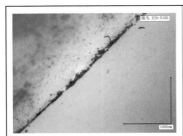

图4-3a C1放大50倍观察

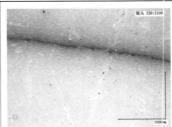

图4-3b C2放大50倍观察

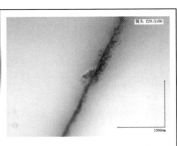

图4-3c C3放大50倍观察

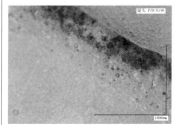

| 图4-3d C4放大50倍观察 | 图4-3e C5放大50倍观察 | |

（2）紫外灯照射观察

将样品沿着缝隙敲开，用紫外灯照射被污染的断面可以了解到污染物的分布。图4-4可以看出，在马克笔划分的7个区域中，按照从口沿至碗底的顺序，前五个区域污染物较多。图4-5可以看出，3、4、5号区域污染物较多，6号和7号污染物主要集中在样品的右侧（图4-4。图4-5）。

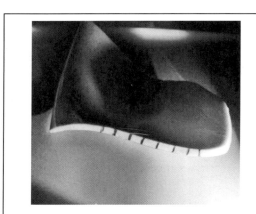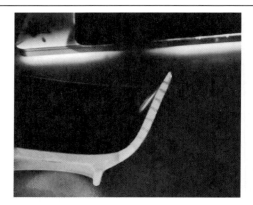

图4-4 C3实验前紫外灯照射　　　　　　图4-5 C5实验前紫外灯照射

紫外灯是一类可以产生有效范围较大的紫外光的光源，水银灯是主要的紫外光源，其较高压者发出连续光谱，应用于晒图和光化学工作，具体可用于紫外线杀菌、激发荧光（荧光显微镜、验钞）、诱杀害虫、晒图等。紫外光波长比可见光短，但比X射线的电磁辐射长。紫外光在电磁波谱中波长范围为10～400nm。这范围开始于可见光的短波极限，而与X射线的长波波长相重叠。由于紫外线比一般的可见光更具有穿透能力，所以也常以紫外线来进行透视或鉴定的工作。例如利用紫外线来检查金属上细微的裂缝、图画的真伪等等[15]。

（3）扫描电镜能谱观察

通过扫描电镜能谱仪来观察和分析污染物的微观形态及元素组成。扫描电镜（SEM）是介于透射电镜和光学显微镜之间的一种微观形貌观察仪器，可直接利用样品表面材料的物质性能进行微观成像。它有较高的放大倍数，20～20万倍之间连续可调，并且有很大的景深，视野大，成像富有立体感，可直接观察各种试样凹凸不平表面的细微结构，可以同时进行显微组织形貌的观察和微区成分分析。能谱指脉冲幅度经能量刻度后就可得到计数率随粒子能量的分布曲线，应用于医学、航空航天、核研究等多个领域[16]。

为了确保此次研究内容可以应用在出现相同病害的文物上，所以同时对实验样品和一片哥窑碎片进行扫描电镜观察，对比裂缝中存在的成分是否一致。

首先用锤子从实验对象上敲下最大面积不超过4毫米的带污染物的碎片断面作为进行扫描电镜的样品。图4-6为C1～C5在扫描电子显微镜下的微观形态。（图4-6）

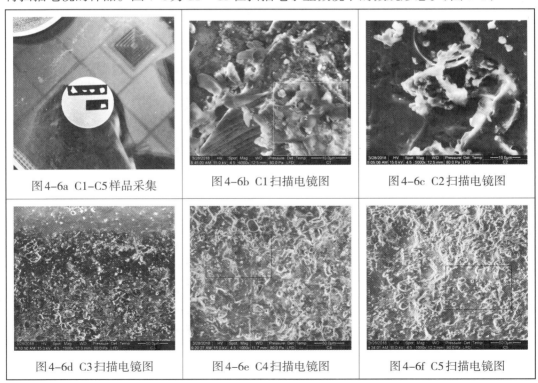

图4-6a C1-C5样品采集　　图4-6b C1扫描电镜图　　图4-6c C2扫描电镜图

图4-6d C3扫描电镜图　　图4-6e C4扫描电镜图　　图4-6f C5扫描电镜图

从图4-6b中可以看出瓷片的剖面痕迹，且上面有颗粒状物质存在。经测定的能谱结果图4-6c发现，C1中仅含有很少量的碳，并根据元素含量推断可能含有二氧化硅、三氧化二铝、氧化钙等，这是瓷片本身的成分。故样品C1上的颗粒状物质是瓷片取样时留下的，而测试点并没有发现污染物，这可能与取样位置有关。从图4-6c中可以看出，颗粒状的物质被包裹在类似于絮状物中，且能谱结果图4-7显示碳、氧元素含量极高，高达80%，而铝、硅、钙含量较低，这显示样品中除了可能含有氧化钙、三氧化二铝、二氧化硅外，还含有有机物，该有机物可能就是存在于瓷片裂缝中的污染物。而图4-6d、图4-6e、图4-6f则是其他瓷片中的污染物，它们形态相似，都以散落的颗粒状存在，而且能谱测定结果图4-7也显示碳、氧元素含量将近80%，所以，瓷片裂缝中的污染物应是有机物。具体成分还需进一步的分析。

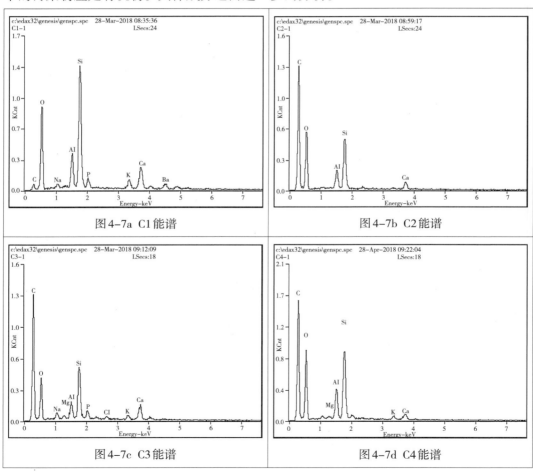

图4-7a　C1能谱

图4-7b　C2能谱

图4-7c　C3能谱

图4-7d　C4能谱

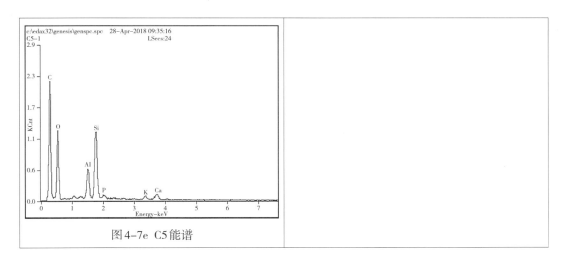

图4-7e C5能谱

表4-3 样品扫描电镜数据分析

编号	主要元素含量（At%）						
	C	O	Al	Si	Ca	Ba	其他
C1	03.87	52.48	06.31	23.92	06.01	01.89	5.52
C2	48.17	37.99	02.90	08.97	01.97		
C3	50.12	30.40	02.45	08.65	03.53		4.85
C4	44.20	37.01	03.78	12.41	00.38		1.73
C5	45.51	37.21	04.13	10.35	01.43		1.36

接下来从哥窑的裂缝中刮下来些许黑色的物质来进行扫描电镜（图4-8）。

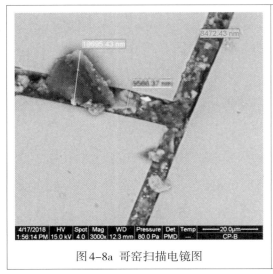

图4-8a 哥窑扫描电镜图

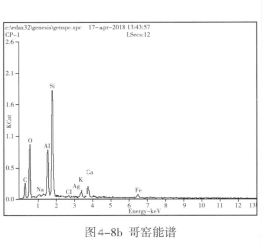

图4-8b 哥窑能谱

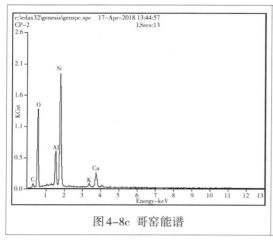

图4-8c 哥窑能谱

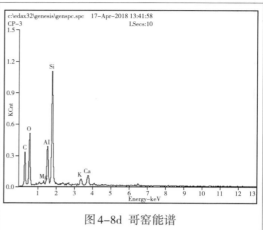

图4-8d 哥窑能谱

表4-4　哥窑扫描电镜数据分析

编号	主要元素含量（At%）						
	C	O	Al	Si	Ca	K	其他
1	39.87	33.33	5.23	17.14	2.61	1.52	0.3
2	25.77	37.97	8.11	20.42	2.89	1.50	2.98
3	7.71	55.83	6.25	24.16	4.81	1.24	

从哥窑扫描电镜的能谱元素数据中可以看出，所取的三个点中，碳、氧元素含量很高，都在60%以上，而铝、硅、钙含量相对较低，这显示样品中除了可能含有氧化钙、三氧化二铝、二氧化硅这些瓷片本身的成分外，还含有有机物，该有机物可能是存在于瓷片裂缝中的污染物（表4-4）。

通过对比分析数据可以得知，样品和文物的裂缝中污染物的成分是大致相同的。

（4）红外检测

用手术刀将附着在器物裂缝中的污染物刮成细小的粉末，用红外光谱仪分析污染物的化学成分。

红外光谱仪是利用物质对不同波长的红外辐射的吸收特性，进行分子结构和化学组成分析的仪器。当样品吸收了一定频率的红外辐射后，分子的振动能级发生跃迁，透过的光束中相应频率的光被减弱，造成参比光路与样品光路相应辐射的强度差，从而得到所测样品的红外光谱。红外光谱对样品的适用性相当广泛，固态、液态或气态样品都能应用，无机、有机、高分子化合物都可检测[17]。

由于红外检测是物质定性的重要的方法之一，所以用来鉴定样品污染物的化学成分。

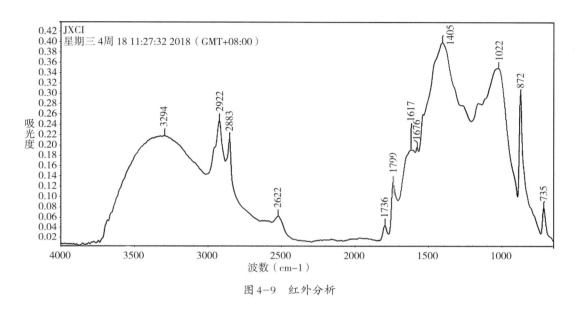

图4-9　红外分析

在图4-9中，1022cm−1的峰较宽而强，是二氧化硅的典型特征峰；而2522cm−1、1796 cm−1、872 cm−1、715 cm−1则是碳酸钙的典型特征峰；另外，宽峰3294 cm−1则是羟基的伸缩振动峰，根据峰形判断可能为分子间缔合羟基；1739cm−1是羰基的伸缩振动峰，1405 cm−1则为亚甲基的伸缩振动峰。因此，该瓷片的污染物中除了二氧化硅和碳酸钙外，还含有有机物。这结果与扫描电镜能谱的分析结果相一致。

3.污染物的去除实验

（1）实验材料

根据红外线检测结果，一共准备了7种清除污染物常用的试剂。分别为自来水、无水乙醇、丙酮、5%十二烷基苯磺酸钠溶液（表面活性剂）、30%过氧化氢溶液（双氧水）、5%乙二胺四乙酸二钠溶液（EDTA二钠盐）和5%人工唾液。辅助实验耗材有塑胶一次性手套、塑料一次性滴管和棉签。

关于清洗材料的性质，如下：① 无水乙醇，无色液体，具有特殊香味，是重要的有机溶剂，广泛用于卫生用品、医药、涂料、油脂、化妆品等各个领域；② 丙酮，无色液体，易挥发。丙酮是重要的有机合成原料，亦是良好溶剂，用于涂料、粘接剂等。也用作稀释剂、清洗剂、萃取剂；③ 十二烷基苯磺酸钠，白色或浅黄色结晶或粉末，易溶于热水，溶于热乙醇，不溶于冷水、石油醚。属阴离子表面活性剂，具有优异的渗透、洗涤、润湿、去污和乳化作用[18]；④ 过氧化氢，俗称双氧水，无色，在清洁中主要用作消毒剂、氧化剂和漂白剂；⑤ 乙二胺四乙酸二钠，又叫做EDTA二钠盐，白色结晶性粉末，能溶于水，几乎不溶于乙醇、乙醚，是一种重要络合剂，用于络合金属离子和分离金属，也用作重金属解毒药、抗氧增效剂、稳定剂、软化剂，及其他金属试剂，金属掩蔽剂[19]；⑥ 人工唾液，是人为地配制的一种溶液，是一种人工合成检测试剂，主要用于检测接触人口的物体所使用的寿命，对产品的耐磨，耐唾沫测试，以及对纺织类产品在使用过程中人体唾沫和日光共同作用影响的抵抗力测试[20]。

（2）实验过程及结果

经过电子显微镜的观察和红外光谱仪检测的微观结构分析结果来看，由于所有样品平时所处的环境大致相同，导致其成分之间的差异也都很小，所以只选取其中的三件来进行实验操作。

1）关于样品一的实验

a.样品一实验过程

第一件要进行操作的试验样品是C4。

选取污染物较多的一侧，划分出7个区域，使每个区域的大小相似并且不超过5毫米，并用记号笔进行标记。从碗口至圈足的标号为：C4-1：自来水；C4-2：无水乙醇；C4-3：丙酮；C4-4：表面活性剂；C4-5：双氧水；C4-6：EDTA二钠盐溶液；C4-7：人工唾液。借助滴管和棉签等实验耗材，用溶液分别清洗相应的区域。

首先对区域C4-1的自来水部分实验。由于自来水不含任何溶解性物质，所以在用棉签大力揉搓却无果中得知，试剂的清洗效果与是否用力毫无关系。清洗效果如何，完全是由试剂与污染物所含物质的溶解反应有关。

清洗完毕后可以用肉眼清晰地看出来，C4-4、C4-5、C4-6这三块区域有明显的污染物去除痕迹（图4-10）。

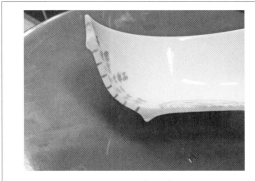

图4-10 清洗前

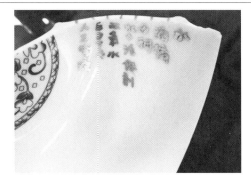

图4-10 清洗后

b.样品一实验结果

为了更细致地观测到污染物的清除情况，采用了便携式显微镜进行观察。图4-11为便携式显微镜观察结果。经过观察后发现，区域C4-4和C4-6有明显变化，区域C4-5和C4-7有轻微变化，区域C4-1、C4-2和C4-3无明显变化。图4-11h为紫外灯观察结果。通过紫外灯照射发现，区域C4-4的污染物被清掉得最多。

通过这组试验可以得知，清洗效果最好的溶剂是十二烷基苯磺酸钠溶液和EDTA二钠盐溶液，过氧化氢溶液和人工唾液的效果不是很显著，自来水、丙酮和无水乙醇对于样品一污染物的清洗基本上没有效果。

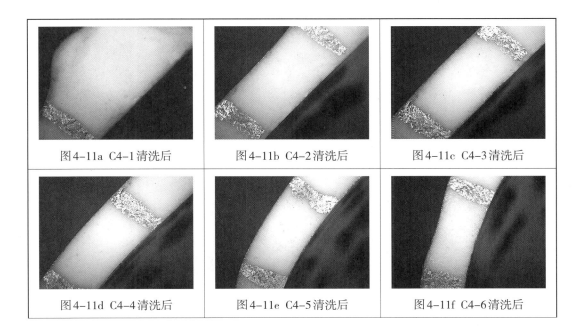

图4-11a C4-1清洗后   图4-11b C4-2清洗后   图4-11c C4-3清洗后

图4-11d C4-4清洗后   图4-11e C4-5清洗后   图4-11f C4-6清洗后

图4-11g C4-7清洗后	图4-11h 清洗后紫外光照射

2）关于样品二的实验

a.样品二实验过程

第二个实验样品是C3。为了更直观的对比实验前和实验后的清洗效果，所以在做实验之前，先给C3进行紫外灯照射拍照和显微拍照，并且关于划分区域的标记沿用实验样品一的标记方法。图4-12分别为区域C3-1至C3-7在便携式显微镜下的放大形态（图4-12）。

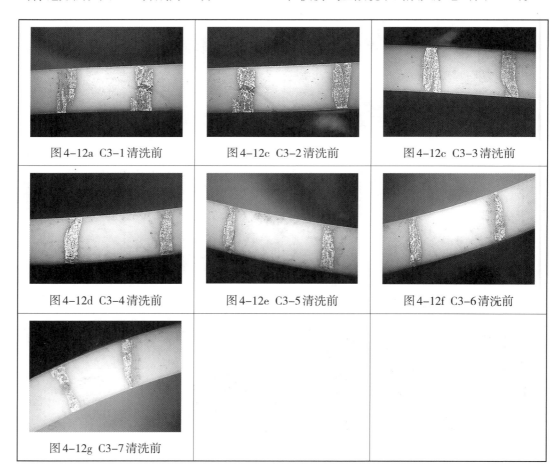

图4-12a C3-1清洗前	图4-12c C3-2清洗前	图4-12c C3-3清洗前
图4-12d C3-4清洗前	图4-12e C3-5清洗前	图4-12f C3-6清洗前
图4-12g C3-7清洗前		

接着，用一次性滴管和棉签依次对区域C3-1至C3-7进行清洗实验。实验后，再分别用显微镜观察和紫外灯照射，来对比试剂的清洗结果。

b.样品二实验结果

从图4-13h紫外灯照射下的清洗后的状态和图4-13d对比，可看出，区域C3-4有明显变化，区域C3-3、C3-5、C3-6和C3-7有轻微变化，区域C3-1和C3-2无明显变化。从各个区域三维显微镜的观察结果——图4-13a至图4-13g来看，图4-13a中，几乎没有效果。图4-13b中，只是清洗掉了断面上的浮尘，深层依附在断面上的污染物都没有被清洗掉。图4-13c中，有一侧的污染物被清洗掉了，另外一侧的污染物依旧有残留。图4-13d中，两侧釉层的暗黄色污染物基本上都被清除掉了，表面上只有一些空气中的漂浮物和浮尘。图4-13e中，效果和图4-13c差不多，都被清洗得很干净，只是马克笔的痕迹有些残留在目标区域中，但并不影响实验结果。图4-13f中，污染物被清洗得也比较彻底。图4-13g中，污染物只被清理掉了比较明显的一部分，还有深层次的污染物没有被清除掉（图4-13a-g）。

综上所述，区域C3-4、C3-5和C3-6的污染物有明显被去除的效果，区域C3-3和C3-7的污染物只有轻微被去除的效果，区域C3-1和C3-2没有任何明显变化。通过第二组试验可以得知，清洗效果最好的溶剂是十二烷基丙磺酸钠溶液、EDTA二钠盐溶液和双氧水，丙酮和人工唾液对于样品C3的污染物清洗不是很有效果，自来水和无水乙醇对于断面的清洗依旧没有任何变化。

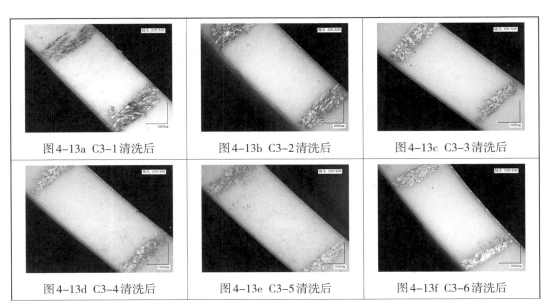

图4-13a C3-1清洗后　　　图4-13b C3-2清洗后　　　图4-13c C3-3清洗后

图4-13d C3-4清洗后　　　图4-13e C3-5清洗后　　　图4-13f C3-6清洗后

图4-13g C3-7清洗后

图4-13h 清洗后紫外灯照射

3）关于样品三的实验

a.样品三实验过程

第三个实验样品是C5。同样为了更直观的对比实验前和实验后的清洗效果，所以采取与样品二相同的试验顺序，在做实验之前，先为C5进行紫外灯照射拍照和显微拍照。实验三关于划分区域的标记依旧沿用实验样品一的标记方法。

图4-14a至图4-14g分别为区域C5-1至C5-7断面上的污染物在便携式显微镜下的放大形态。接着，用一次性滴管和棉签依次对区域C5-1至C5-7进行清洗实验。

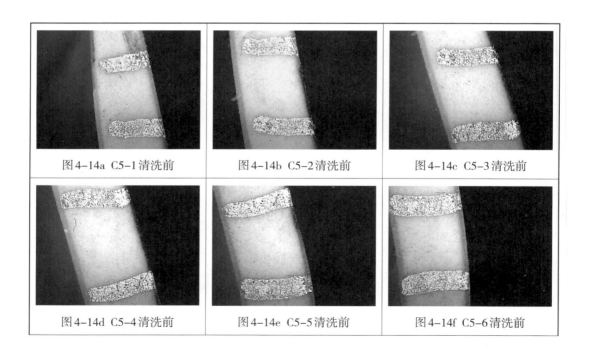

图4-14a C5-1清洗前　　图4-14b C5-2清洗前　　图4-14c C5-3清洗前

图4-14d C5-4清洗前　　图4-14e C5-5清洗前　　图4-14f C5-6清洗前

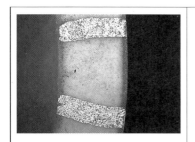

图4-14g C5-7清洗前

b.样品三实验结果

从图4-15h紫外灯下的清洗后的状态可看出，C5-1、C5-2和C5-7无明显变化，C5-3、C5-4、C5-5和C5-6有明显变化（图4-15a～15g）。

图4-15a至图4-15g为在超景深显微镜下的观测结果。由于在照显微之前发生意外，使区域C5-1的一小部分受到了人为损坏，并且其他的区域蒙上了一层空气中的漂浮物，但此次意外并不影响观测结果，透过漂浮物依旧可以观察到污染物是否被清洗干净、是否依附在断面上。

对比图4-15a至图4-15b可以看出，图4-15a断面的右半部分被磕掉了，并且马克笔的标记也被蹭掉了许多，但是污染物依旧没有被自来水清除掉。图4-15b中，釉层上的污染物被除掉一些，但是总体效果还不是很明显。图4-15c中，较大范围的污染物少了一些，但是渗透较深的污染物依旧残存。图4-15d中，釉层和断面上的污染物都被清理了很大部分，只剩下一些难以察觉到的零星的颗粒状污染物。图4-15e中，基本上暗黄色的污染物都被清理干净了，在7个区域中是清除效果最明显的。图4-15f中，基本上所有的污染物也被清理干净了，但还残存着沉淀较深的颗粒物。图4-15g中，只清除掉了一些明显的内壁釉层上的污染物，还有一部分没能清理干净。

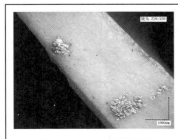

图4-15a C5-1清洗后

图4-15b C5-2清洗后

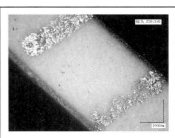

图4-15c C5-3清洗后

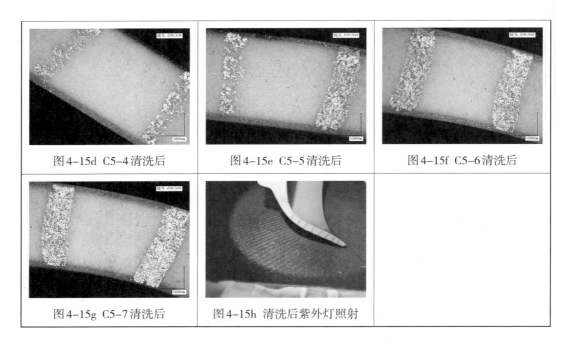

图4-15d C5-4清洗后　　图4-15e C5-5清洗后　　图4-15f C5-6清洗后

图4-15g C5-7清洗后　　图4-15h 清洗后紫外灯照射

4.小结

综上所述，区域C5-4、C5-5和C5-6的清除效果最为显著，区域C5-2、C5-3和C5-7有轻微的清除效果，区域C5-1无明显去除效果。所以在第三组实验中，十二烷基苯磺酸钠溶液、双氧水和EDTA二钠盐这三种溶剂的效果最为明显，其次是丙酮、无水乙醇和人工唾液，毫无效果的是自来水。

参考文献

[1]潘坤容.关于瓷器污染物的研究[J].中国国家博物馆馆刊，2020（06）：138-144.

[2]任建新.化学清洗[M].甘肃科学技术出版社，1993（09）：9.

[3]周新超.清洗与中国清洗行业近十年发展的几个特征[J].清洗世界，2010，26（09）：21-25+41.

[4]《汉语大辞典》www.hydcd.com.

[5]朱善银.古陶瓷污染物清洗技术研究现状[J].清洗世界，2018，34（11）：1-2+5

[6]杨玉洁，段鸿莺.瓷质文物的清洗兼及操作工艺的规范化研究——以明正德款绿彩龙纹小缸的清洗为例[J].故宫博物院院刊，2018，06。

[7]俞蕙，杨植震.古陶瓷修复基础[M].上海：复旦大学出版社，2012：42-47.

[8]梁治齐.实用清洗技术手册[M].北京：化学工业出版社，2000：87-97.

[9]沈钟，王果庭.胶体与表面化学[M].第二版.北京：化学工业出版社，1997：367-368.

[10]沈钟，王果庭.胶体与表面化学[M].第二版.北京：化学工业出版社，1997：313-382.

[11]沈钟，王果庭.胶体与表面化学[M].第二版.北京：化学工业出版社，1997：325.

[12]翁昕，张秉坚.国内外石质文物清洗技术研究与应用状况——基于中文和英文数据库20年来期刊论文定量分析的综述[J].中国文化遗产，2018（04）：19-26.

[13]周华，高峰，王扬，王昌燧.云冈石窟石质文物表面污染物清洗效果检测技术实验[J].文物保护与考古科学，2013，25（01）：15-23.

[14]胡东波，张红燕.常用清洗材料对瓷器的影响研究[J].文物保护与考古科学，2010，22（01）：49-59.

[15]朱善银，刘洁，张辉.古陶瓷冲口和冰裂纹清洗技术研究[J].清洗世界，2017，33（03）：45-48.

[16]戴维康.干冰清洗技术应用于陶瓷文物清洗的探索研究[J].文物保护与考古科学，2015，27（01）：116-120.

[17]赵林娟.几种常用清洗方法的清洗效果对比讨论[J].中国文物科学研究，2014（03）：85-87+73.

[18]周璐.现代科学仪器检测技术在修复中的应用研究[D].南京艺术学院，2014.

[19]杨玉洁，刘慧茹.瓷质文物制作工艺缺陷与病害辩识刍议——以"南海一号"出水的景德镇窑青白釉婴戏纹碗为例[J].中国文物科学研究，2017（03）：90-96.

[20]黄河，杨庆峰，吴来明.微纳米气泡清洗"南海一号"出水瓷器的安全性评价研究[J].文物保护与考古科学，2017，29（03）：30-37.

[21]周双林.瓷器表面硅质水垢的清洗[J].中原文物，1995（02）：111.

4.3 陶瓷文物粘接材料

4.3.1 陶瓷文物粘接材料的需求

陶瓷类文物的修复材料可以分成包装保存材料、清洁材料、加固材料、粘接材料、补配材料、全色材料六大类，前三类为保护性阶段使用的材料，以不改变文物原状为原则；后三类则为复原性阶段的修复材料，是改变文物现状的修复材料。在古陶瓷的修复中，对破碎的器物进行粘接复原是十分关键的步骤，通过粘接这一步可以恢复器物原本的造型，并为后续的修复（补形、作色）奠定基础。陶瓷器修复中粘接所用的粘接剂，或称胶粘剂，可以分为天然有机材料和合成有机材料两类。近年来越来越多的新型粘接剂用于文物修复领域，而陶瓷文物的修复每一件的情况都有所不同，需要根据文物自身的特性和状态来选取最适合的粘接剂进行粘接操作。通过对胶粘剂的机械强度、颜色、固化时间等方面的实验，评估粘接剂的性能，并建立材料筛选体系，可以为修复时的材料选择提供参考。目前使用的粘接剂普遍存在抗老化能力不足的问题，在修复完成之后的数年内可能会出现变色、失效等情况，会影响文物的外观和修复的效果，如果不及时进行处理还会引起文物材料的进一步劣化，让文物再度处于危险状态，因此粘接剂的抗老化能力和老化后的可再处理性是材料性能评估的重要指标。

陶瓷文物很大一个缺点就是易碎，已经破碎的古陶瓷就需要对残片进行粘结修复。而对于粘结剂的选择就成为了古陶瓷修复好坏与否的关键环节。

1.陶瓷文物粘接材料筛选遵守文物保护原则

第一，材料具有一定的抗酸碱能力、抗潮湿和抗高温能力；

第二，要求材料的最终粘接力比较好，同时具有出色的韧性；

第三，粘接剂的使用还需非常方便。在最终选择的时候，还要根据古陶瓷本身的特性来进行相应的选择，保证粘接材料能够跟古陶瓷相契合。在进行粘接操作时，一定要保证被粘接的材料已经对齐，并且还要及时清理掉多余的粘接剂，保证粘接的外观美观。

2.陶瓷文物粘接材料性能的要求

古陶瓷的种类多、质地差别大，吸水率、孔隙率、孔径分布各有不同，断裂面凹凸不平，因此对古陶瓷修复用粘胶剂的具体要求为：具有一定的耐水性、耐候性、不眩光、老化前后颜色变化差异小或几乎不变色、抗霉变、有一定的粘接强度和附着力、老化后可以再次处理。

（1）表面张力：粘胶剂作为液体，其表面张力越小，就越容易在固体表面铺展，如果固—液间有强的吸引力，液体就容易润湿固体；如果液体的内聚力大，就不容易在固体表面铺展开来。因此，在被粘材料确定的情况下，要求粘胶剂具有较低的表面张力。

（2）黏度：粘胶剂的黏度越小，就越容易短时间内在固体表面铺展，甚至更容易渗透入器物基底中或粗糙面的微孔内，从而扩大粘接面以增强粘接强度。因此，文物保护用粘胶剂需要根据不同材质的文物确定黏度适中的粘胶剂，要求其既容易扩展，又不至于漫流至缝隙之外，造成不必要的麻烦。

（3）固化时间：针对不同要求选择不同固化时间的粘胶剂，一般选取时间适中，当拼接错位时可以进行调整的粘胶剂。但在碎片较多或文物形状复杂、支撑困难的情况下则需要选择固化速度较快的粘胶剂。

（4）固化过程不放热，且收缩率小。

（5）不改变文物外观：无论是新粘接或粘接年份较久的器物，所用粘胶剂材料都不应该影响到文物表面的颜色或光线的折射率。

（6）耐老化：老化后机械性能不下降或下降不明显，颜色不发生变化。

（7）粘结强度：粘胶剂必须能够将碎片牢固地拼合在一起，但粘胶剂不能过于坚硬，通常不能高于陶瓷材料的强度，避免当粘结层受力时，断裂发生在原器上，出现新的损伤。

（8）可逆性：通常要选择那些可以被移除而不伤害器物的粘结剂。热塑性树脂粘结剂如丙烯酸酯树脂、硝酸纤维素等可以用丙酮等有机溶剂溶解清除，但是热固性树脂粘结剂，如环氧树脂无法用普通溶剂溶解，要用甲酸溶胀后用机械方法清除。

此外，粘结剂的抗霉、抗虫、毒性、价格、有效期、便利性等方面都要综合考虑。

4.3.2 国内外研究现状

一切能够将两种或多种材料粘结为一体的物质，统称为粘接剂、胶粘剂。粘接剂有两大种类：有机粘接剂和无机粘接剂。有机粘接剂又分为天然和合成两种，天然粘接剂包括：动物粘接剂如骨胶、虫胶、鱼胶等；植物粘接剂如桃胶、天然橡胶、松香胶；矿物粘接剂如沥青等。

在古代，使用天然动物粘接剂和植物粘接剂较为普遍。直到20世纪五六十年代，陶瓷器的修复一般使用虫胶和糯米胶等天然粘接剂。到了60年代初环氧树脂开始应用于我国文物修复事业。到了90年代，无色透明的环氧树脂被广泛应用。古陶瓷粘接材料的种类有很多，而且每一种粘接材料的最终呈现效果也有较大的不同。

国内关于陶瓷类文物修复材料的性能评估和筛选实验方面的研究有很多，如学者温建华[1]在其博士论文中对陶瓷器常用的粘接、补配、全色修复材料进行实验研究，内容包含材料的老化性能分析、物理性能分析和化学性能分析，探讨了材料与陶瓷之间的破坏性、材料与材料之间的性能关系。陕西秦始皇帝陵博物馆的兰德省[2]等结合对秦汉陶质文物修复的经验总结出对陶制文物粘接剂的筛选和评估方法，并初步建立了粘接材料数据库。在王蕙贞主编的《文物保护学》[3]一书中陶瓷砖瓦类文物保护这一章节，介绍了陶器修复中的清洗、加固、粘接、补配和表面封护材料和修复方法。复旦大学俞蕙、杨植震编著的《古陶瓷修复基础》[4]一书对古陶瓷修复的基础理论和操作工艺进行了详细的介绍，其中第十一章介绍了古陶瓷修复中使用的清洗剂、粘接剂、加固剂、上色介质、补配材料和颜料等保护修复材料。北大学者周双林[5]对文物保护修复中使用的有机高分子材料的性能要求做出了总结，包括材料的制备、运输、储存、应用效果及安全方面，尤其强调了材料的耐久性；对不同用途的高分子材料也有特定的要求。俞蕙[6]对国外古陶瓷修复常用的粘接剂做过综述，包括环氧树脂胶粘剂、丙烯酸树脂粘接剂和硝化纤维粘接剂，国外研发的陶瓷玻璃修复专用黏结剂产品，不仅能提供较好的粘接强度，而且具有耐光性好、黏度低、折光率接近玻璃等优点。朱博文[7]采用红外热成像、加固深度、机械强度和疏水性等测试手段等，对粗砂陶器常用的加固剂加固效果进行了评估，分析加固剂种类、浓度、施加方式和环境温度等因素对加固剂性能的影响情况。高鑫[8]等人对十种常用的古陶瓷修复的粘胶剂进行了实验研究，系统评估这些粘胶剂的附着力、粘结强度、耐光老化性等，并初步评价这些粘结剂用于古陶瓷修复上的性能优劣。谢丽娜[9]等测试了一种新型无机胶粘剂CuO—磷酸盐胶粘剂，并加入二氧化钛作为填料，开展干热老化和湿热老化实验，采用拉伸剪切强度测试其粘接强度，SEM、XRD对胶粘剂进行表征，研究表明这种胶粘剂可用于粘接陶质文物。

　　修复材料的老化、劣化会发生在陶瓷文物修复的加固、粘接、补配和上釉几个环节中，这些环节所使用的天然有机材料或合成有机材料容易受到外界环境的影响，比如紫外光、温度和湿度等，在修复几年后出现变色或失效等问题，影响文物的外观，并且老化的材料还可能会对文物本体造成伤害，加剧文物的劣化。在陶瓷文物保护修复材料的抗老化性能研究方面，刘潮[10]等研究古陶瓷修复的五种常用材料：AAA胶、509胶、Hxtal（NYL-1）、Araldite2020、Hexion，对其腻子样品进行四类加速老化实验，并使用漫反射光谱和红外光谱对样品抗色变性能及变色机理进行分析。贺翔[11]等通过对山东临淄、青州等地出土的战国至汉初时期的彩绘陶器的调查，统计了文物修复前后起翘、龟裂、盐析出、酥粉、微生物病害等病害发生的几率，分析了不同文物类型、保存环境、修复工艺对病害种类和发生率的影响；并从病害机理和动力学角度，用物理和化学方法研究了次生病害与保护材料的失效的关系，解释了许多保护性破坏的原因，为文物保护修复材料的筛选和开发提供了依据。张慧[12]等对瓷器修复材料的变色原因进行了分析研究，通过模拟瓷器修复工艺处理市售白色瓷板，然后进行干热、湿热和氙灯老化，利用色差仪和光泽度仪表征了老化前后各模拟样品的色差和光泽度，得出引起变色的环境因素主要是光和温度的结论。倪晓雪[13]等用人工加速的方法研究了高温对环氧胶粘剂的影响，测试结果表明经过高温老化后，环氧胶粘剂的胶粘强度在初期虽有所增加，但随着老化时间的延长则明显降低；此外还研究了环氧树脂在典型大气中的老化行为[14]，将环氧胶粘剂置于三个典型大气环境中进行一年的暴晒实验，采用力学性能测试、表观形貌分析和界面分析等方法研究了不同大气环境对环氧胶粘剂老化性能的影响，结果表明温湿度是影响环氧胶粘剂力学性能的主要因素，日照辐射是影响光泽度的主要因素。

　　而对于修复材料的可再处理性研究目前能找到的相关文献并不多，浙江大学的张秉坚[15]等人对文物修复材料的可逆性进行了研究，提出运用"可逆率"这一定义来定量地表征修复材料应用过程的可逆性。通过测定B72、氟橡胶、纯丙乳液、环氧树脂在釉面瓷片、光面大理石、山西砂岩、凝灰岩和四川沙岩表面的取出率，计算出了它们的可逆率。其研究结果表明许多保护材料都有一定的可逆性，其可逆率的大小与被保护基底材料的孔隙率（吸水率）呈反比，也与清除剂的种类和清除工艺有关，同时老化过程也会明显影响保护材料的可逆率。孙明远[16]等人以敦煌壁画为原型，使用传统有机溶剂和新型凝胶两种方法去除壁画加固的四种材料：B72、PVAc乳液、硅丙乳液和纯丙乳液，得出了适用于敦煌壁画的清洗剂组成条件，计算出每种去除方法下每种材料的可逆率，并且研讨了老化因素对可逆性的影响。故宫博物院的窦一村[17]对Paraloid B-72作为陶质文物粘接隔离层的可再处理性进行了实验，评估浓度和涂刷工艺对材料可再处理性造成的影响，结果表明对于陶质样块，涂刷两遍15%浓度的B72丙酮溶液具有良好的可再处理性和可操作性。深圳博物馆的牛飞[18]根据不同陶瓷胶粘剂（环氧树脂、α-氰基丙烯酸酯、丙烯酸树脂）的特性，研究了相应的拆胶技术，并对三件经过粘接处理的陶瓷器进行了以拆胶为主的再修复。

4.3.3 陶瓷文物粘接剂的类型

1.环氧树脂粘结剂

环氧树脂广泛使用于高温瓷器的粘结，它是由环氧树脂粘结剂与固化剂按比例调配而成，环氧树脂粘结剂本身是线形结构的热塑性高分子，每个分子结构内含有两个或两个以上的环氧基团，当与固化剂反应时，环氧基团的环状结构被打开，发生一系列的聚合反应，线形分子交联成长链网状分子，成为不溶不熔的热固性树脂。

优点：机械强度高（抗拉强度抗弯强度、抗剪强度抗冲强度），性能稳定，耐酸碱、较耐热、防水、防霉；固化过程无需高温，不产生过多热量或其他副产品，收缩率小，不会因为材料收缩而损伤文物；施工工艺灵活多样，能加入填料、添加剂、稀释剂等适应粘结、浇注等操作需要。

缺点：为不溶不熔的热固性树脂，不具可逆性；在光照作用下，容易变色泛黄。如6101、618、SW-2、SW-3等型号的胶体比较容易泛黄，已逐渐被淘汰。

（1）AAA超能胶（如图4-16）

我国古陶瓷修复中常用的环氧树脂粘结剂产品。价格实惠，使用便利，固化速度较快，无毒、无味、无色，使用安全，能够防水、防酸、防碱。而且是小包装的粘结剂产品，便于日常使用与保存。在白瓷板上混合环氧树脂粘结剂及其固化剂（厂家推荐比例约为1∶1），实际比例需要根据待修复文物状态调整。然后用调刀将其涂在拼接面上，注意只需涂一面，这是为了避免胶水过厚而增大拼接的误差，多余的胶水用蘸有酒精的纸擦拭干净。用胶带内外固定拼好的碎片，插入沙盘。环氧树脂的固化时间较长，因此用胶带固定后可以再微调，直到指甲能平滑地划过接缝处即可。

（2）Araldite 2020（如图4-17）

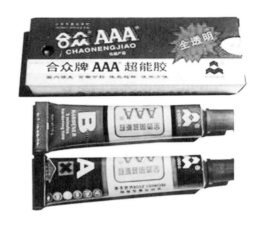

图 4-16　AAA 超能胶

该产品为水白色、黏度低、折射率接近玻璃。为粘结剂和固化剂双组份，以10比3的比例混合（23℃），每100克粘结剂操作时间为45分钟，24小时后初步固化，完全固化大约72小时。需要时可适当加热，提高粘结剂的流动性并缩短其固化时间。主要用于高温瓷器或者玻璃器的粘接，可以先拼合固定碎片后滴入胶粘剂，由于其黏度很低，在毛细原理下粘结剂会深入缝隙。但是它不适合用于孔隙率高的陶器，因为大部分粘结剂会吸入进胎体内部，而且无法得到好的胶结层，且可逆性差。

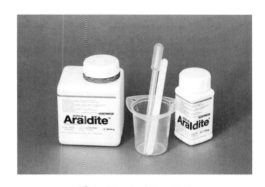

图 4-17　Araldite 2020

2. α-氰基丙烯酸酯粘结剂

为无色透明的快速粘结剂。粘结剂固化时间快，操作方便，但粘结不持久，一般几年内就会脱胶失效，且胶水粘结力有限、渗透性太好，不适合粘结自重大的陶瓷器或者孔隙率高的陶器。因此，α-氰基丙烯酸酯胶粘剂主要用于紧急情况下的快速临时性粘结。或者，在使用环氧树脂等固化速度慢的粘结剂时，如果使用玻璃胶带固定位置很困难，就可以在局部使用氰基丙烯酸酯胶粘剂，以辅助固定。

502胶：化学名称叫 α-氰基丙烯酸乙酯，属于瞬间粘结剂。市售商品是无色透明的稀薄液体，使用后等 1~2 分钟待溶剂挥发后即可，但粘结强度有限，通常一年内就自动脱胶。502胶应该储放在阴凉处或冰箱里，否则胶水在光照或者碱性环境下会迅速固化失效。使用前，先将碎片碴口上面的油污和灰尘清洗干净，然后利用胶带等工具固定好碎片，使碴口弥合完全，接着把502胶沿着接缝滴下来，使胶液流过整个接缝且渗入其中即可。

502瞬间粘合剂的耐候性较差，抗高温、抗潮湿和抗老化的能力都很欠缺，并且韧性也不高，这会给使用它修复好的古陶瓷文物带来很多问题和安全隐患。

3.丙烯酸酯树脂粘结剂

丙烯酸酯树脂是文物保护常用的热塑性树脂，由丙烯酸酯或甲基丙烯酸酯为主要原料合成的树脂，丙烯酸酯和甲基丙烯酸酯单体分别是由丙烯酸和甲基丙烯酸酯化而成。丙烯酸酯树脂无色透明，具有优良的光、热和化学稳定性。其中，聚甲基丙烯酸甲酯（即有机玻璃）的抗紫外能力最为突出。甲基丙烯酸甲酯常被用于丙烯酸酯等聚合物中，以改善材料的耐光老化的能力。

Paraloid B-72（如图4-18）：B72是现今世界文物保护领域中使用最广泛的一种聚合物材料之一，B72针对文物未处理的残损部位进行表面渗透加固及封护保护效果极佳，在文物修复中应用也十分广泛。B72是以甲基丙烯酸乙酯和丙烯酸甲酯的共聚物为主要成分的热塑性树脂。该产品为固体颗粒，需要溶解在丙酮等溶剂中使用，溶剂挥发后干燥固化。

突出的优点：一是具有可逆性，固化后可用溶剂溶解除去；二是能够长期保持原有的色泽，耐紫外线照射不易变黄。该产品的玻璃化温度为40℃，不适宜在气候炎热的地区使用。

Paraloid B-44：为甲基丙烯酸酯的聚合物。固化后具备良好的硬度、透明度和粘结力。玻璃化温度60℃，适用于气候炎热的地区，但是渗透性不如Paraloid B-72。为获得较好的粘结效果，可先使用浓度低的Paraloid B-44或Paraloid B-72丙酮溶液润湿粘结面，然后再使用40%的Paraloid B-44丙酮溶液粘结。配制Paraloid B-72或Paraloid B-44溶液时，为加快溶解速度，需使用磁力搅拌器帮助搅拌溶液，待树脂颗粒完全溶解于丙酮后，在瓶子上注明名称、浓度、日期。

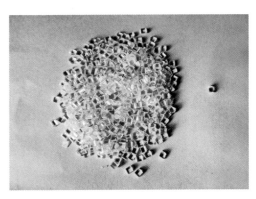

图4-18　Paraloid B-72

4.聚醋酸乙烯酯粘接剂（PVAC）

PVAC粘接剂分为两种：一种是溶剂型的粘接剂（例如UHU Yellow），另一种是水溶的乳液型粘接剂（例如Elmer's Glue）。溶剂型粘接剂是将PVAC固体溶解在丙酮或者乙醇溶液中制成的无色透明的液体。固化后可用丙酮溶液或者丙酮和乙醇的混合溶液（9∶1）清除。乳液型粘接剂也叫做白胶，固化后几乎是无色透明的，适合考古出土的潮湿器物。但是PVAC只能用于临时性粘接，在高温潮湿条件下会发生脱胶情况。

PVAC粘接强度有限，仅适合多孔的陶器，不能用于瓷器粘接。可涂刷或浸渍使用，固化条件为常温24小时。主要用于陶器的粘接或瓷器的暂时固定，优点是使用方便简捷，但是粘接的牢固性较低。在正式拼接前，要先用去离子水或蒸馏水湿润陶片的断面，然后仅在其中一面涂上胶粘剂，用力压紧，最后月胶带等工具固定好。陶器因为材质孔隙较大，对于乳胶的渗透性比较好，但是瓷器材质的密度较高，渗透性差，所以陶器使用乳胶粘接比瓷器效果要好。

5.硝酸纤维素粘接剂

硝酸纤维素是最早用于文物保护的非天然的粘接剂之一，溶解在丙酮、乙醇的混合物中使用。老化后容易变脆变黄、收缩、释放酸性气体等，但是由于其使用方便、相对无毒、具有可逆性、价格低廉等特点。许多专家还是用它来粘接低温软质陶器，或配合其他粘接剂使用。常见有美国的HMG、Duco Cement，欧洲的Imedio Banda Azul、Durofix、Universal cement。

HMG：是使用较为广泛的一种商业产品，为硝酸纤维素与增塑剂和增粘剂的混合物，比纯硝化纤维素更耐热、耐光老化。该材料为水白色，一段时间内不易变色。易溶于丙酮，溶剂挥发后即固化，也可用丙酮再度溶开。固化后粘接强度有限，适用于多孔陶器或者石膏的加固。

6.热熔胶

热熔胶的主要成分是乙烯－醋酸乙烯酯和松香甘油脂组成的。将热熔胶加热到120℃至160℃之间，熔融后热涂在陶器碎片的断口表面将其迅速粘合。特定为使用方便、无毒、无溶剂，冷却后瞬间固化。这种胶非常适用于考古工地对于陶瓷器的暂时固定。

表4-5　常见加固材料

粘接剂类型	商品牌号	组份配力	基本待性
聚乙烯醇缩丁醛	MOWITAL	主体为乙烯醇缩丁醛,微量增塑剂	耐水性、耐热性良好,但粘度较高,渗透性不强,粘接强度低,耐老化性不如溶剂性,适宜粘接小件器物
氰基丙烯酸酯粘接剂	502胶	α-氰基丙烯酸乙酯,微量增塑剂苯酰丙酮及聚氨酯橡胶	单组份无色透明液体,粘度范围2~5Pa. S/25℃,无需溶剂,粘接力强,固化快(≤15S)、定位时间短,无毒等优点,称之为快速胶或瞬间胶;但韧性、耐水、耐热性不强,且性质较脆,粘接刚性材料时不耐震动和冲击。
聚甲基丙烯酸酯粘接剂	ParlcidB72	PadoidB72　17克 溶剂(甲苯:苯=1:1)83克	热塑性聚合物,可逆,无色透明,粘度低,渗透性好,耐水性、耐热性强,但粘接剂浓度较大时易于泛光,形成薄膜
环氧树脂	环氧树脂618(E51)	A组份: 618双酚A环氧树脂102克 2000聚丁二烯环氧18克 B组份: 650低分子聚酰胺48克 混胺■(间苯二胺:4,4-二氨基二苯甲烷=3:2)20克 2,4,6-(N,N-二甲基氨甲基)苯酚1克 ■-氨丙基三乙氧基硅烷■ 1克 A:B=1.2:0.7	属三向交联结构的热固性聚合物,环氧树脂结构中具有极强的羟基和醚键,能与被粘物表面产生较强的分子间作用引力,同时环氧基团可与某些无机表面形成化学键,因此粘接力强,对多种材料具有良好的粘附性,应用广泛,固化反应无副反应发生,所以收缩率低,体积改变很小,避免了气泡。绝缘性能好,耐酸、碱、油等介质,抗霉菌力强,工艺简便。缺点是低温下(10℃以下)固化不完全,耐湿热性能不强。
	改性环氧树脂810	呋喃:环氧二1:1 100克 CHT-251(酮亚胺)34.6克 821(叔胺作促进剂■)1.8~2克 DMP-30(K-54)5克 端胺基聚氨酯(ATPU)3克	外观为棕红色半透明液体,无毒性,比重大约为:1.06~1.15/20℃,胺值:380~450mgKOH/g,粘度:3~6Pa. S/25℃,凝固温度:-14℃以下,在12~24小时内室温条件可发生固化,因改性可使其在考古发掘现场出土潮湿器物表面进行文物保护修复粘接,强度有所提高,耐大气老化性能略有下降。

4.3.4 粘接材料筛选指标及方法

1.粘接材料筛选指标

粘接剂的性能会影响到修复的效果，一方面，选择不当的粘接剂会造成粘接的接缝非常显眼，影响文物的外观；另一方面如果粘接剂的性能不佳，往往在几年之内会出现问题，修复后的文物后续需要重新修复的原因分为以下三点：开胶、粘接剂变色、受到冲击性打击而造成二次破坏[19]。

在遵循文物保护原则的基础上，结合陶瓷类文物的特殊需求，对于粘接修复所用的粘接剂有以下几点要求：（1）修复所使用的粘接剂应为无色透明，在固化后不会改变文物外观，并且不易变色；（2）粘接剂应具有适当的粘接强度，能够支撑陶瓷材料的重量，同时强度不高于陶瓷材料本身，避免后续保存中对文物造成损伤；（3）使用中应便于操作，且不会对操作者和环境造成伤害；（4）具有良好的抗老化性能，不易发生黄变和粘接强度的降低；（5）具有一定的可再处理性，老化后也可以去除方便进行再处理。因此在对粘接剂的性能进行评估时，需要考虑外观、粘接强度、操作性、抗老化性能、可再处理性这几点。

（1）粘接强度

在粘结强度方面，粘接剂的粘接强度判定可以采用材料力学性能测试的方式，材料的力学性能包括弹性、塑性、硬度、韧度、强度五方面[20]，在粘接剂的强度判定上实验将采用硬度、抗拉强度和抗折强度的测试进行判定。选择粘接强度适当的粘接剂可以确保粘接的效果，而如果文物在后续保存中受到冲击，也不会因为粘接剂强度过高而对陶瓷本身造成更严重的伤害。

（2）操作性

在操作性上，本文将把粘接剂的流动性和固化时间作为判定的标准，粘接剂的流动性也就是粘接剂的粘度，粘度过高的粘接剂在涂抹过程中不易涂抹均匀，即使采用很少的量也往往会存在一定的厚度，可能导致粘接后的缝隙更为明显；而粘度过低的粘接剂在使用中会渗透进孔隙中，如果用于孔隙较大的陶质文物的粘接会导致裂缝周边表面颜色的改变，影响外观且由于胶体渗透进深层导致后续更不易去除。

另一个影响操作性的因素是粘接剂的固化时间，粘接剂的固化有两个过程，其一是初步固化，在此期间可以对粘接剂进行操作；其二是完全固化，在此期间粘接剂已经定型，并逐渐达到强度的最高值。过短可操作时间容错率较低，对修复人员的技术要求较高，而过长的固化时间可能导致碎片在等待过程中产生细微的错位。

（3）抗老化性能

造成有机材料劣化的原因主要是光和热这两种因素的影响，材料的光老化主要指受到大气中紫外线光照射影响的老化行为，而热老化主要是指受到环境中温度影响的老化行为，因此在设计实验时会将紫外光耐候性和环境耐候性分开进行测试。

粘接剂的紫外线老化性能在仅作粘接修复时影响并不明显，这是因为粘接的部位胶体都在缝隙中并不直接接触紫外线，但是在实际修复中，粘接剂通常还会使用在缺损部位，在粘接剂中加入无机材料（通常为碳酸钙、滑石粉、瓷粉等）作为填料调配成腻子就可以作为补配的材料使用，而在紫外光影响下补配材料中的粘接剂树脂会老化黄变，长时间后补配部分与原文物的色差会很明显[21]。

环境耐候性方面，本文的研究主要针对的是粘接剂在自然存放环境中对温度、湿度变化的耐候性。与紫外线照射所引起的材料外观变化不同，温湿度的影响主要会造成粘接剂内部结构强度的改变。环境中温度过高会引起粘接材料的软化，反之温度过低会引起脆化而发生断裂[22]，而湿度也会影响到有机材料的结构，在过于潮湿的环境中材料可能会吸收空气中的水分，造成膨胀等，这些都会使粘接剂的性能发生改变而影响粘接的强度，从而出现修复后的文物又出现开胶、断裂问题，需要重新返工。

（4）可再处理性

最后是材料的可再处理性，根据文物保护修复原则的要求，在选择一种修复材料时应该评估其在老化前和老化后是否可以被移除而不伤害文物本体，以确保如果因为不当修复或者材料老化需要返工的情况下可以进行二次处理。

2.粘接材料筛选方法

（1）抗拉强度测试方法

抗拉强度测试可以了解材料在受到拉力时，抵抗伸长变形及断裂的特性。

实验使用手摇式推拉力试验机进行测试，每种粘接剂均有五个测试样本，使用仪器上的夹具夹住被测试哑铃样本的上下两端，摇动手摇杆施加拉力直到样本断裂，记录下破坏时受到的作用力，详细数据记录见附录。需注意仅当断裂发生在断裂区域时，此时的数据才是有效值。根据抗拉测试的数据可以计算出样本的抗拉强度，计算公式为：

$$TS=F（BE）/（W \times T）\qquad（公式1—1）$$

其中，F（BE）为发生断裂时作用力的最大值（N）；W为试样宽度（mm）；T为试样厚度（mm）。

（2）抗折强度测试方法

抗折强度的测试是指材料被弯曲到破坏时所受到的最六作用力时的强度，通常采用简支梁法[23]来对研究对象的抗折强度进行测定。

实验同样使用手摇式推拉力试验机进行三点抗折测试，每种粘接剂均有五个测试样本，将样本放置于测试架上，然后转动手摇杆，使中间的压杆对样本施加向下的集中载荷，直到试片发生断裂，记录此时的破坏载荷数据，详见附录。通过数据可以计算出样本的抗折强度，计算公式为：

$$F_f(\mathrm{MPa})=\frac{FL}{bh^2}\qquad（公式1—2）$$

其中，F为测试时的破坏荷载（N）；L为两支点间的距离（mm）；b为式样截面宽度（mm）；h式样截面高度（mm）。

（3）邵氏硬度测试方法

硬度属于材料机械性能的一项，体现材料的机械强度，实验中采用邵氏硬度的测试方法表现粘接剂的材料硬度。

实验使用邵氏硬度计，为了配合仪器的测量方式制作六种粘接剂的涂片，将粘接剂均匀涂刷于经过烧制的小陶片表面，等待固化后再涂刷下一层，共涂刷三层，此时涂层厚度约0.1cm。调整好测试仪器的测试台高度，将涂片放置于测试台面上，将操作杆向下压到底，随后记录下此时的邵氏硬度数据，每个粘接剂均有五个试样。

（4）流动性测试方法

粘度又称为粘度系数，是表示流体粘滞性的物理量，粘度越低的流体其流动性就越强。粘度分为运动粘度和动力粘度以及其他相对粘度多种，测试方式不同、单位制也不同[24]。在粘接剂的性能测试中可以用粘度来衡量一种粘接剂的流动性，较为常用的测试仪器如旋转式粘度计和杯式粘度计等。

（5）固化时间测试方法

在对陶瓷器进行粘接时需要接口严丝合缝不能错位，其影响因素除了粘接剂的流动性外还有固化时间，粘接剂固化时间太短，可操作的时间就会变短，固化时间太长，在等待固化的过程中碎片之间容易产生位移。

（6）色差测试方法

粘接剂的抗光老化能力即抗紫外线老化的性能，指的是粘接剂在大气中紫外线光照射影响下的老化行为，紫外线的影响会使粘接剂发生颜色上的改变，因此测试材料的抗光老化性能多采用色差测试作为测试方法，其表征手段为材料经过老化前后的色差值对比，可以表示材料颜色的变化程度。

测试时使用的仪器为电脑色差仪，在开始测试前对仪器进行白板校正，校正完成后对试片进行测试，将测量端口紧贴待测试片表面，按下测量键，随后记录测量结果，具体测量结果见附录。色差值（ΔE）的计算公式为：

$$\Delta E = \sqrt{\left(\Delta L\right)^2 + \left(\Delta a\right)^2 + \left(\Delta b\right)^2} \qquad （公式1—3）$$

其中代表明暗（黑白）度，代表红绿色，代表黄蓝色，为总色差的大小。

（7）溶剂浸泡测试方法

粘接完成的物体可以通过物理、化学手段进行拆分，以达到可再处理的目的。不同种类的粘接剂拆分方式有所不同，考虑被测试粘接剂的特性，为便于实验条件的统一，均采用化学手段进行拆分实验。

参考文献

[1]温建华.陶瓷保护修复材料的综合研究[D].北京大学.2018.

[2]兰德省，周铁，夏寅，张尚欣，王东峰.古代陶质文物粘接剂筛选初步研究[J].秦始皇帝陵博物院，2013（00）:445–457.

[3]王蕙贞.文物保护学[M].北京:文物出版社，2009.

[4]俞蕙，杨植震.古陶瓷修复基础[M].上海:复旦大学出版社，2012:135–154.

[5]周双林.文物保护用有机高分子材料及要求[J].四川文物，2003（03）:94–96.

[6]俞蕙.国外古陶瓷修复常用黏结剂概述[J].文物修复与研究，2012（00）:130–135.

[7]朱博文.考古现场脆弱粗砂陶常用加固剂加固效果与分布方式预研究[D].西北大

学，2018.

[8]高鑫，韩向娜.常用古陶瓷修复粘胶剂的性能评估研究[A].北京粘接学会.京津冀粘接技术研讨会暨北京粘接学会第26届学术年会论文集[C].北京粘接学会：北京粘接学会，2017:9.

[9]谢丽娜.无机质文物无机兼容性胶黏剂研究[D].陕西师范大学，2018.

[10]刘潮，李其江，吴隽，袁枫，张茂林，吴军明.古陶瓷保护修复常用材料抗色变性能研究[J].中国陶瓷工业，2019，26（03）:7-13.

[11]贺翔.彩绘文物次生病害与典型保护材料失效机理研究[D].浙江大学，2019.

[12]张慧，张金鼎.瓷器传统修复材料变色成因分析[J].文物保护与考古科学，2018，30（06）:111-115.

[13]倪晓雪，张三平，邱大健，李晓刚.高温对胶粘剂的老化作用[A].中国机械工程学会表面工程分会.第六届全国表面工程学术会议暨首届青年表面工程学术论坛论文集[C].中国机械工程学会表面工程分会：中国机械工程学会，2006:4.

[14]倪晓雪，李晓刚，张三平，邱大健.环氧胶粘剂在典型大气环境中的老化行为[J].腐蚀与防护，2010，31（04）:276-278.

[15]张秉坚，张栋梁，铁景沪.测量文物保护材料可逆率的探索性研究[J].中国材料进展，2012，31（11）:33-36.

[16]孙明远.古代壁画表面失效加固材料的去除技术研究[D].浙江大学，2015.

[17]窦一村.使用Paraloid B-72作为陶质文物粘接隔离层的可再处理性评估[A].中国文物保护技术协会.中国文物保护技术协会第八次学术年会论文集[C].中国文物保护技术协会：中国文物保护技术协会，2014:9.

[18]牛飞.陶瓷再修复中拆胶技术的研究[J].粘接，2018，39（03）:57-60.

[19]胡东波.瓷器粘接强度研究[J].中国历史文物,2003(01):84-86.

[20]温建华.陶瓷保护修复材料的综合研究[D].北京大学.2018:42.

[21]温建华.陶瓷保护修复材料的综合研究[D].北京大学.2018:23.

[22]温建华.陶瓷保护修复材料的综合研究[D].北京大学.2018:26

[23]龚明,陈志川,况学成,等.可塑性陶瓷原料干坯抗折强度的测定与探讨[J].陶瓷,2017(01):9-12.

[24]陈惠钊.粘度量及其单位[J].计量技术,1989(05):41–45.

4.4 陶瓷文物加固与封护材料

4.4.1 陶瓷文物加固材料的需求

根据"最小人为干预"和"不改变文物原状"的保护原则，控制和改善文物保存环境往往是保护措施的首选。然而对于陶瓷文物而言，难度极大。所以针对严重劣化的陶瓷文物，表面加固和封护就显得尤为重要，国内外目前应用的主要材料是无机材料和有机材料，无机材料主要有氢氧化钙、氢氧化钡，水玻璃（PS材料）等。有机材料目前主要有丙烯酸脂、有机硅树脂、环氧树脂等。

陶瓷文物加固目的是处理和填充风化的陶瓷材料，使得加固材料向陶瓷文物深处渗透，通过改变陶瓷的物理机械性能和提高陶瓷材料的变坏部分和未风化材料之间的粘附性，来达到加固的效果。由于许多物理化学过程都与表面孔隙及陶瓷内部的孔隙有关，故而，加固的结果必然要使陶瓷文物的孔隙率降低，同时达到理想的渗透深度。

另外加固剂的选择不单单是增大加固处理层位的机械强度，同时处理材料也应该有良好的水蒸气透气性和疏水性，这样，假使水渗进陶瓷材料内，水蒸气还可从陶瓷的孔隙中排出来，但是外界的水分和化学物质就不宜渗透进来。这种陶瓷材料基质与外部环境的连通性，被认为尤为重要。

另外，加固材料、防风化材料在满足文物基材保护的前提下，仍需合适的施工工艺来发挥加固封护材料在特定文物本体区域的最大、最好效能。

成功的加固处理，是使加固剂能够均匀地从表层渗透到陶瓷材料内部，与以下因素有关：

1）被处理陶瓷文物的孔隙结构、孔隙率及毛细孔分布；

2）加固剂的化学、物理特性、化学组份、分子量；

3）加固剂的作用机理和浓度，溶剂的化学组成；

4）溶液的密度、粘度及其表面张力；

5）加固剂的施工工艺，作用时间及处理时的外界环境。

在评价加固效果好坏时，加固材料的渗透深度、加固材料对孔隙的填充情况及加固材料疏水性能是衡量加固效果的重要指标。

4.4.2 加固剂材料的性能要求

加固剂通常为合成高分子化合物。有的加固剂属于热塑型材料，可加热融化或者溶解于液体溶剂（水或有机溶剂），待其冷却或溶剂挥发后完成加固，而且可以再次加热融化或者用溶剂溶解。另一种加固剂为热固型材料，通过分子之间的反应形成，可以直接使用，也可以溶解在有机溶剂中使用，但是聚合后形成的是不溶不熔的固体。用于文物保护与修复的通常是溶解于有机溶剂的热塑性树脂，例如：聚醋酸乙烯酯（PVAC）和丙烯酸酯树脂（Acrylic Resin）。

1. 渗透性

理想的加固剂必须有优良的渗透性，这与加固剂材料的分子大小、加固剂的稀释浓度以及加固剂的使用手法有关。首先，要选择低分子量的高分子材料，因为大分子聚合物软化或溶解后的液体非常黏稠，不易深入且均匀渗透。其次，用溶剂将加固剂稀释到合适浓度，有利于加固剂的渗透。将聚合物溶解在表面张力小的有机溶剂里会形成低黏度的液体，可以实现最好的渗透。最后，选择某些加固剂的使用方法，可以提高渗透的效果。例如：利用负压装置渗透加固剂、适当加热降低加固剂的黏度（必须要小心操作，因为有机溶剂易燃）等。将分子量低的树脂溶于有机溶剂稀释成浓度为5%～15%的溶液，并在负压下渗透可以达到较好的效果，除此之外，可以选择挥发速度稍慢的溶剂，或者将器物置于封闭容器内干燥，以减慢溶剂挥发的速度。

2. 外观颜色

理想的加固剂是在不改变陶瓷器表层的颜色与光泽的同时对文物进行加固。但实际上，许多加固剂会加深器表颜色并产生光亮，这在浅色或亚光表面的陶瓷器上，表现尤为突出。加固剂形成光亮是因为其填补了不平整的器表，形成光滑的表层，产生更多镜面反射。此外，由于分子类型与结构的原因，某些树脂会比其他树脂为"光亮"。要改善加固剂造成的光亮，只能对表面进行再处理。加固剂也常会导致陶瓷器颜色变深，只有将其中加固剂重新溶解清除，才能消除加深的颜色。此外，固定陶瓷器的彩绘装饰的时候，彩绘颜料有可能与加固剂及其溶液发生反应，改变彩绘颜色，因此为确定合适的加固剂及其浓度，一定要事先在器物表面不明显的地方进行试验。

3.可逆性

理论上，加固剂要具有可逆性，通过有机溶剂的浸泡可以清除。但是，接受加固的器物通常都是质地脆弱的器物，它们的保存状态显然不能承受这类溶剂的浸泡。所以加固的操作必须要谨慎，只有在环境控制等方式无效的情况下，才能采用。而且加固剂也要选择耐久性较好的材料，例如：Paraloid B-72等丙烯酸酯树脂。

4.有较好的粘结力，在器物内部或表面形成支撑性的结构组织

遵照《中国文物古迹保护准则》在文物保护过程中要求：1.加固材料施用后形成的膜能代替原胶结物，不堵塞文物孔隙，因而不改变其透气性；2.施工过程中无有害物放出，对人体及环境无害。3.应能方便选择固化剂、填料、表面活性剂、防霉剂等表面加固保护时，不会因材料的收缩应力而产生微裂隙。4.还应有防霉、防生物风化的性能等。5.能够抵抗湿气或毛细水在上移时引起的破坏作用，所以保护材料应能经受水的反复侵袭影响，加固剂的聚合速度要适宜。

4.4.3 陶瓷文物常用的加固材料

1. Paraloid B-72

Paraloid B-72为甲基丙烯酸乙酯和丙烯酸甲酯的共聚物，具有优良的可逆性和抗紫外老化性能。该产品为透明固体颗粒，用丙酮等溶剂溶解后使用。Paraloid B-72溶液常用于加固干燥的陶瓷器。稀释成低依度（5%~15%）溶液后使用，且需选择挥发速度稍慢的溶剂，有利于Paraloid B-72渗入器表，避免加固剂聚集表层形成光亮。

一般情况下，ParaloidB-72丙酮溶液的挥发性大于ParaloidB-72乙醇溶液，而且固化的速度也更快。

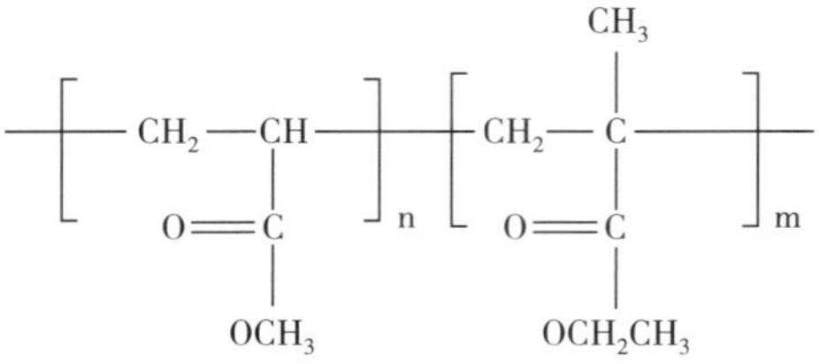

图4-19　Paraloid B-72分子结构示意图

Paraloid B-72：Paraloid B-72加固剂在模拟粗陶试片上加固后颜色有明显变化。其加固后的陶片强度也变化明显，加固后的抗折性能比较突出，硬度较强，抗吸水率较差，综合强度与正硅酸乙酯加固剂相近。

2.聚醋酸乙烯酯（PVAC）

聚醋酸乙烯酯/聚乙酸乙烯酯（PVAC）是醋酸乙烯酯聚合而成的无色透明固体，为文物保护中常用的热塑性树脂，可作为粘结剂、加固剂、封护涂料，普遍用于各种非金属文物，例如：骨、牙、壳、角、齿、石、木、纸、皮革、织物、陶瓷植物标本等。其特点如下：光稳定性好，颜色不易变黄，其有可逆性，日久虽然会发生交联和氧化，但仍能用有机溶剂溶解；玻璃化温度接近室温，易受热变黏，粘附灰尘或发生"冷流"，即器物在自重作用下胶结层逐渐发生偏离的情况。PVAC分为溶剂型和乳胶型两类：

溶剂型：市场销售的PVAC为粉末状晶体，需溶于有机溶液后使用。文物保护中经常使用粘度为7、15、25的PVAC产品，粘度越大，分子量越大。粘度7的PVAC用于密度稍大的材料，例如：骨头和象牙，粘度15的PVAC使用最普遍，粘度25的PVAC用作粘结剂。作为加固剂，通常采用低浓度的5%～15%的丙酮或乙醇溶液。浓度过高时，溶液不易渗透，干燥后聚集表面产生光亮，或者PVAC产生收缩导致文物变形或表层剥落。此外，PVAC的乙醇溶液比丙酮溶液挥发速度稍慢，因此具有更好的渗透性。

乳液型：PVAC乳液呈乳白色黏稠液体，固体含量大多为50%，俗称乳胶、白胶。PVAC乳液清洁、无毒、无刺激、使用便利、价格低廉，固化后可用热水软化或有机溶剂溶解清除。PVAC乳液比PVAC有机溶液使用更普遍，尤其适合考古出土的潮湿器物，例如：加固潮湿状态下脆弱的陶器彩绘层或泥釉层。作为加固剂，建议使用低浓度的水溶液，PVAC乳液与水的比例为1∶3或者1∶4，或者使用水和乙醇（1∶1比例）作为溶剂。如果需要加固干燥陶器，则需用水湿润器物后方能施用。在国际上，1980年代中期前，PVAC在文物保护中还得到普遍使用，而90年代末至今，人们更习惯采用Paraloid B-72。不过因为PVAC的诸多优点，它仍然用于考古出土文物的临时性加固或粘结，帮助在发掘现场加固脆弱文物，随后转移至实验室内进行深度保护或修复。需要时PVAC还可以用丙酮溶液清除。

3.有机硅材料

有机硅材料具有一般高聚物的抗水性，又具有透气和透水性，不仅与文物有物理结合，而且有时会形成新的化学键，最终形成的物质是稳定的硅化物，起到明显的加固作用。目前主要用于砖石的加固和部分新出土潮湿地区的疏松陶器的加固。

正硅酸乙酯：无色透明液体，有酯香味，有毒性，能与乙醇、乙醚相混溶，不溶于水。其抗折性能较好，耐摩擦性能较好，硬度较差，吸水率较高。

4.Primal SF-016

Primal SF-016是丙烯酸甲酯以及甲基丙烯酸甲酯的共聚物，是以疏水性单体为主的多元单体乳液共聚而成，是一种纯丙烯酸酯分散体加固材料。它具有优良的耐候性以及优良的抗粉化和色素的结合力。

适用于室内外石灰材料，是优秀的砂浆和彩绘加固材料。在砖石、陶土、石材、灰泥等艺术品修复领域广泛使用。它具有优良的耐候性、优良的抗粉化和色素的结合力。Primal SF-016不含溶剂，无醛和无氨，因此，它是一款低气味的环保产品。它的最低成膜温度：1℃；固含量：50% ~ 51%；pH值：8.0 ~ 9.0；粘度值：< 500mbar；比重（湿聚合物）1.06 g/cm^3；比重（干聚合物）：1.12 g/cm^3；包装：1L。注意：需要低温和避光存放，不可冷冻。

5.氟树脂

氟树脂涂料具有极优异的耐候性，耐温性能，漆膜硬度高，耐摩擦，以及耐化学品性、绝缘性、低摩擦系数，能极好地对各种基材实施防护。

1982年，日本旭硝子公司推出了商品名为"Lumiflon"的，以氟烯烃和烷基乙烯基醚为单体，反应形成的交替共聚物（FEVE）为基料的溶剂型可溶性涂料，实现了较低温度固化。氟树脂改善了树脂与颜料的润湿性，并使树脂易溶于常规有机溶剂，应用范围更加广泛。

氟树脂：无色透明液体，有刺激性异味，其硬度、耐摩擦性能极佳，吸水率极低，抗折性能较弱，综合强度最好，但加固后会有明显颜色变化。

4.4.4 试论不同加固剂对粗陶器文物强度的影响

1.前言

陶器的发明是人类文明发展的重要标志，在中国新石器时代，陶器就已经被人类大量制造并使用了。对于文物保护学、考古学等学科来说，早期陶器的保护研究具有非常重要的意义。现今已出土的陶器大多质地疏松或已经破碎，急需进行相应的文物保护与修复工作。本论文针对粗陶器文物，回顾了相关脆弱陶器胎体加固的研究进展，以及现今文物保护行业中常用到的几种加固剂的资料，并具体分析了四种加固剂在模拟粗陶试片上加固后的抗折、硬度、吸水率、耐摩擦等方面的性能。最后讨论加固过程应注意的问题和解决方法，以及在实际文物保护修复中的应用。

陶器大致可分为粗陶器、细陶器和普通陶器三种，大多在700℃～1000℃的温度下烧制而成。烧制粗陶器的黏土其主要成分是硅酸盐，包括：石英、云母、较大的颗粒杂质，烧成之后呈现出疏松多孔的结构特点，吸水率较大。

由于埋藏的地下环境一般比较湿润，粗陶器的孔隙率较大，容易受到可溶性盐水溶液的浸入。在文物出土时，瞬间被打破的温湿平衡，以及各类污染会使陶质文物加剧酥粉、破损程度。出土后保存不当、人为破坏、自然风化等因素更会使陶质文物进一步受损。

由于陶质文物非常酥脆的特性，其加固材料的选择应具有以下条件：

（1）材料应无色，且加固后不会引起文物外观颜色和材料本身发生变化；

（2）具有可逆性，即不影响其后续处理；

（3）材料稳定性好，使用方便，操作性强，使用简单的工具即可操作；

（4）针对具有一定含水量的酥脆陶器，具有相当的渗透性，加固后的酥脆陶器应具有一定强度；

（5）对彩绘陶器颜料层的加固要求具有一定的渗透性，能增加其附着力，使其不起翘、不脱落。

目前，国内文物修复领域的加固保护材料的主要来源是自主开发或者借用其他行业材料，以及现有材料改性这三种途径（现有的加固材料可以分为无机材料和有机材料两类）。随着一些高分子材料的快速发展，有机高分子材料逐渐被引入到文物保护工作当中。例如丙烯酸材料、有机硅材料、有机氟材料[7]、纳米材料、聚氨酯乳液，以及其他的（有机–无机）复合材料的研究。脆弱陶器加固中最常用的是丙烯酸树脂类这一类溶剂型合成树脂材料，例如Paraloid B–72、Primal SF–016、PrimalAC33等。而有机硅材料加固剂多被应用于土遗址结构加固，关于有机氟材料的方面多是改性材料的研究。

2.陶器加固技术方法

表4-6　陶器加固方法

涂刷法	首先要了解器物的表面情况，使用毛笔或软毛刷按同一方向旋转涂刷效果更好（用刷头毛质细腻柔软且不易掉毛的毛笔或软毛刷）。
减压渗透法	采用真空泵抽出真空罩内的空气及器物微孔内的空气，然后加压后加固，这种加固效果最好，但是条件限制大，适用于质地比较坚硬的器物的深层加固。
浸泡法	通常是将需要加固的物体放入一定浓度的加固剂溶液中，物体进入加固剂溶液时会有气泡产生，等待无气泡冒出后取出，放在通风橱中或自然风干，这种加固方法同样适用于深层加固。
喷雾法	适用于彩绘陶或表面酥粉特别严重的陶器，应选用雾化较好的喷枪或喷壶，将加固剂喷涂在器物表面，使加固剂缓慢侵入进行加固。
滴注法	适用于陶器裂缝的加固，使用滴管滴注物体裂缝之处，直至物体不再吸收为止。

3.实验方法

实验所用样品由与粗陶组成、结构相似的陶土，经过打制成型、干燥后，在900℃低温下进行烧制，烧制出一批统一成分、规格的实验用模拟样品。样品以四种不同加固剂分组，每组五个样品，再取一组无加固剂的样品作为对比使用。

本文选定正硅酸乙酯、Paraloid B–72、Primal SF–016、氟树脂这四种加固剂在模拟粗陶试片上加固后对其进行加固强度和其它相关性能测试：抗折测试、硬度测试、吸水率、耐磨擦测试。

（1）实验材料及设备

表4-7　实验材料与设备

产品名称	型号	额定电压	功率	生产公司	备注
正硅酸乙酯	化学纯	—	—	无锡市展望化工试剂有限公司生产	浓度10%
Paraloid B–72	固体颗粒	—	—	美国陶氏化学罗门哈斯公司	浓度10%
Primal SF–016	—	—	—	—	—

产品名称	型号	额定电压	功率	生产公司	备注
自干纳米疏水陶瓷氟涂料	GF—2200	—	—	东莞市广氟科技化工厂	—
粗陶泥	—	—	—	—	5×5×1.2cm
箱式实验电炉马弗炉	SG–XL	—	—	—	—
艾德堡HLD立式推拉力测试台	HL–L200	—	27W	—	—
显微维氏硬度计	HVS–1000	—	30W	—	—
波兰吸水率测试标定管	—	—	—	—	—
华国 多功能摩擦试验机	HG–9600	—	—	—	—

（2）试片规格

5×5×1.2cm（试片烧制过程中会因个别收缩率不同而有所差异）

4.实验结果

（1）抗折测试

实验分为五组，正硅酸乙酯、Paraloid B–72、Primal SF–016、氟树脂以及加固前的试片作为参照组，每组测量五次，测试采用三点抗折方法进行测试。使用推拉力试验仪器测量试片的抗折性，可得到经过不同加固剂加固过的试片折断时所需要的力量数值，得出不同加固剂对粗陶器抗折性能的影响。

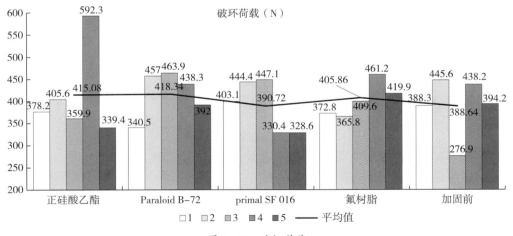

图 4–20 破坏荷载

实验所得正硅酸乙酯的抗折强度值为2.59；Paraloid B-72的抗折强度值为2.61；Primal SF-016的抗折强度值为2.44；氟树脂的抗折强度值为2.54。其中Primal SF-016的抗折强度最弱，Paraloid B-72的抗折强度最强，相差0.17。加固后的抗折强度值均高于未加固的抗折强度值，高约0.18～0.01。

（2）硬度测试

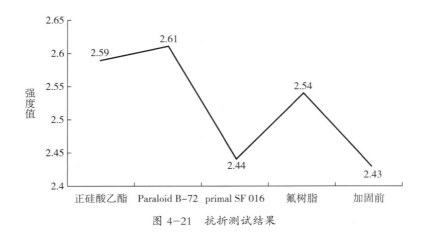

图4-21　抗折测试结果

环氧树脂包埋试片，样品凝固于环氧树脂后对试样表面进行打磨抛光即可。

硬度是陶瓷强度的主要表现形式之一，硬度越高表示其结构越稳定，密度越大，强度越强，强度越低则反之。本次实验每个样块测量五次，记录并取平均值。

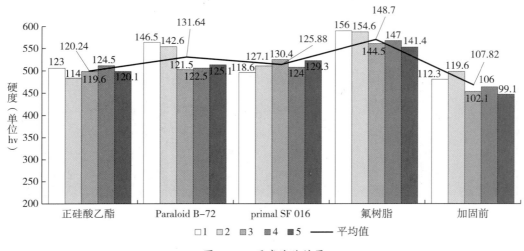

图4-22　硬度试验结果

正硅酸乙酯加固剂加固后的试片的平均硬度值为120.24hv；Paraloid B-72加固剂加固后的试片的平均硬度值为131.64hv；Primal SF-016加固剂加固后的试片的平均硬度值为125.88hv；氟树脂加固剂加固后的试片的平均硬度值为148.7hv；加固前的粗陶片试片平均硬度值为107.82hv。

其中氟树脂的加固强度最强，正硅酸乙酯的加固强度最弱，相差约28hv。加固后比加固前的硬度值高约12～40hv。

（3）吸水率测试

在标定管中倒入适量蒸馏水，再将标定管有海绵塞头的一端固定在试片上，记录测量时间、所消耗的蒸馏水的体积以及试片表面湿斑的半径（或直径）。

计算公式：吸水性能＝管中侵入试片的水量（cm^3）÷2.09×圆形湿斑半径×100%（因为在测量过程中会有测量对象整体的吸水率的影响以及空气中湿度的干扰等因素，所以这种方法测定的体积吸水能力低于以重量测量的吸水能力）。

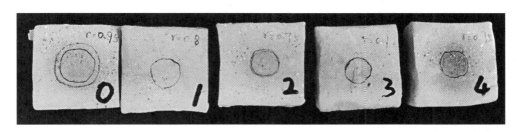

图4-23　吸水率测试效果

实验结果显示，正硅酸乙酯加固剂加固后的试片的吸水率为64.59%；Paraloid B-72加固剂加固后的试片的吸水率为66.99%；Primal SF-016加固剂加固后的试片的吸水率为46.65%；氟树脂加固剂加固后的试片的吸水率为7.66%；加固前未使用任何加固剂的试片的吸水率为97.73%。其中Paraloid B-72加固剂加固后的吸水率最高，氟树脂加固剂加固后的吸水率最低，相差59个百分点左右。

（4）耐摩擦测试

使用硬质的橡皮擦在被测材料的表面进行摩擦，其测试头上方放置500g砝码增加重量，累积摩擦次数到达200次，将其表面出现的磨损痕迹、状态或破损状态进行记录。

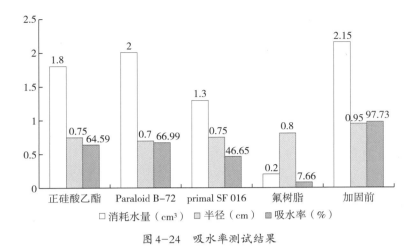

图4-24 吸水率测试结果

图4-25 Primal SF-016加固剂加固后的耐摩擦
实验效果

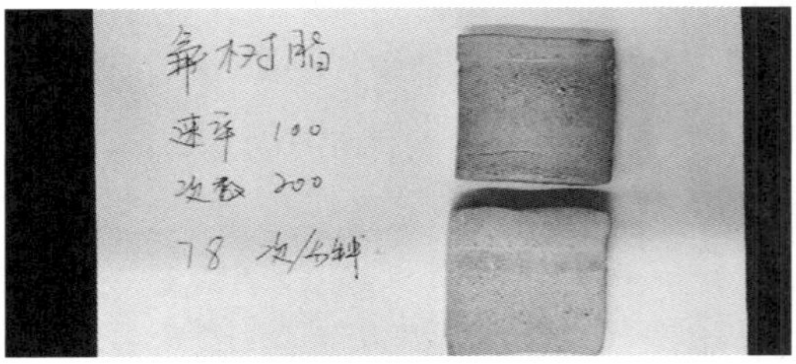

图4-26 氟树脂加固剂加固后的耐摩擦实验效果

根据实验效果将四组试片的耐摩擦性能排序。

氟树脂＞正硅酸乙酯＞Primal SF-016＞Paraloid B-72

氟树脂加固剂加固后的耐摩擦性能最好，Paraloid B-72加固剂加固后的耐摩擦性能
稍弱一些。

（5）加固材料的评价

正硅酸乙酯：无色透明液体，有明显酯香味，有毒性，可以与乙醇、乙醚相混溶，
且不溶于水。其在粗陶试片上加固后的抗折性能较好，耐摩擦性能较好，硬度较差，
吸水率较高，综合强度较好。

Paraloid B-72：70%甲基丙烯酸乙酯、30%丙烯酸甲酯，无色透明，热塑性树脂。
其在粗陶试片上加固后的抗折性能最佳，硬度较强，耐摩擦性能一般，吸水率较高，
综合强度与正硅酸乙酯加固剂相近。

Primal SF-016：乳白色液体，无醛和无氨，最低成膜温度为1℃。其在粗陶试片上加固后的吸水率较低，抗折性能、硬度以及耐摩擦性能较弱，综合强度较弱。

氟树脂：无色透明液体，有刺激性异味，表面干燥时间：25℃/2h。其在粗陶试片上加固后的硬度、耐摩擦性能极佳，吸水率极低，抗折性能较弱，综合强度最好。

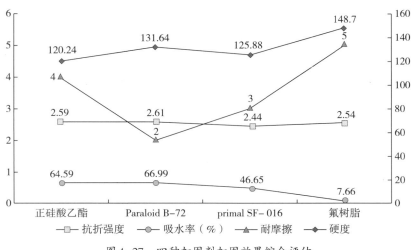

图4-27　四种加固剂加固效果综合评估

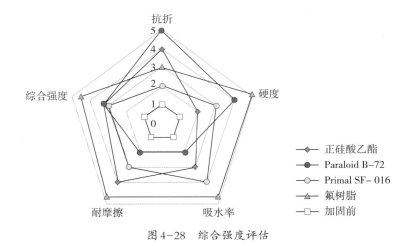

图4-28　综合强度评估

（6）加固材料使用建议

四种加固剂中氟树脂的加固强度效果最好，但加固后会有明显颜色变化，试片表面会产生眩光现象，影响文物外貌。建议使用时可降低加固剂浓度，方便加固剂更好地渗入文物内部胎体。Paraloid B-72加固剂加固后颜色也有明显变化。

氟树脂、Paraloid B-72加固剂在模拟粗陶试片上加固后均出现"反迁"现象,建议使用这几种加固剂的时候可以降低加固剂浓度,选用低浓度加固剂多次加固,选用挥发较慢的溶剂或在空气流动速度较慢的环境下进行加固。

正硅酸乙酯加固剂在模拟粗陶试片上加固后的强度变化明显,其在模拟粗陶试片上加固后的抗折性能比较突出。

Primal SF-016总体表现较其他三种加固剂稍弱一些,其在模拟粗陶试片上加固后的抗吸水能力较突出。

(摩擦效果与吸水率均以等级表示其强度大小,5为耐摩擦效果最好、吸水率最低)

5.结论

本论文研究探讨了以粗陶器常用加固剂为研究对象,对四种常见的陶器加固材料正硅酸乙酯、Paraloid B-72、Primal SF-016和氟树脂的抗折强度、加固硬度、吸水率还有耐摩擦性能进行了测试,研究这四种加固剂对加固强度的影响,并以此为依据对不同质地以及不同病害需求所适合的加固剂种类提出建议。得到的结论如下:

正硅酸乙酯:无色透明液体,有酯香味,有毒性,能与乙醇、乙醚相混溶,不溶于水。其抗折性能较好,耐摩擦性能较好,硬度较差,吸水率较高,综合强度较好,使用时需要在通风较好的地方或在通风橱内,需戴防护工具。

Paraloid B-72:70%甲基丙烯酸乙酯、30%丙烯酸甲酯,无色透明,热塑形树脂。Paraloid B-72加固剂在模拟粗陶试片上加固后颜色有明显变化。其加固后的抗折性能比较突出,硬度较强,抗吸水率较差,综合强度与正硅酸乙酯加固剂相近。建议使用这种加固剂的时候可以降低加固剂浓度,选用低浓度加固剂多次加固,选用挥发较慢的溶剂或在空气流动速度较慢的环境下进行加固。

Primal SF-016:乳白色液体,无醛和无氨,最低成膜温度为1℃。Primal SF-016总体表现较其他三种加固剂稍弱一些,其在模拟粗陶试片上加固后的抗吸水能力较突出。

氟树脂:无色透明液体,有刺激性异味,表面干燥时间:25℃/2h。其硬度、耐摩擦性能极佳,吸水率极低,抗折性能较弱,综合强度最好,但加固后会有明显颜色变化,试片表面会产生眩光现象,影响文物外貌。建议使用时可降低加固剂浓度,方便加固剂更好地渗入文物内部胎体。

任何材料都有其相应的优缺点，我们应取长避短，依照实际需求与条件选择适宜的材料，以便更好地应用于文物保护修复工作中。

4.4.5 动物胶在彩绘陶文物加固中的应用研究

1.前言

文物是不可再生资源，它是历史的见证。彩绘陶器的内容之丰富、历史之久远，更是传递着人类文明的重要信息。中华文明彩绘尤为丰富，因此对彩陶的保护更是重中之重。为遵循文物保护"保护为主，抢救第一"原则，针对绝大多数文物采取以养护为主，即，使其尽可能保持自身的最佳状态以抵御外界不良影响，我们需要对其表面进行保护。陶制彩绘文物保护一直以来都是国际性难题，自古以来修复者就尝试使用各种天然材料作为加固剂、粘合剂对破损的彩绘进行回贴加固等。本实验以彩绘陶为例，用牛骨胶、兔皮胶、驴皮胶对其进行加固测试，讨论三种动物胶的加固效果。

2.实验内容

（1）实验内容

1）材料来源介绍

本实验所选的动物胶有Bone Glue小方块状牛骨胶，主要用作粘接剂及表面涂层，购买于网店。Rabbit Skin Glue兔皮胶，小方块状，主要用作粘接剂，购买于网络。本实验中所用的化妆土为delitel底白、化妆土，型号为4502c11-1，该款是涂刷型，视泥坯颜色深浅涂刷2～4次。实验中所用的矿物颜料均为原矿石手工打磨成粉，购买于天雅颜料店。

2）样本制备

a.试片的制备

由于加彩陶器过于珍贵，不可用于实验，所以要先制作实验所需陶片。经相关文献查找后，选择与汉代陶器原材料成分相近的灰陶土作为陶片原料，本实验中所用灰陶土是专门用来制作陶器的原料，购买于天雅颜料店，已经历了洗泥的步骤。

陶土放置一段时间容易硬化，因此，在制作试片前，要重新炼泥，即在桌面上加以揉搓、摔打，过程中可适量加入一点水，但一定要使水分均匀散至陶土中，排空泥料中的气体，效果合适的标准为将一段揉搓好10cm左右的泥条掰弯，泥条不出现裂纹也不由于水分太多导致自动弯曲即可。

出于用硅胶模具容易取出后变形的考虑，选用了刻度垫板、两根1cm宽的木条、擀面杖制作5×5cm的试片，放置于报纸上，上面覆盖报纸以及用书本等重物压制备用。

本实验将陶坯定为烧与不烧两种情况，两种情况下试验8种矿物颜料。

烧制仪器：SG-XL箱式实验电炉马弗炉。

图4-29　制作工具

烧制方法：升温5小时，温度达到1000℃后停留10分钟，然后开始降温。

首先，准备的黑色矿物颜料为：锰黑、岩黑、碳黑。红色矿物颜料为：朱砂、赤铁矿。白色矿物颜料为：方解石、蛤白、云母白。

化妆土为淘宝购买的delitel底白、化妆土4502c-11-1涂刷型300ml。该款化妆土颜色为白色，效果为遮盖、隔离坯体，烧成温度为1100～1250摄氏度。该款化妆土刻画性能好，刻画后可涂上隔离胶以防起粉。4502c-11-1为高铝组分，适合表面上无光或哑光类釉料。

每一种颜料涂满一整个试片分为：

表4-8　材料配比

编号	材料	实验条件
1	矿物颜料粉＋水	1000℃烧制
2	矿物颜料粉＋明胶＋水	1000℃烧制
3	化妆土＋矿物颜料粉＋水	1000℃烧制
4	化妆土＋矿物颜料粉＋明胶＋水	1000℃烧制
5	化妆土搅拌矿物颜料粉和均＋明胶＋水	1000℃烧制
6	矿物颜料粉＋水	
7	矿物颜料粉＋明胶＋水	
8	化妆土＋矿物颜料粉＋水	
9	化妆土＋矿物颜料粉＋明胶＋水	
10	化妆土搅拌矿物颜料粉和均＋明胶＋水	

共十种假设情况需证明。每种情况做4个试片。结果证明，1、3、6、8试验失败，彩绘层经自然风吹和手指涂抹后均快速消磨。

其余组各取一片进行显微观察、利用百格刀进行附着力测试、接触角测试、色度测试以及耐水性测试，记录数据留作对照组。

然后将2，4，5，7，9，10组各取一片进行300小时光老化（即，紫外老化），得到所需程度后，再次进行显微观察、利用百格刀进行附着力测试，接触角测试，色度测试以及耐水性测试，记录数据。

随后，将老化后的试片用锯条一分为四，分别用熬好的兔皮胶、牛骨胶、驴皮胶加固处理，本次实验加固采用羊毛笔涂刷法，自然渗透24小时后，再次进行测试。

b.动物胶的制备

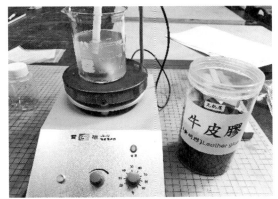

图4-30 动物胶制备

动物胶与水的比例进行多次实验认为1：15最佳。首先，将牛骨胶放入磁力搅拌器的烧杯中，烧杯中放入水，熬制胶的温度为60度最为适宜，熬制充分即可装入瓶中贴好标签备用，用不完放入冰箱冷藏。熬完一种胶后，把烧杯清理干净，放入下一种胶。

c.颜料的制备

本次实验所选用的是手工磨制好的矿物颜料粉，准备黑色矿物颜料为：锰黑、岩黑、碳黑。红色矿物颜料为：朱砂、赭岱、赤铁矿。白色矿物颜料为：方解石、蛤白、云母白，混入动物胶即可。

2.研究架构与流程

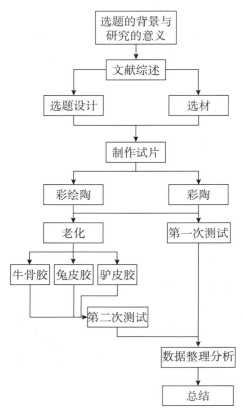

图 4-31　研究架构

3.实验测试方法与设备

（1）光老化测试

老化仪器：紫外线耐候试验机 LX-2130A

仪器参数：测试距离 150～250mm，测试波长 345mm，外形尺寸 650×400×450mm

操作过程：以彩绘陶为例，本实验所需试片分为三组：1号组色粉+胶、2号组化妆土打底上色粉+胶、3号组化妆土+色粉+胶。每组9片，共计27片。放入紫外线耐候试验机，设定时间为300小时，开始老化。结束后取出试片。1号组中取出六片，两片一组分别涂兔皮胶、牛骨胶、驴皮胶。2号组中取出六片，两片一组分别涂兔皮胶、牛骨胶、驴皮胶。3号组中取出六片，两片一组分别涂兔皮胶、牛骨胶、驴皮胶。

实验结论：老化后的试片，据观察基本无变化。

（2）附着力测试

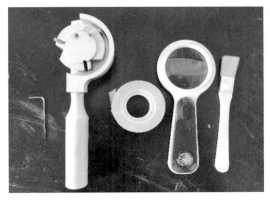

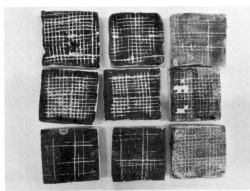

图 4-32　样品制备

实验仪器：百格刀

仪器参数：三用百格刀，1mm11刀，2mm11刀，3mm6刀，放大镜，刷子，螺丝刀，胶带。

仪器使用注意事项：所有切口应穿透涂层，但切入底材不得太深；如因涂层过厚和硬而不能穿透到底材，则该试验无效，但应该在试验报告中说明。

测试胶带必须是美国3M公司生产600-1PK（或另有指定）测试专用胶带，将胶带贴在整个划格上，然后小角度撕下，结果可根据漆膜表面被胶落面积的比例来求得；试验应在温度23℃±2℃和相对湿度50%±5%中进行。

等级	描述	图例
0	切口边缘完全光滑，格子边缘没有任何剥落	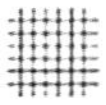
1	在切口的相交处有小片剥落，划格区域内实际破损不超过5%	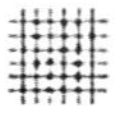
2	切口的边缘和/或相交处有被剥落，其面积大于5%，但是不到15%	
3	沿切口边缘有部分剥落或整大片剥落，及/或者部分格子被整片剥落，被剥落的面积超过15%，但不到35%	
4	切口边缘大片剥落/或者一些方格部分或全部剥落，其面积大于划格区域的35%但不超过65%	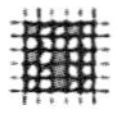
5	任何大于等级4程度的剥落	—

图4-33　附着力测试判定等级

操作方法：选用2mm11刃规格的刀片安装至百格刀上，在彩绘陶试片上横竖各划2刀，使所有的切口穿透彩绘层，但不可切入胎体，最终形成一个100格子的方形区域，使用3M透明胶带贴在整个划格区域表面，随后以最小角度撕开胶带，使用放大镜观察方格处漆膜的脱落情况，对照下图中的表格判定附着力等级。

表4-9　加固前附着力测试结果

	方解石	蛤白	云母白	炭黑	锰黑	岩黑	赤铁矿	朱砂
1号组	4%	7%	5%	15%	15%	3%	10%	20%
2号组	15%	20%	3%	19%	25%	5%	10%	25%
3号组	0	0	0	5%	20%	2%	2%	5%

据测试结果来看，3号组（化妆土+色粉+明胶）的附着力最强，1号组（色粉+明胶）的附着力次之，2号组（以化妆土打底上色粉+明胶）的附着力较弱。加固后，牛骨胶对三组试片附着力提高显著，兔皮胶次之，驴皮胶较弱。

（3）接触角测试

实验仪器：德国KRüSS-DSA30接触角仪

仪器归属：北京大学考古文博学院

仪器条件：测量范围0°~180°；可精读0.01°；界面张力测量范围0.01~2000mN-m，解析度0.01 mN-m；光学系统：7倍变焦镜头，样品最大体积320×320×120mm

实验过程：透过接触角仪测量试片加固前的防水性，根据试片表面滴入水滴，水滴在表面的可浮性的关系：接触角越大，$\cos \theta$ 值就越小，即防水性更好，为疏水材料；相反接触角越小，$\cos \theta$ 值就越大，即防水性更差，为亲水材料。

实验结果：纯水滴分别到3组未加固彩绘陶表面立刻渗入，无接触角，极其亲水。纯水滴到兔皮胶加固彩绘陶表面5秒内缓慢渗入，无接触角，亲水。纯水滴到牛骨胶加固彩绘陶表面3分钟内缓慢渗入，无法测得接触角，亲水。纯水滴到驴皮胶加固彩绘陶表面立刻渗入，无接触角，亲水。

（4）耐水性测试

实验设备：去离子水、PP材质多功能收纳箱

实验流程：将去离子水注入收纳箱内，以浸过试片为准，将试片放入，盖上盖子避免污染。浸泡24小时后取出放到报纸上析出多余水分。

测试方法：为方便观察，将1、2、3号组不同颜料试片各取一片同时放入收纳箱去离子水内，水量以完全没过试片为宜，将收纳箱盖好盖子，开始计时。整体测试时长为24小时。

据肉眼观察，试片放入后30min后，水面开始有少量胶料漂浮。

3小时后，1号组颜料从边缘开始起翘，

图4-34　接触角仪

图4-35　耐水性测试

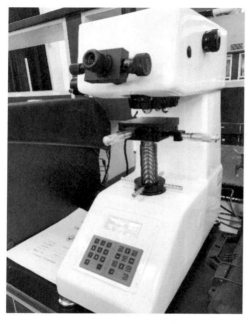

图4-36　数显维氏硬度仪

2号组，即以化妆土打底后上色粉＋明胶组的试片彩绘开始大片剥离，3号组较为稳定。

24小时后，1号组彩绘附着较少，明胶基本消失。2号组彩绘整片剥离，明胶消失。3号组彩绘及明胶基本稳定。

实验结论：将化妆土掺入色粉＋明胶可以使彩绘层的耐水性大大增加。明胶的耐水性较差，遇水即开始剥离。

此组为未加固组，至此，留作对照组。与用兔皮胶、牛骨胶、驴皮胶加固后的彩绘陶试片进行对比。

将兔皮胶、牛骨胶、驴皮胶加固后的彩绘陶放入另外一箱干净的去离子水中，一小时内表面即浮起少量胶料，随后直至24小时取出后，浮起胶料趋于稳定。加固后耐水性效果优劣为：牛骨胶＞兔皮胶＞驴皮胶。

（5）维氏硬度测试

实验设备：HVS-1000Z显微硬度计 数显维氏硬度仪

仪器归属：北京联合大学应用文理学院历史文博系

操作方法：试验在室温下进行即可，根据试样厚度和硬度选择相应的试验力。且保证试验面与支撑面平行，试样的厚度要大于压痕深度的10倍。两个相邻压痕的距离以及压痕中心与试样边缘的距离，都要大于对角线长度的5倍。压头与试样的表面要垂直接触，试验力垂直于试验面施加，加力的过程中不能有冲击和震动，直至将试验力施加至规定值。试验力卸载后，被测样品表面会留下方形或菱形压痕的对角线，测量对角线并记录数据，根据数据算出相应的硬度值。

5.测试结果与分析

（1）兔皮胶加固实验结果与分析

表4-10 兔皮胶加固实验结果

	加固前	加固后
1组	60.3HV	107HV
2组	52HV	140.2HV
3组	53HV	113.9HV

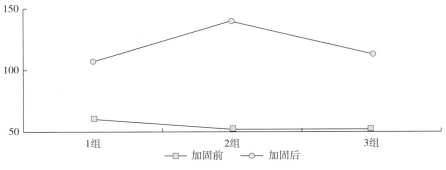

图4-37 兔皮胶加固前后强度比较

从兔皮胶的加固实验可以看出来，三组维氏硬度的结果都有一个明显的变化，在用兔皮胶进行加固之后，三组维氏硬度的结果都是呈现了一种成倍减小的趋势。从以上的实验结果可以得到在用兔皮胶加固之后，维氏硬度将会成倍的减少。

（2）驴皮胶加固实验结果与分析

表4-11 驴皮胶加固实验结果

	加固前	加固后
1组	56.9HV	107HV
2组	76.35HV	140.2HV
3组	113.9HV	218HV

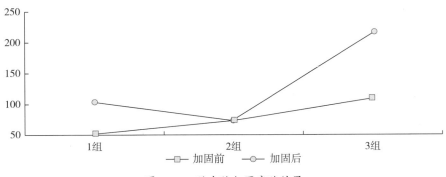

图4-38 驴皮胶加固实验结果

从驴皮胶的加固实验可以看出来，三组维氏硬度的结果都有一个明显的变化，在用驴皮胶进行加固之后，三组维氏硬度的结果表明：前两组都是呈现了一种成倍减小的趋势，第三组是呈现一种成倍增加的形式，从以上的实验结果可以得到：前两组在用驴皮胶加固之后，维氏硬度将会成倍的减少，第三组在用驴皮胶加固之后，维氏硬度的结果将会成倍的增加。

（2）牛骨胶加固实验结果与分析

表4-11　牛骨胶加固实验结果

	加固前	加固后
1组	67HV	107HV
2组	120HV	140.2HV
3组	98HV	113.9HV

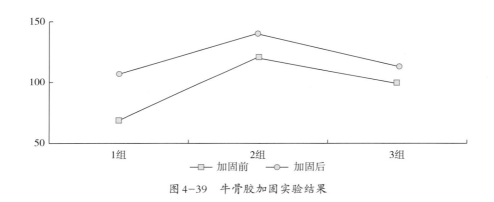

图4-39　牛骨胶加固实验结果

从牛骨胶的加固实验可以看出来，三组维氏硬度的结果都有一个明显的变化，在用牛骨胶进行加固之后，三组维氏硬度的结果都是呈现了一种幅度不大的减小趋势，幅度变化最大的是第一组的维氏硬度，幅度变化最小的是第二组的维氏硬度变化，从以上的实验结果可以得到牛骨胶对第一组的维氏硬度变化很大，牛骨胶对第二组的维氏硬度的变化很小，牛骨胶对第三组的维氏硬度变化较小。

6.结果与讨论

本实验用动物胶对彩绘陶加固，就是通过动物胶的液态形式流入到彩绘陶的孔隙当中，主要的目的就是降低彩绘陶上微型空洞的数量，相对彩绘陶上比较大的孔起到一个减小的目的，在减少彩绘陶上面的微小孔洞的同时，使彩绘陶的质地变得更加的坚硬，以减少彩绘陶表层彩绘的脱落。避免在粘接的过程当中对彩绘陶的损害，对于彩绘陶整体来讲也是一种保护作用。

目前动物胶加固的一个主要缺点就是动物胶存在一定的水溶性，并且，当温度超过40度之后，动物胶就会软化，所以说，在对彩绘陶的搬运过程当中还要注意保存温度的问题。动物胶除了温度的问题之外，还要注意的就是防腐的问题，动物胶的主要成分是蛋白质，所以在彩绘陶的保存过程当中防腐也是一项重要的措施，防止加固好的彩绘陶出现瓦解、脱落的现象。

实验证明，彩绘陶在经过动物胶的加固之后，彩绘陶的质地和硬度以及局部的防脱落程度都得到了相对的提高，使彩绘陶的寿命也在一定的程度上得到了提高。本实验中所对比的兔皮胶、牛骨胶、驴皮胶皆有一定的优势所在。

综合来说，牛骨胶对三组不同制作方式的彩绘陶的强度加固性能提高明显，耐水性最优，有一定的防水性，附着能力提高明显。兔皮胶对有陶衣的彩绘陶强度加固性能最优，耐水性次于牛骨胶，附着力较好。驴皮胶加固的各方面效果并不显著，且有一定程度上的变色，并不是彩绘加固的理想材料。但不管是牛骨胶还是兔皮胶，它们的防腐及耐水性的提高还有待研究。

参考文献

[1]朱博文.考古现场脆弱粗砂陶常用加固剂加固效果与分布方式预研究[D].西安：西北大学硕士学位论文，2018.

[2]徐昭峰.出土陶器现场保护研究的现状与前瞻[J].四川文物，2005（5）：82-83.

[3]和玲.艺术品保护中的高分子化合物[M].北京：化学工业出版，2003：8、14

[4]周铁，容波.陶质彩绘文物保护用加固剂研究进展[J].文物保护与考古科学，2008，20（S1）：68-72.

[5]栗荣贺.简述文物保护用丙烯酸树脂Paraloid B-72[J].辽宁省博物馆馆刊，2014（00）：237-243.

[6]和玲.含氟聚合物及其对文物的保护研究[D].西北工业大学，2002.

[7]房强，韩向娜，姜标，罗宏杰，刘迎春，赵小龙，李伟东，周铁，容波.薄荷醇及

其衍生物作为文物发掘现场加固材料的用途[P].中国专利：CN101962911A，2011-02-02.

[8]陈海.彩绘陶质文物的清理、加固技术[J].考古与文物，1995（02）：75-82.

[9]柳玉东.汉代陶器文物粉化脆弱原因及修复加固保护[J].文物修复与研究，2003（00）：121-122.

[10]容波，周铁.陶质彩绘文物保护材料研究新进展[J].中国材料进展，2012，31（11）：016-21.

[11]龚明，陈志川，况学成，胡利红，宁小荣，张敏.可塑性陶瓷原料干坯抗折强度的测定与探讨[J].陶瓷，2017（01）：9-12.

4.5 陶瓷文物补配材料

4.5.1 陶瓷文物补配材料研究综述

补配二字可拆分来看，补即补全缺失部分，配即找到补全所使用的材料。这一步骤的目的有两个方面，其一是复原文物器形，恢复文物原貌，展现其蕴含的价值；其二使文物达到整体结构稳定，避免缺损部位因环境的不利影响而产生新的病害。陶瓷文物补配材料主要是树脂和填料，有色补配材料在之前的基础之上又加入了颜料。下面分别论述。

蒋道银介绍了古陶瓷修复的流程，其中补配时提到使用材料为石膏、陶配陶、瓷配瓷，修复良渚黑陶双鼻壶和明宣德青花扁瓶时使用到的补配材料为石膏和瓷配瓷[1]。赵丹丹对补配材料进行梳理和介绍，材料有石膏、树脂、"502"拌粉、瓷配瓷、树脂与填粉混合作为补配材料运用在填补瓷器缺损部位也常用[2]。吴启昌修复补配时使用AAA环氧树脂和滑石粉作为补配材料，颜料使用矿物颜料[3]。江员发等人从清洗、拼对粘接、补配、打底、作色、做旧等方面介绍了明代双龙戏珠陶瓷香炉修复的步骤，使用的填料为瓷粉[4]。王润珏以修复的一件作品为例，对古陶瓷修复的标准、方法进行介绍，考古修复时使用石膏，展览修复和商业修复时，需要使用瓷粉与AAA胶调[5]。袁强亮将陶瓷文物修复中使用的清洗、粘接、补配、作色、上釉环节中涉及的材料种类、如何选择使用进行了介绍，其中补配材料会使用到石膏、3A胶、502粘合剂拌粉、瓷配瓷，最后进行了陶瓷文物修复实例分析[6]。陶器补配中，常用白色石膏作为补配材料，李澜对6件残损陶器进行修复，补配材料除了使用石膏之外，还提出将废旧的陶片磨成粉末使用[7]。除去石膏之外，薛丹等人使用A.J.K面团作为补配材料，由瓷土、黄麻、聚酯树脂三大成分组成[8]。唐根顺列举早期至今常用考古修复使用的树脂材料和填料，陶器材料选用时需要考虑到几个因素[9]。赵小环提出使用的树脂材料应该选用流动性好、稳定性好、具有可逆性，固化收缩率低，韧性高的材料。填料使用石膏，固化后强度低[10]。

修复材料筛选研究通过了解其性能，如使用寿命等，防止因材料性能的不熟悉运用到文物上造成不可挽回的损伤。

近五年来，对树脂材料筛选研究开展了以下工作。王恩嘉对常用的固化剂和稀释剂的老化机理进行研究，结果为破坏环氧树脂的主要因素是紫外线，老化特征为自身质量不断损失和色差增大[11]。俞蕙等人对Hxtal NYL —1进行拉伸能力测试和抗紫外线老化测试，对Golden Porcelain Restoration Glaze和Golden Polymer Varnish with UVLS进行抗紫外线老化测试，结果表明Hxtal NYL —1的拉伸强度低，色差变化稳定；Golden Porcelain Restoration Glaze和Golden Polymer Varnish with UVLS具备较好的光稳定性[12]。张慧等人使用干热、湿热和氙灯老化对AAA胶、AAA胶和滑石粉混合而成的补配材料、硝基清漆和碳酸钙组成的作色材料、仿釉使用的光油和哑光油进行实验，结果表明作色步骤色差变化程度最大，影响因素为光和温度[13]。高鑫等人对常用的陶瓷文物修复粘接剂环氧树脂类、氰基丙烯酸类、甲基丙烯酸类、聚氨酯类、三甲树脂进行固化时间测试、附着力测试、粘接强度测试、耐紫外老化测试，结果显示三甲树脂粘接力最佳，Araldite 2020（双酚A环氧树脂）和UHU（聚醋酸乙烯酯）附着力最差；合众AAA、Devcon-5Minute、HY914（以三种为双酚A环氧树脂）耐老化性能差；Aibida 502、LOCTITE 401（以上两种为氰基丙烯酸乙酯）、Araldite 2020、Hxtal（NYL-1（以上两种为双酚A环氧树脂）、Devcon-14167-NC（聚甲基丙烯酸甲酯和丙烯酸乙酯）、三甲树脂（聚甲基丙烯酸丁酯和丙烯酸正丁酯）、UHU（聚醋酸乙烯酯）几乎不变色[14]。胡珺以柳孜运河出土的刻莲瓣白釉盏和青白釉碗为研究对象，通过偏光显微镜、XRF、XRD等仪器对研究对象的成分、结构、烧制工艺等进行研究，通过实验筛选出Hxtal作为粘接剂，AAA胶+瓷粉作为补全材料，无机颜料粉作为上色材料，丙烯酸酯清漆作为仿釉材料。为遵循"可识别原则",此次实验在仿釉材料中加入荧光粉,实验结果表明加入5%的荧光粉效果最佳[15]。闫宏涛等人阐述了使用微量化学实验法、光谱分析法、核磁共振法、色谱法等分析方法鉴别古代彩绘文物颜料胶结材料[16]。刘璐瑶以天水麦积山壁画和泥塑彩画、北京故宫燕喜堂油饰彩画为样本,使用扫描电镜和拉曼光谱分别测定颜料的元素和结构信息。在通过横截面切片,染色法观察剖面中是否含有蛋白质,免疫法观察是否有蛋清和动物胶,以上检测方法和效果高效明显[17]。

对材料进行科学分析以外,还有对使用材料进行总结,庞倩华等人对古陶瓷修复的过程进行梳理和说明,并且对常用的修复材料进行评判[18]。

4.5.2 陶瓷文物补配材料需求

1.基本原则

不改变外观的原则:这是不改变原状原则在文物保护材料选择方面应用的具体体现,文物防水剂、封护剂等表面保护材料尤其应当满足这一要求,因为颜色承载着文物的重要信息,如果将带有颜色的材料施加到文物上,两者色彩重叠导致文物颜色的变化,有悖于不改变原状的基本原则。

长期耐久性的原则:文物保护的宗旨是最大限度延长文物的寿命,意味着保护材料在相当长的一段时间内具有良好的保护功能。如果保护材料很快就老化变质,不仅会增加再次处理所引入的大量人力资金的浪费,而且有时失效后的防护材料会给文物带来不同程度的损伤。

性能最佳的原则:选择文物保护材料的目的是在某一方面或某些方面最大限度地改善文物原有的性能。因此,文物保护材料应该具有优良的功能特性,性能最佳原则是使用文物保护材料目的的必然所在。

少干预原则:在确保文物安全的前提下,应尽可能少的对文物进行干预,包括干预的次数、干预的程度等[19]。

2.性能要求

(1)填补材料可以塑形、浇注,从而加工成所需形状。

(2)使用方便安全,在室温下易于固化,且固化时间不长。

(3)填补材料固化后的机械强度和原器物相当,但同时便于打磨、切割。

（4）固化后收缩不大，热膨胀系数与原器物相当，且不污染器物。

（5）填补材料应该和上色层具有较好的接合力。

（6）可以加入填料、颜料等以接近器物的颜色。

4.5.3 陶瓷文物补配材料类型

1.天然树脂

（1）大漆

加工漆树产生的一种白色黏性乳液得到大漆。生漆具有耐水、耐溶剂、耐酸碱、防腐蚀，漆膜物理性能优异的优点，致密坚硬有光泽。但是，大漆耐紫外线性能弱，大多数人接触后会产生过敏。

（2）阿拉伯树胶

阿拉伯树胶又称阿拉伯胶，是阿拉伯地区、非洲和大洋洲等地生长的胶材所得树脂的总称。胶呈现"琥珀色"，无味，易燃。

（3）淀粉胶粘剂

白色粉状，淀粉糊化制成淀粉胶粘剂。

（4）虫胶

紫胶虫吸收树液之后产生出的紫红色物质，精细处理后形成黄色或者棕色的虫胶片。主要化学成分为光桐酸的酯类。

2.合成树脂

（1）环氧树脂

环氧树脂是分子键结构中含有两个或两个以上环氧基团高分子化合物的总称。1927年在美国被首次制成，1946年瑞士的CIBA–GEIGY公司生产出双酚A型环氧树脂，也是使用较多的环氧树脂类型。1950年开始商品化[20]。

（2）丙烯酸树脂

丙烯酸树脂主要成分为甲基丙烯酸乙酯和丙烯酸甲酯的共聚物。具有耐水、耐化学性、可逆性、色泽保持时间久、耐紫外线老化的特点。其为固体颗粒，可以在丙酮溶液中溶解，待溶液挥发后固化干燥。

（3）硝酸纤维素

硝酸纤维素，白色纤维状聚合物，具有可逆性、价格低廉、使用方便等优点，但是老化后容易变黄、收缩、变脆等。

（4）聚醋酸乙烯酯

乙酸乙烯酯聚合形成的无色透明固体。溶于丙酮、苯、乙醇、醋酸、乙酸乙酯等许多有机溶剂，具有可逆性、黏着力强、光稳定性好、耐稀酸、耐碱的特点。

（5）α–氰基丙烯酸酯

适用于各种材质的粘接，但固化速度迅速，粘接剂稀薄，易流失，不易耐碱性耐水，挥发后的气体对人体有刺激。

（6）聚乙烯醇缩丁醛

聚乙烯醇缩丁醛，英文名称为PVB，是一种白色或浅黄色粉末，溶于乙醇、甲醇等，不溶于烃类和油类，具有很好的柔软性和耐候性，但化学稳定性差。

（7）聚氨酯树脂

由多异氰酸酯和多羟基化合物反应形成，化学粘接力强，涂膜坚硬、附着力强，但受光照后易黄化，有毒。

（8）聚酯树脂

聚酯树脂具有耐磨、固化速度快、耐酸碱、有一定强度、价格低廉等优点。但其具有收缩性大、不耐湿热老化、脆性大、有毒等缺点。

3.填料

填料有石膏、白炭黑、滑石粉、碳酸钙、高岭土、石英粉、腻子粉、金粉等。

（1）石膏

石膏一般指生石膏和硬石膏。

生石膏呈致密的块状或纤维状，莫氏硬度为2，煅烧和研磨得到β型半水石膏，为熟石膏。其强度较低，孔隙较大，使用时需大量水。

硬石膏呈致密的块状或粒状，白或灰白色，莫氏硬度为3～3.5。

（2）白炭黑

白色粉末，耐高温，不燃，有良好的电绝缘性。可分为沉淀白炭黑和气相白炭黑。

沉淀白炭黑，二氧化硅的含量在87%～95%。

气相白炭黑又称气相二氧化硅，二氧化硅的含量在99.8%以上。

（3）滑石粉

浅灰色或白色的粉末，莫氏硬度为1。具有良好的物理和化学性能。

（4）碳酸钙

白色粉末或晶体。不溶于水和乙醇，无毒，但长期吸入对人体有害。

（5）高岭土

以高岭石为主的黏土和黏土岩，具有良好的可塑性、粘接力、绝缘性、化学稳定性等。

（6）石英粉

石英粉，主要成分为二氧化硅，白色或灰白色粉末，莫氏硬度为7。

（7）腻子粉

腻子粉是建筑材料中常用的产品。填料主要为白色碳酸钙，粘接剂为纤维素。其干燥速度快，硬度略高于石膏，容易修整。

（8）瓷粉

瓷粉由高岭土、长石、石英等成分组成。类型有医用瓷粉，金属烤瓷粉等。硬度高，耐磨性强，化学稳定性好。

4.3D打印技术制作补配材料

3D打印技术是一种快速构造物体的新技术。采用不同成分的可粘合的粉末（金属、塑料等）作为塑性材料，以数据模型为补配形状的基础，分层构造。3D打印技术作为一种新兴技术应用在许多领域，但是在瓷器修复领域却很少使用，目前比较典型的案例是蒋道银先生参与的现代工艺品双龙瓶和汉代三足陶鼎[21]。这两件器物的补配步骤是先三维建模，将采集的器物数据模型信息传入计算机进行处理，能够得到三维的数据点云。三维图像形成后，进行喷墨打印，连接电脑，电脑会用分层叠加成型方式来塑造补配形状。将设计样划分为若干层，打印的时候一层层向上叠加，最终把模型蓝图打印成实物。3D打印技术的优点是制作的补配形状精确度高，缺点是新技术不普遍，成本高[22]。

5.瓷配瓷

瓷配瓷方法是指对于修复瓷器缺少的部分，按照瓷器原来的烧造工艺，重新烧造瓷片在缺少位置进行补配的方法。这种补配方法是比较新颖且难度较大，因为需要修复者对于原有瓷器的烧造工艺，包括窑口特点，胎质成分和密度，彩和釉的配方，烧造后瓷片的收缩比例，新瓷与旧瓷的断面衔接处理和做旧等等一系列技术问题。目前比较典型的采用瓷配瓷方法补配的案例是蒋道银先生参与修复的明永乐青花扁瓶[23]。首先是查找同类器物拍照、测绘、描图进行取样，取样阶段可以运用电脑建模、测绘、描图。之后用雕塑泥塑出瓷片造型，成型后用石膏对其进行翻模，制作石膏样之后进行打磨抛光，上底色绘纹饰喷光釉。然后携带样品前往景德镇烧制配件后与原件进行对比，再进行样品修改、多次烧造和反复筛选出最佳的瓷片。最后用切割机，打磨机进行断面衔接磨光，再老化做旧处理。瓷配瓷的优点是高度还原补配材料的胎质，精确度高。缺点是耗时长，成本高。

4.5.3 陶瓷文物补配材料筛选实验及评估

1.补配材料筛选指标及测试方法构建

基于文物保护原则，拟对文物本体及补配材料构建以下指标，并针对补配材料在进行紫外线老化及湿热老化后进行测试，并与文物本体进行比较研究，筛选最佳的材料。

（1）颜色

颜色是通过眼、脑和我们的生活经验所产生的对光的视觉感受。遵循文物保护与修复的原则，意味着要文物修复材料与文物在颜色上相一致。传统的文物作色主要是依靠肉眼判断和修复者的长期实践经验。色差仪能够降低传统修复作色盲目性和减少调色的次数，提高了作色的准确性和效率，使得文物作色得以定量测量。

本文采用3NH便携色差仪，型号：3NH300；生产公司：上海沪粤明科学仪器有限公司。

（2）吸水率

吸水率检验主要是要了解陶瓷的烧成温度、吸水率、硬度、强度之间关系，吸水率依照ASTM C642-90进行，试验前先将要测的材料烘干，试验时将材料完全浸在水里，静置两天后取出，以干布擦干表面水分进行称重，再置入水中两天后进行称重，前者与后者重量差小于0.5%时，便可以视为饱和状况，再将试片放到烘箱烘干、称重，并计算得出吸水率，公式如下：

S=（W–D）/D×100%

S：吸水率（％）　W：试体饱和时重量　D：试体烘干时重量

（3）耐折度

补配材料受到外力冲击时会发生断裂，抗折测试的目的是了解材料本体受到多大的外力能够折断。

（4）表面硬度

瓷器补配材料的硬度对于修复者的操作有着直接影响。而且硬度也是比较材料软硬的指标。硬度计的分类有很多种，如里氏硬度、维氏硬度、努氏硬度等，种类不同测试的对象范围也不尽相同。

本论文选用维氏硬度计进行测试，原因在于其硬度测试范围广，几乎涵盖了较软至较硬材料。

2.补配材料筛选耐候性实验构建

（1）光老化实验

紫外光老化测试可以了解补配材料的劣化情况，环氧树脂受光照影响易于变色，通过使用色差仪对老化的每个阶段进行颜色的采集并与对照组进行对比，观察二者间的色差变化，了解随着时间的变化材料的劣化程度。

紫外线波段分a、b、c三种，UVA代表长波紫外线，可以达到人体的真皮层，波长为315~400nm，这类紫外线长期照射皮肤会导致损伤，其中UVA还可细分为UVA–1和UVA–2，UVA–1光照强度更高，危害更大。UVB代表中波紫外线，这类光线会被人体的表层皮肤吸收，毁坏皮肤。UVC代表短波紫外线，不会到地球表面，波长为200～280nm。紫外线线段越短，损害能力越强。

紫外光老化可分为在室外的自然老化和室内仪器加速老化，本次实验选择室内加速老化，使用LX–2130A紫外耐候试验箱进行测试，灯管选用UVA–340，更接近于中午太阳光的照度。累计测试300小时，记录色差变化。

紫外耐候试验箱，型号：LX–2130A；额定电压：220V；功率：65W；生产公司：广东艾斯瑞仪器科技有限公司。

紫外线老化灯管，型号：UVA–340；紫外波长宽度：320nm～400nm，主峰：

340nm；辐照度范围：≤99uw/cm²；功率：40W。

（2）湿热老化实验

温湿度对文物保存情况有着很大的影响。有色补配材料中包含树脂、填料、颜料，其中部分填料、颜料会受到湿度的影响而变化，影响力学性能。

"根据《博物馆建筑设计规范》及其他相关文献，总结出常见文物保存的适宜相对湿度范围：陶瓷、玉石质、玻璃质文物应保存在相对湿度40%左右的环境中[55]，'就温度而言，文物库房温度一般在8℃～10℃之间，展厅温度在20℃左右。为模拟库房或展厅温湿度出现极端情况，实验的温湿度根据GB/T2423.3-93中相对温度保持在40℃±2℃，相对湿度保持在93%±2%内。

实验方法为将试片AH-L、AT-L、S-H放置在鼓风干燥箱内，相对温度保持在40℃±2℃，相对湿度保持在93%±2%内，开始阶段24h取出进行色差测试，逐步增加实验时间，实验持续累计300小时，使用色差仪和显微镜进行观察。

4.5.4 基于陶瓷文物修复需求的石膏耐候性能研究

1.引言

文物作为古代人类留给我们的历史文化遗产，是我们珍贵的宝贵财富，也是历史的载体之一。然而文物是十分脆弱的，由于时间、人文以及环境等原因，文物会遭到各样破坏，如残缺，断裂等病害。虽然文物难逃自然法则的命运最终都会消亡，但是我们可以通过对文物的保护、修复，延长文物的寿命，使文物的寿命延续。其中，文物保护材料研究是文物保护修复的重要组成部分之一，使用适合的修复材料可以达到对文物最少干预的效果、避免对文物保护性破坏，同时也可以避免短时间内进行再次修复。

在陶瓷类文物修复中，补配是一个重要的环节，其目的不仅是恢复文物造型，也为了使文物结构牢固、稳定。目前石膏作为补配材料在文物修复领域是十分常见的。由于石膏的成本低廉、易于购买、没有毒害、原料易得、易于修整、强度较大、塑形相对简单等优点，在陶瓷类文物的修复中有着非常广泛的应用。但目前市场上石膏种类众多，对于哪种石膏更适合运用在文物修复中还鲜有研究人员关注。使用石膏作修复材修补过的文物，在一段时间之后常常会老化，发生酥粉、开裂甚至断块的现象。

就需要对文物进行二次修复，会对文物进一步造成破坏。所以本文致力于通过对比试验探究出适用于陶瓷文物修复的性能优良的石膏。

2.研究现状

（1）石膏性能的研究

任何一种材料的变化都是由多种原因相互作用形成的。通过阅读文献可以发现影响石膏材料老化的原因多种多样：搅拌水温、脱模时间、石膏与水的搅拌比例等等，除了这些可控制因素外，最常见的不可控因素便是自然环境。通过各类实验以及实际工作中产生的问题，对于石膏产生老化的现象已有较为明确的结论。

赵鹏[24]及其研究小组发现学术界对于添加剂、消毒剂、脱模时间等等影响石膏性能的原因均有研究，但很少有关于环境湿度的研究，所以便利用万能材料机、恒温恒湿箱、数显外径千分尺、电数显卡尺、显微硬度仪等探究石膏在一定湿度的影响下的规律以及老化机理。使用材料为石膏、蜡型清洗剂、加成型硅橡胶复模材料。参照北京、上海、成都三地的相对湿度将石膏进行老化，实验发现每种湿度条件下石膏表面维氏硬度均发生了改变。

近些年来，一些文物保护工作者已开始发现数年前或数月前用石膏进行修复的陶瓷文物，其修复材料已经老化发生酥粉开裂，如黄献源[25]在其论文《浅谈石膏在陶器修复中的运用》一文中便提到这一现象。孙凤军[26]在《论古代陶器修补材料》中提到了近些年来有性能优良的石膏不易老化，但目前并没有人具体提出哪种石膏的耐候性更强，更加适合用在陶瓷文物修复中。

（2）石膏的种类

目前石膏作为补配材料在文物修复中十分常见，石膏与水混合后逐渐增稠直至变硬，其间有短暂的可塑性。一般所提到的石膏泛指生石膏和硬石膏两种矿物。生石膏化学名称为二水硫酸钙，又称为二水石膏、软石膏或水石膏，也可以称之为细理石或"寒水石"。生石膏经过煅烧、磨细可得到 β 型半水石膏，可制作成建筑石膏，又称为熟石膏、灰泥。当煅烧温度为190℃时可以获得模型石膏，模型石膏的细度及白度均比建筑石膏高。生石膏的摩氏硬度为2，密度2.3g/cm³；硬石膏的摩氏硬度为3～3.5，密度2.8～3.0g/cm³。

表4-12　石膏的种类

二水石膏（生石膏）	半水石膏（熟石膏）	无水石膏（硬石膏）
GRG石膏	模型石膏	无水石膏水泥
丙烯酸石膏	牙科石膏	
纤维石膏	建筑石膏（β型）	
防火石膏	脱硫石膏	

α-型高强石膏

α-型高强石膏的主要成分为 α 型结构的半水硫酸钙。这种石膏特点为颜色雪白、石膏粉质细腻、颗粒均匀、加水拌匀后强度较高，这种石膏被广泛应用于陶瓷、医用、航空、建筑艺术及工艺美术等多方面的领域。采用液相法生产 α-型高强度石膏，产生的石膏晶体特别完善，纯度很高，使得其机械性能也大大提高，其干燥性能抗压强度大约在 $50 \sim 100mPa$ 之间，而且用其制作而成的产品具有强度高、硬度大、耐磨性好、轮廓清晰、仿真性强等优点。姜岩[27]在《高强石膏的研究现状》一文中提到它的强度很高，一般来说可达到普通石膏的三倍以上，其实用性能较为广泛。

建筑石膏

建筑石膏的特点是硬化较快，一般初步开始凝固的时间为 $3 \sim 5min$，最终凝固时间为 $20 \sim 30min$，一周左右的时间完全硬化。硬化后体积微膨胀率较低，一般在 1% 左右，硬化后形成的产品具有不收缩，不开裂，并且体积较为稳定的优点，且保温能力较好，吸声性较强并且具有一定的调湿性。但是建筑石膏内的孔隙比较多，所以对空气中的水分的吸附能力较强，此石膏的耐水性、抗渗性以及抗冻性较差。

GRG石膏

GRG 石膏翻译为中文的意思为玻璃纤维增强石膏，由于 GRG 石膏是增加了玻璃纤维的改良性石膏，所以具有强度高、质量较轻的优点。同时 GRG 石膏产品的弯曲强度和拉伸强度性能也十分优异。由于 GRG 材料内部结构构成较为独特，所以石膏的热膨胀系数较低，干湿收缩率最低，仅不到 0.01%，所以 GRG 石膏所制成的产品有不变形、不开裂的优良性。

牙科石膏

牙科石膏主要分为三大类：牙科普通石膏、牙科硬石膏以及牙科超硬石膏。牙科

普通石膏通常以 β 模型石膏粉为原料，α 石膏即可配制出牙科硬石膏，牙科超硬石膏的原料则以液相法生产的 α 石膏较为合适。因为混水比较低所以能获得高强度及高硬度的模型，该石膏的优点为能形成高精度、表面光滑的模型。

3.实验材料与制备

（1）实验材料

实验所用石膏材料来源均为网络购买，种类及品牌见表4-13。

表4-13　石膏种类及品牌

石膏品种	规格	产地/厂家
模型石膏	2.5kg/包	吉木屋
牙科石膏	1kg/包	台湾资生堂石膏集团
建筑石膏	1kg/包	银铃
GRG石膏	2.5kg/包	北京海贝思公司

（2）实验仪器设备

扫描电子显微镜：型号 SU1510

维氏硬度计：上海材料试验机场 Digital Microhardness Tester MHV20000

推拉力计：艾德堡推拉力计

色差仪：3nh 便携式电脑色差仪 NH300

加热仪器：101-1ASB 电热鼓风干燥箱

制冷仪器：奥克斯 AUX 冰箱 BCD-132AC

（3）试片制作

实验各项测试需要牙科石膏、模型石膏、建筑石膏、GRG石膏的长条形样本以及圆形样本各十个。在硅胶碗中放入清水后缓慢加入石膏粉，水粉比例约为1:3，添加完石膏后均匀搅拌石膏液体，直至无沉淀物及气泡出现，调制成浆状后灌入对应的各形状硅胶模具内，之后振荡将气泡排除。等待石膏完全干燥后取出试片，并打磨至平面光滑。

（4）样本老化

石膏的老化受到环境的温度湿度的影响都比较大，所以根据这一点，实验将利用烘干箱以及冰箱模拟自然环境对样本进行老化处理，进而找出耐耗性强的石膏。

老化实验将石膏试片分为实验组和对照组两组，将实验组石膏样本放入试验箱，并在试验箱中放入一个温湿度计用以监测温度、相对湿度。循环实验分为湿热（50℃，95%）、干热（50℃，0）、湿冷（5℃，95%）、干冷（5℃，0）四种不同环境条件，实验中每12小时更换一次环境，共计循环300小时。干冷环境将试验箱密封放入冰箱中，湿冷环境则在试验箱中放入一杯水后密封放入冰箱中，干热环境样本放入烘干箱中，将烘干箱的温度数值设定为50℃，湿热环境同样在试验箱中放入一杯水并密封放入烘干箱中，温度设定为50℃。

4.性能测试

（1）扫描电镜照片

由于石膏样本经过冷、热、干、湿循环交替老化时，石膏样本吸收并蒸发水分的过程会对石膏样本的结构产生影响，石膏内部变化较大会影响石膏的耐候性能。下表为各石膏样本的显微结构老化前后对比图片。

表4-14 不同类型石膏老化前后的扫描电镜测试结果

样本	老化前	老化后	形象
建筑石膏			老化300小时后，晶体结构变得更加松散。
模型石膏			老化前晶体结构较为致密，老化后石膏样本结构疏松了些许。

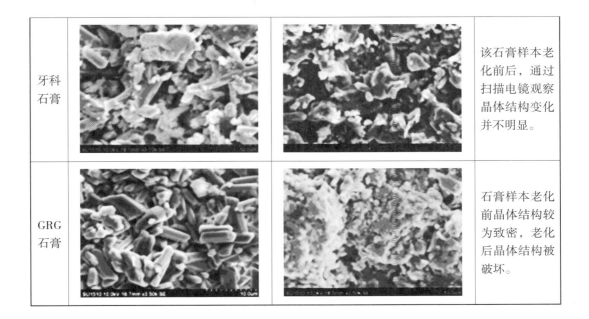

牙科石膏			该石膏样本老化前后，通过扫描电镜观察晶体结构变化并不明显。
GRG石膏			石膏样本老化前晶体结构较为致密，老化后晶体结构被破坏。

（2）硬度测试

硬度是测量石膏耐候性的一项重要参数，硬度测试与材料的强度密切相关。石膏材料的硬度结果可以表现出其内部结构是否牢固。本文将样本切割至长约一厘米的方体后，使用水晶滴胶将样本固定，再用维氏硬度计进行硬度测试。通过分析石膏样本的维氏硬度大小，对比选出硬度较强的石膏材料。实验过程首先将石膏样进行包埋后用砂纸进行打磨，保证上下平面的光滑。试片分为实验组和对照组，使用维氏硬度计取各个样本的五个点进行测试，去除测试结果最高值以及最低值后取平均值。

（3）抗折度测试

抗折测试是为了得知石膏材料最大抗折强度以及老化前后变化，本实验选用推拉力计，原理是利用仪器施加压力后将石膏样不断试验的过程，石膏样本在断裂的瞬间所受到的压力是材料最大的承受抗折度。将石膏样本用砂纸进行打磨保证上下平面的光滑，将制作好的试片分为实验组和对照组，对照组和实验组每种类的石膏各五片。使用推拉力计抗折测试，去除测试结果中的最高值和最低值后，计算出样本平均值。

（4）抗冲击测试

本实验中采用落球测试，钢球在一定高度落下时样本接受到瞬间的冲击，得到在样本遭受到钢球冲击破坏时所受到的最大冲击能。使用落球进行冲击测试的强度可以是样本经过一次或几次冲击后遭受破坏后所吸收的能量，所吸收的能量越多越可以反应出制作样本所使用的材料机械强度越强。本试验选用重量为20g的钢球，将钢球放入20厘米到1米高的透明管内，让其自由下落并冲击样本，肉眼观察样本，若没有出现裂纹则继续选用长度更长的水管。直到样本冲击出现大于5mm的裂痕时，记录此时水管的长度h。抗冲击测试的计算公式：E= mgh。

5.结果与讨论

（1）老化前后扫描电镜观察结果综合讨论

扫描电镜观察到牙科石膏老化前后晶体结构并无明显变化，GRG石膏老化前后晶体形态发生了较为明显的改变，模型石膏老化前后晶体结构略微疏松，建筑石膏老化前后变化较大，几种石膏中牙科石膏变化最小，其次为模型石膏。GRG石膏以及建筑石膏样本变化较为明显。

（2）老化前后物理测试结果综合讨论

下面的三个图表将石膏样本老化前后测定的数据以折线图的形式呈现出来，可以得到更为直观的效果，以观察各项性能所发生的变化。

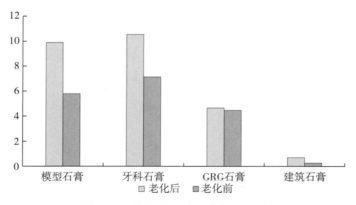

图4-40　抗折度测试（单位：Mpa）

可以看出，牙科石膏老化前后的抗折强度均在四种石膏中最高，样本经过300小时石膏老化后抗折强度略有降低，模型石膏老化前与牙科石膏抗折度相近，但抗折度降低较为明显。相较而言GRG石膏在四种石膏中抗折强度偏低，样本经过300小时老化前后的抗折度测试结果并无明显变化。而建筑石膏样本老化后变化虽不明显但测试结果都为最低。

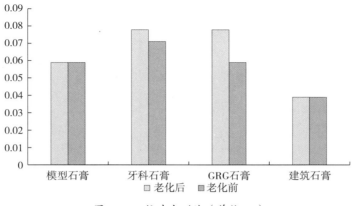

图 4-41 抗冲击测试（单位：J）

GRG石膏与牙科石膏老化前后的抗冲击强度均在四种石膏中抗折强度最高，样本经过300小时老化后GRG石膏抗冲击强度降低较为明显。相较而言，模型石膏在四种石膏中的抗冲击强度为中等，样本经过300小时老化前后的抗冲击测试结果并无明显变化。而建筑石膏样本老化后抗冲击强度无明显变化。

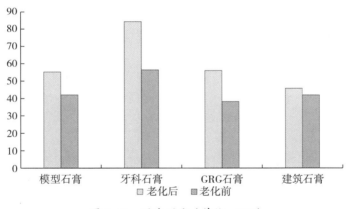

图 4-42 硬度测试（单位：HV）

牙科石膏老化前后的维氏硬度均在四种石膏中硬度最高，老化后硬度略有降低。模型石膏、GRG石膏及建筑石膏样本老化前以及老化后的维氏硬度均弱于牙科石膏。

6. 结论

根据实验结果，发现牙科石膏的抗折度、硬度以及抗冲击性能较强，且老化前后对比变化较小，比较适合用于陶瓷文物补配之中。模型石膏在老化前后抗折度测试差较大。GRG石膏虽然老化前后各项测试结果差别均不大，佢除抗冲击测试外，其各方面性能都不如牙科石膏。建筑石膏各项测试结果均不佳，并且由于经过老化后内部结构疏松，性能明显变差，因此不建议用做陶瓷文物修复材料。

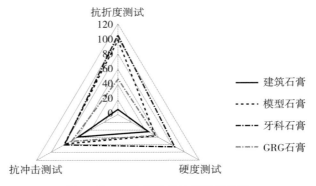

图4-43　四种石膏老化前测试结果

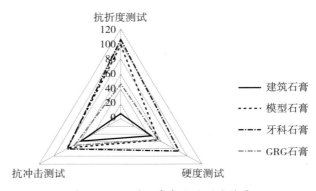

图4-44　四种石膏老化后测试结果

根据以上实验结论，结合石膏材料在陶瓷修复中的应用以及博物馆中文物的保存状况，从文物的保护原则出发给出了以下建议：

1.由于温湿度变化较大会对石膏材料产生影响，文物应该储存在温湿度适宜的环境之中。在存放的仓库，展示柜之中需要加装温度、湿度监测仪，同时将文物放入恒温恒湿的环境之中。

2. 对于石膏材料以及发生劣化的文物应视情况进行二次修复。

3. 由于我国大部分地区都处于温带季风气候之中，博物馆应该注意夏季的高温防护，防止修复材料的劣化。

4.5.5 首都博物馆馆藏明嘉靖青花鱼藻纹缸有色补配材料性能评估报告

1.引言

在传统与科技激烈碰撞的当今文保行业中，越来越多的从业者致力于将传统与科技相融合的。传统的修复观念存在惯性思维，习惯用经验进行修复，而偏离了修复材料、方法与文物本身的适配性；新兴的科技手段提倡用科学的方案进行文物的保护修复，但有时会过度排斥传统理念。笔者认为，传统的理念能够流传至今，必然有它优秀的文化内涵，对于传统的修复理念，我们应该批判继承，将其优秀的修复理念和技巧与科技相融合，利用科学的手段去指定修复方案，在实施方案的过程中，利用经验进行调整，最终实现符合文物保护修复原则的修复工作。

首都博物馆的吕淑玲老师在制定"明嘉靖青花鱼藻纹缸"的修复方案时提出了将补配与作色环节合二为一的设想。为遵守最小干预原则，新设想的提出，不仅缩短了修复工期，且能实现最小干预，避免在作色环节喷涂颜料时覆盖完好部位的釉面。在修复方案制定过程中，对于修复材料的选择必然不能依据经验进行单一抉择，而是应通过科学合理的修复材料筛选实验来选择最适合该文物的修复材料[28]。因此，有色补配材料筛选试验分为了补配材料筛选与有色填料筛选试验两个部分，由北京联合大学文物保护修复试点班的研究生配合吕老师完成。

首都博物馆收藏一件明代嘉靖时期的青花鱼藻纹大缸（图4-45），高 57 厘米，口

图4-45 明嘉靖青花鱼藻纹缸

径 69 厘米。从上到下绘画四层纹饰：口沿下一圈卷草纹，再下为一圈覆莲纹，近底部一圈仰莲纹，与口沿下覆莲纹相对。腹部绘画主体花纹，为莲塘游鱼，莲池内绘画俯、仰、潜、冲游等姿势各异的鱼纹，游弋于水藻、浮萍之间。这种莲塘游鱼纹最早见于宋代，元明清一直延续下来[29]。

该件文物自20世纪60年代被收藏于首都博物馆以来，大缸底掉断成两块，周身多处铆钉洞（图4-46），由于残损严重，无法移动、展示，置放库房多年，为便于存放及展示，需对此进行保护性修复研究[29]。

图4-46 明嘉靖青花鱼藻纹缸破损状态

2.补配材料筛选试验

（1）样品介绍

1）胶粘剂的选择

每种胶粘剂都各有优劣，选择合适的文物修复胶粘剂，应考虑所需修复文物对粘接剂的不同要求、保存文物的不同环境，综合考虑粘胶剂的颜色、附着力、耐紫外老化性能等几个方面因素[30]。

本次实验的粘接材料选择了合众牌AAA胶。粘接剂的选择需要考虑到强度、颜色、固化速度、可逆性、粘度等。环氧树脂常作为高温瓷器的粘接剂，AAA超能胶是我国瓷质文物修复领域中最常用的环氧树脂粘接剂，其机械强度高，物理化学性质稳定，耐热、耐酸碱、耐水、耐油、无毒，常温条件下可固化，收缩率小，加入填料可达到想要的效果，并且价格理想，使用的条件便利。但是其耐紫外线老化性能弱，AAA胶在光照下，会产生黄变的情况[31]。近十多年，首都博物馆一直采用AAA超能胶作为粘接剂，由于其保存环境温度湿度适宜，其修复过的藏品的粘接处，皆无变黄现象。故本文选用合众牌AAA胶作为粘接剂，由浙江黄岩光华胶粘剂厂生产。

2）补配材料的选择

本次实验选择了瓷器补配中常用的三种补配材料：碳酸钙：北京化工厂，滑石粉：北京利国伟业超细粉体有限公司，牙科石膏：荆门资生堂石膏工业有限公司（图4-47）

a 碳酸钙　　　　　　　b 滑石粉　　　　　　　c 牙科石膏

图4-47　三种补配材料

石膏选用荆门资生堂石膏工业有限公司的TST石膏。具有硬度高，韧性好，低膨胀的特点，粉末较细腻，流动性好，易于调和，放入水中震荡后不易产生气泡，不含化学试剂，稳定性高。成型打磨不掉粉末。

碳酸钙为白色粉末，无毒，溶于盐酸。常作为瓷质文物修复补配的材料，将粉末逐步加入至树脂中混合制作成"面团"，填补到缺损部位。本论文使用的碳酸钙由北京化工厂出品。

滑石粉具有高温不变色的特点，硬度高，光泽好，表面平滑。选用滑石粉作为填料，考虑到滑石粉物理性能良好。[32]本论文使用的滑石粉是由北京利国伟业超细粉体有限公司出品。

（2）样品制备

将三种样品分别以1∶1，1∶1.5和1∶2的比例进行配制，与3A胶混合放入5×2.5cm的模具中，制作成试片（图4-48），共制作三组平行样品。三种比例的滑石粉以TH-1：1，TH-1：1.5，TH-1：2命名；三种比例的碳酸钙以TT-1：1，TT-1：1.5，TT-1：2命名；三种比例的石膏以TS-1：1，TS-1：1.5，TS-1：2命名。

图4-48　样品制作

3.实验内容与方法

（1）光泽度

胶与三种材料粉比例按照1：1、1：1.5和1：2进行配制，制作试片的工具使用5×2.5cm的模具，使用力辰科技WG60光泽度仪观察材料表面的光泽度，每种比例的补配试片分别测量三次，取平均值，记录数据。

进行光泽度测量，必须保证试片表面要平整，直径在五厘米以上。仪器进行测量之前需要使用光泽度标准工作板进行校正，然后再进行测量。

（2）色度

胶与三种材料粉比例按照1：1、1：1.5和1：2进行配制，制作试片的工具使用5×2.5cm的模具，使用3nh色差仪进行测试，共9个试片，每种比例的补配试片选取三个点，取平均值，记录数据；采集明嘉靖青花鱼藻纹大缸数据，取5点，作为颜色数据参照。

L、a、b为颜色空间系统。所有的颜色可用L、a、b三个轴的坐标来定义。L为垂直轴，代表明度，其值从底部0（黑）到顶部100（白）；a代表红绿轴上颜色的饱和度，其中–a为绿，+a为红；b代表蓝黄轴上颜色的饱和度，其中–b为蓝，+b为黄；C表示彩度，即色彩饱和程度或纯粹度；h代表色相。

（3）硬度

胶与三种材料粉比例按照1∶1、1∶1.5和1∶2进行配制，制作试片的工具使用5×2.5cm的模具，使用里氏硬度计测量补配试片的硬度，记录数据。里氏硬度计的测试材料分为钢和铸钢、锻钢、合金工具钢、不锈钢、灰铸铁、球墨铸铁、铸铝合金、合金和纯铜；冲击类型分为D、DC、DL、D+15、G、E和C，实验设备的冲击装置为D：外型尺寸：f20×70mm，重量：75g。通用型，用于大部分硬度测量；硬度制分为HRC、HRB、HRA、HB、HV、HS，本次实验硬度制采用HB，硬度范围在85～655。对九个试片使用里氏硬度计进行设度测试，模式选用"不锈钢模式"，为保证数据的准确性，每个试片进行10次测量，去掉最高值和最低值，算出平均值。

（4）紫外光老化测试

胶与三种材料粉比例按照1∶1、1∶1.5和1∶2进行配制，制作试片的工具使用5×2.5cm的模具，使用LX–2130A紫外老化试验箱对试片进行紫外光老化实验，紫外光照射2小时相当于自然老化30天。对进行过紫外光老化的试片继续进行外观的评定以及力学评定，检查的项目主要是光泽、颜色变化、粉化、斑点、起泡、裂纹及尺寸稳定性、硬度变化等。应尽量用仪器进行定量的项目检测，如光泽、色差计、硬度计。记录数据。

4.实验结果与分析

（1）光泽度测试

表4-15　九种比例试片光泽度数据

测量次数 样品名称	1	2	3	平均值
TH–1∶1	52.9	54.7	53.9	53.83
TH–1∶1.5	37.9	41	39.4	39.43
TH–1∶2	26.7	26.7	25.7	26.36
TT–1∶1	50.3	49.3	50.2	49.93
TT–1∶1.5	48.8	48.2	48.2	48.4
TT–1∶2	16.2	15.2	17.5	16.3
TS–1∶1	40	41.4	41.8	41.06
TS–1∶1.5	30.1	28.4	29.3	29.26
TS–1∶2	24.4	24.6	33.3	27.43

数据显示，随着加入填粉的克数越来越多，试片表面的光泽度也逐渐地减弱，原因是试片中胶的含量越来越小。三组试片的三种比例中，1∶1的比例光泽度最高，其余两种比例光泽度数值递减。在1∶1的比例中，光泽度为TH > TT > TS，光泽度下降速度是TT > TH > TS。

（2）色度测试

明嘉靖青花鱼藻纹大缸取点位置：

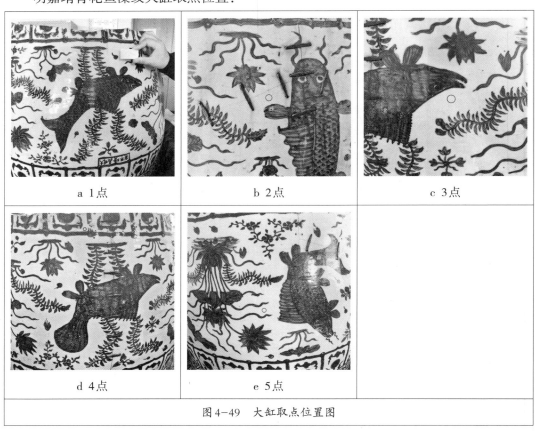

图4-49　大缸取点位置图

表4-16　明嘉靖青花鱼藻纹大缸颜色数据

测量点＼测量值	L*	a*	b*	C*	h*
1点	73.23	−3.18	6.39	7.14	116.43
2点	72.13	−2.38	6.21	6.65	110.98
3点	71.11	−2.96	6.02	6.71	116.16

测量值 测量点	L*	a*	b*	C*	h*
4点	71.77	−2.21	6.87	7.22	107.81
5点	71.06	−2.31	6.47	6.87	109.62
平均值	71.86	−2.6	6.32	6.91	112.2

表4-17 九种比例试片颜色数据

测量值 样品名称	L*	a*	b*	C*	h*
TH-1：1	69.28	1.32	8.81	8.91	81.45
TH-1：1.5	68.7	1.48	9.24	9.35	80.09
TH-1：2	70	1.57	9.3	9.31	80.26
TT-1：1	87.74	0.34	2.72	2.75	82.89
TT-1：1.5	89.75	−0.05	3.16	3.16	90.98
TT-1：2	89.09	0.06	3.24	3.24	88.86
TS-1：1	73.24	0.76	4.49	4.56	80.35
TS-1：1.5	74.81	1.17	4.61	4.76	75.76
TS-1：2	75.26	1.23	4.86	5.01	75.8

从数据上看出，肉眼观察大缸本体的色彩，"白地"部分色彩包含少量的绿色、大部分白色和黄色，因此颜色数据主要观察 −a（绿色）和 +b（黄色）。表3中数据看出，大缸的明亮度平均在71.86，"白地部分"偏绿色 −2.6 和黄色6.32。九种比例试片的数据显示，滑石粉的明亮度接近大缸本体的明亮度，碳酸钙的明亮度明显偏高，石膏的明亮度略高。颜色上，滑石粉偏黄绿，碳酸钙石膏偏黄白。

根据肉眼观察和数据分析，滑石粉是与明嘉靖青花鱼藻纹大缸在颜色上最为接近的补配材料。

（3）硬度测试

对九个试片使用里氏硬度计进行硬度测试，模式选用"不锈钢模式"，为保证数据的准确性，每个试片进行10次测量，去掉最高值和最低值，算出平均值。

表4-18　九种比例试片硬度数据

测量次数 样品名称	1	2	3	4	5	6	7	8	9	10	平均值
TH-1∶1	255	305	272	255	271	252	249	245	209	281	260.00
TH-1∶1.5	202	286	215	236	273	192	210	237	277	252	237.75
TH-1∶2	172	216	227	165	177	228	192	219	190	185	197.25
TT-1∶1	187	283	204	294	242	227	296	238	225	267	249.13
TT-1∶1.5	220	223	283	283	281	277	216	218	283	220	250.63
TT-1∶2	152	166	212	203	239	140	197	169	190	266	191.00
TS-1∶1	204	214	253	268	229	212	152	166	219	199	212.00
TS-1∶1.5	164	258	189	128	172	114	143	220	199	191	175.75
TS-1∶2	195	242	228	209	190	241	159	180	198	218	207.38

　　由表可知：滑石粉、碳酸钙样品三种比例的硬度随着填粉含量的增多而下降，石膏样品三种比例的硬度呈非规律性变化，比例1∶1.5硬度值最小。在三种补配材料中胶与粉为1∶1的比例，硬度最大。原因在于3A胶的含量多，3A胶属于环氧树脂胶，固化后形成三维交联状固化化合物，结构稳定。由平均值可得出，三种补配材料的硬度为TH > TT > TS，滑石粉的硬度是最大的。

（4）紫外老化光测试

　　对九片补配材料试片进行四小时的紫外光老化（图4-50）。

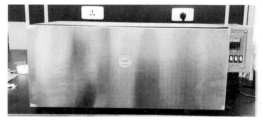

图4-50　紫外老化箱运行图

　　实验四小时之后，相当于自然老化60天。取出试片，由视觉上可以分辨出，碳酸钙已经变黄老化，石膏和滑石粉没有明显变化（图4-51）。为了更好的进行对比，对其做了硬度和色度测试。

图 4-51　紫外老化后试片状态图

1）第一次紫外老化实验硬度测试

对九个试片使用里氏硬度计进行设度测试，模式选用"不锈钢模式"，为保证数据的准确性，每个试片进行10次测量，去掉最高值和最低值，算出平均值。

表4-19　第一次紫外老化实验后九种比例试片硬度数据

测量次数 样品名称	1	2	3	4	5	6	7	8	9	10	平均值
TH–1∶1	237	129	207	219	216	238	246	242	244	231	229.25
TH–1∶1.5	194	224	190	230	178	194	194	213	184	226	202.38
TH–1∶2	198	156	185	205	194	194	195	195	203	190	194.25
TT–1∶1	185	252	254	159	263	227	143	186	194	218	209.17
TT–1∶1.5	121	234	246	210	210	277	243	236	276	231	235.75
TT–1∶2	111	152	133	100	153	144	157	239	203	221	159.25
TS–1∶1	244	196	172	199	181	182	219	217	190	190	201.08
TS–1∶1.5	140	222	171	233	190	170	147	171	239	241	198.28
TS–1∶2	184	208	174	239	229	194	221	208	282	286	212.15

硬度数据显示，滑石粉样品三种比例的硬度随着填粉含量的增多而下降，其中比例1：1的硬度值最大；碳酸钙样品三种比例的硬度呈非规律性变化，比例1：1.5硬度值最大；石膏样品三种比例的硬度同样呈非规律性变化，比例1：2的硬度值最大。从平均值数值观察，数值较大的前三种样品按大到小的排列顺序为：碳酸钙1：1.5，滑石粉1：1，石膏1：2。

2）第一次紫外老化实验色度测试

表4-20　第一次紫外老化实验后九种比例试片颜色数据

测量值 样品名称	L*	a*	b*	C*	h*
TH–1：1	69.53	1.19	10.95	11.02	83.79
TH–1：1.5	65.36	1.45	10.44	10.54	82.06
TH–1：2	68.32	1.20	9.30	9.35	82.63
TT–1：1	75.26	9.86	50.61	51.57	78.98
TT–1：1.5	77.70	7.28	44.59	45.18	80.74
TT–1：2	81.79	5.72	44.30	44.66	82.69
TS–1：1	74.96	1.13	6.25	6.35	79.76
TS–1：1.5	75.58	1.40	8.84	6.08	81.00
TS–1：2	67.44	2.00	8.92	9.33	77.38

由以上数据发现，每组明亮度、色度数值都发生了变化。尤其是碳酸钙，变化幅度最大。为了进一步对比石膏与滑石粉，对其进行了第二次老化试验。

3）第二次紫外老化实验硬度测试

表4-21　第二次紫外老化实验后九种比例试片硬度数据

测量次数 样品名称	1	2	3	4	5	6	7	8	9	10	平均值
TH–1：1	254	285	228	261	241	261	211	270	239	249	250.38
TH–1：1.5	260	296	313	267	303	236	240	304	243	218	266.60
TH–1：2	202	214	192	256	224	239	238	266	234	267	239.00
TS–1：1	291	254	226	215	256	239	216	227	231	238	235.88
TS–1：1.5	261	188	143	190	282	238	170	160	166	261	218.82
TS–1：2	162	189	146	187	186	271	198	260	202	212	215.90

由于碳酸钙在第一次老化实验结束后，经肉眼观察和色差仪数据显示，黄变极度明显，故第二次老化实验将滑石粉三种比例样品和石膏三种比例样品进行进一步的硬度测试。滑石粉三种比例样品呈波动性变化，比例1：1.5硬度值最大，石膏三种比例样品硬度随着填粉含量的增多硬度逐渐降低，比例1：1硬度值最大。滑石粉和石膏样品分别取硬度最大值按大到小的顺序排列：滑石粉1：5，石膏1：1。比较之下，滑石粉在紫外老化之后的硬度性能相对稳定，并且硬度最强。

4）第二次紫外老化实验颜色测试

经过第二次紫外老化，从视觉上观察，滑石粉并无明显变化，石膏表面轻度变黄。

表4-22 第二次紫外老化试验试片颜色数据

测量值 样品名称	L*	a*	b*	C*	h*
TH-1：1	68.52	0.98	13.04	13.08	85.72
TH-1：1.5	66.66	1.43	11.73	11.81	83.06
TH-1：2	68.15	1.09	10.55	10.60	84.08
TS-1：1	74.91	1.35	7.77	7.89	80.09
TS-1：1.5	74.93	1.54	19.98	11.09	82.01
TS-1：2	66.99	2.26	11.49	11.71	78.91

通过对以上数据的观察不难发现，滑石粉在两次紫外老化实验之后颜色变化较小，而石膏的明亮度和色度都发生了较大的变化。由此可证，滑石粉的耐紫外老化性能是三种填补材料中最好的。

5.小结

综合评估结论如下：考虑到文物修复材料应遵循的要求和实际操作需求，此次实验筛选出材料为滑石粉。光泽度实验数据显示，滑石粉1：1比例的光泽度最佳；根据肉眼观察和数据分析，滑石粉是与明嘉靖青花鱼藻纹大缸在颜色上最为接近的补配材料；综合硬度计数据和紫外线老化数据显示，碳酸钙经第一次老化实验后，产生黄变，故排除，进一步进行老化实验后，石膏表面轻微变黄，故排除。因此，此次填补材料筛选实验选择滑石粉作为本次文物修复的填补材料。

对于明嘉靖青花鱼藻纹缸而言，最适合它的补配材料是滑石粉，但是并不代表滑石粉也同样是最适合其他瓷器文物补配的。由于不同瓷器的烧制温度、保存环境、原料等因素的不同，每个文物的补配材料都有其个性要求，所以，在修复一件文物的时候，一定要根据其实验室保存环境与文物自身要求来定制材料筛选试验，最终选择最适配的那种材料。

4.5.7 3A超能胶环氧树脂补配材料的老化研究

1.前言

常见的粘接原理包括化学吸附理论、分子间作用理论、微机械锁结理论、静电吸引理论、扩散理论等。其中化学吸附理论指的是在粘接过程中，粘接剂和被粘接材料之间有化学键形成；微机械锁结理论指粘接剂渗透到了多孔性材料表面，固化后相互锁结。

环氧树脂胶粘剂的工作原理其实是在一个分子结构中，含有两个或两个以上的环氧基，在适当的条件下与适当的化学试剂反应，最终能形成三维交联状固化化合物的过程。所以用环氧树脂胶粘破损陶瓷这一过程，是由化学吸附理论和微机械锁结理论共同作用的结果。

以合众牌AAA超能胶为例。环氧树脂和固化剂均无色无味，呈浓稠的液状，类似牙膏。将二者混合后常温下即可固化。易收缩，极易燃烧。耐水、耐稀酸、耐弱碱和各种油类。

环氧树脂最初被应用于陶瓷粘接是在1959年[33]，而它在文物保护行业的崭露头角则是始于1984年[34]。可见环氧类材料已经成为了文物保护修复工作中必不可少的材料。虽然环氧树脂拥有获取方便、操作快捷、环保无毒、耐油耐水等卓越性能，但是任何一种材料都会因为内因和外因的相互作用而产生劣变。各类环境因素会造成环氧树脂的老化。在环氧树脂开始使用的数十年中，那些经环氧树脂处理过的不少文物，已经因为这种材料的老化而产生了各种各样的问题。

比如最直观的是，环氧树脂在接受紫外线照射后容易发生变色，这所造成的结果便是容易改变文物的颜色，从而间接改变了文物的原貌。而在高温条件下，环氧材料会明显脆化，剪切强度明显变低[35]。这会使文物变脆，也可能使文物产生新的裂隙，使之更容易受到外力伤害，严重的还能引起文物的坍塌。另外从生物角度上出发，因为环氧树脂中含有碳，理论上讲这种材料还能给微生物提供碳源，不仅破坏了材料，微生物的分泌物也会与文物本身发生化学反应。这无异于将文物再度推向危险状态。因此对环氧树脂的老化问题研究，在文物保护领域已经成为了十分必要且十分紧急的工作。

因合众牌3A超能胶在陶瓷修复领域被应用的广泛性，关于其老化的研究可以说将对馆藏环氧树脂文物如何保存的这一实际问题有着重要应用参考价值，同时也对现阶段我国文物保护修复中对陶瓷类文物的材料选择上有着较大的启发。

2.环氧树脂老化的原因

任何一种材料的变化均是由复杂的原因相互作用形成的。笔者通过阅读文献、查找资料，发现造成环氧树脂材料老化劣化的原因多种多样。如最常见的氧化还原反应，但凡材料暴露在空气中，就会进行氧化还原反应；但凡材料接受光照，相应的，就会进行相关的光化学反应。

通过各类老化加速实验，学术界对于环氧树脂的老化原因已经有了较为统一明确的结论。下文将针对这些结论做出详细阐述。

（1）紫外线照射对环氧树脂材料的老化作用

国内王思嘉采用了通用双酚A型环氧树脂，与市面中的典型固化剂和偶联剂混合后配置成粘结材料；再利用电热恒温鼓风干燥箱、UV光固化机、数显恒温水浴锅、色差仪、数码显微系统、傅里叶红外分析仪等仪器，通过循环老化的方式初步研究了环氧树脂材料在复数条件状况下的老化反应。通过系列实验得出了紫外线照射可对环氧树脂造成明显老化反应的结论[36]。

（2）热氧环境对环氧树脂材料的老化作用

国内林晓波所探求的环氧树脂老化是基于环氧树脂在机械连接处的应用上的，因此所选择的环氧树脂材料是热固性环氧树脂。该实验利用热失重分析仪和傅里叶红外光谱仪等设备，对环氧树脂热氧老化的产生原理进行了科学的分析；并且通过这组实验，对于"如何评价环氧树脂粘合剂的耐久性"这一课题提供了基础的数据支持。实验结果表明：高温条件对环氧树脂材料造成的影响主要表现在其抗剪切强度上；其次，高温对于环氧材料质量流失的影响也十分明显。而氧气这一要素对热固性环氧树脂材料发生老化反应有着必要性，氧气对环氧树脂的热解起到了极大作用[37]。

（3）湿热环境对环氧树脂材料的老化作用

国内张晖及其研究小组利用湿热老化箱、万能材料试验机、动态热机械分析仪、电镜扫描仪等仪器探究了环氧树脂材料在一定温度湿度下的老化规律和老化机理。所用环氧树脂材料具体为双酚A型二缩水甘油醚环氧树脂和二氨基二苯砜固化剂。通过实验发现湿热环境会让环氧树脂材料的含水量增加，从而对环氧树脂的力学性能有着明显影响[38]。

3. 实验方法

通过对文献收集和整理，现已了解紫外线照射、干热环境、湿热环境均会致使环氧树脂材料的老化。在博物馆藏品的保护过程中，文物所接触到的环境也是复杂、多元的，所以探究出对环氧树脂材料影响最大的条件后便可以在藏品保存时进行针对性地预防和保护，以最有效率地规避掉对环氧树脂材料的不利因素。

由此为出发点，将设计实验来探究紫外线照射、光照条件（去紫外线照射）、干热条件、湿热条件中，哪个会最先致使合众牌3A超能胶材料老化变黄。

（1）实验设备

表4-23　合众牌3A胶干热和湿热老化测试所用材料及设备

产品名称	型号	额定电压	功率	生产日期	生产公司	备注
合众牌3A胶试片	—	—	—	2018.04	—	自制
电子计重秤	YHC-10kg	—	—	2017.02	瑞安市英衡电器有限公司	—
碳酸钙	AR分析纯	—	—	2018.01	天津市北辰方正试剂厂	—
一次性量杯	—	—	—	—	—	—
电热恒温干燥箱	101-00AB	220V	500W	2018.01	卓的仪器设备有限公司	—
恒温恒湿养护箱	YH-40B	220V	600W	2018.02	河北永发试验仪器厂	—
超声波加湿器	HL-L200	220V	27W	2018.02	沧州蓝标建筑仪器厂	—
实验室超纯水机	TL-100B	220V	30W	2016.07	深圳市亿利源水处理设备有限公司	—
3NH色差仪	3NH300	—	—	2016.06	上海沪粤明科学仪器有限公司	—
紫外老化灯管	UVB-314	220V	16-20W	—	苏州嘉宝精密器械有限公司	—
防紫外线黄光灯管	QE-2430	220V	16-20W	—	苏州嘉宝精密器械有限公司	—

（2）实验条件

表4-24　老化试验条件

实验条件	时长	备注
紫外灯UVB-314	600小时	每15小时进行一次色差测定
去紫外黄灯QE-2430	600小时	每15小时进行一次色差测定
80℃	600小时	每15小时进行一次色差测定
80℃ 99%RH	600小时	每15小时进行一次色差测定

（3）试片规格

本次实验将统一使用8×5×0.5厘米的试片作为测试对象。

（4）色差计算

4.实验结果

（1）光老化测试结果

1）紫外光老化测试结果

关于合众牌3A超能胶在紫外光照射环境下累计老化测试600小时的色值变化数据详见表4-25。

表4-25　合众牌3A超能胶紫外光老化累计600小时后的色值变化一览

Time Lab	L紫外	a紫外	b紫外	ΔE紫外
0h	44.24	1.07	9.31	0.00
15h	41.58	1.66	11.06	3.24
150h	42.48	2.90	16.14	7.28
300h	43.62	4.68	17.50	8.97
450h	42.97	6.38	19.22	11.32
600h	42.68	7.79	20.73	13.34

关于合众牌3A超能胶在紫外光照射环境下累计老化测试600小时的宏观颜色变化详见图4-52。

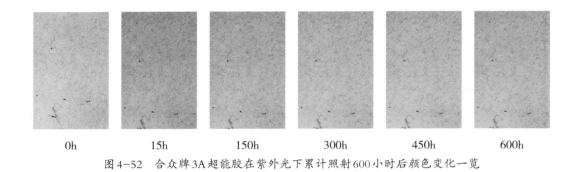

| 0h | 15h | 150h | 300h | 450h | 600h |

图4-52　合众牌3A超能胶在紫外光下累计照射600小时后颜色变化一览

从图像来看，经过600小时的紫外光照射，以合众牌3A超能胶为基底、分析纯碳酸钙为填充物的环氧树脂试片发生了较明显的颜色变化。而通过数据比对发现，600小时的累计照射中，色值变化的主要参数为a和b两个维度。其中a值增加了六个点，b值增加了11个点，根据CIE的Lab色彩模型可以得知，经过600小时的紫外线照射后，被测试材料的颜色同照射前相比更红、更黄，由于b值的变化幅度略高于a值，所以从整体观感上看，材料颜色变得更黄了（图4-53）。

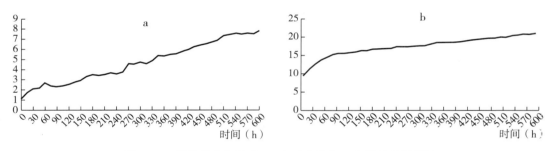

图4-53　紫外光老化测试600小时中试片a、b值记录折线图

计算色差值 ΔE 紫外后，发现色差值 ΔE 紫外=13.34，在CIE的Lab色彩模型下，属于肉眼可辨的明显色彩变化，表示被测试样品在经过累计600小时的紫外线照射下，发生了明显的色差变化（图4-54）。

由此得出结论：合众牌3A超能胶对紫外线敏感，紫外线能够给合众牌3A超能胶材料造成黄化的劣化现象。

2）去紫外光老化测试结果

关于合众牌3A超能胶在去紫外光照射环境下累计老化测试600小时的色值变化数据详见表4-26。

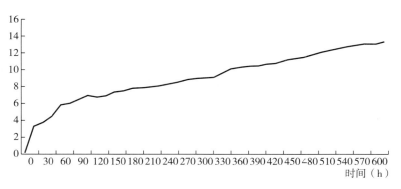

图4-54　紫外光老化测试600小时中色差变化折线图

表4-26　合众牌3A超能胶去紫外光老化累计600小时后的色值变化一览

Time Lab	L去紫外	a去紫外	b去紫外	ΔE去紫外
0h	43.45	1.16	9.29	0.00
15h	42.95	1.22	9.25	0.51
150h	44.03	1.45	9.34	0.65
300h	43.06	1.52	9.35	0.54
450h	43.86	1.50	9.43	0.55
600h	43.63	1.37	9.53	0.44

关于合众牌3A超能胶在去紫外光照射环境下累计老化测试600小时的直观颜色变化详见图4-55。

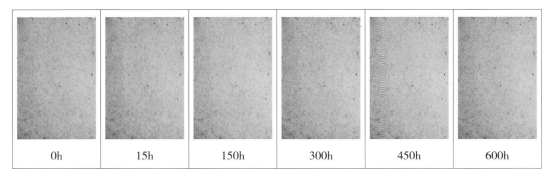

| 0h | 15h | 150h | 300h | 450h | 600h |

图4-55　合众牌3A超能胶在去紫外光下累计照射600小时后颜色变化一览

从照片上看，经过600小时的去紫外LED黄光照射，合众牌3A超能胶材料试片并未发生肉眼可观测到的颜色变化。通过色差数值L、a、b的比对，三个维度的数值也并未发生明显上升。从结果上看，L、a、b值的变化起伏不定，与样品的数值差均在 ±1

以内，并且没有统一的变动规律（图4-56）。考虑到仪器测量的误差问题，这些数值的变化可以忽略不计。

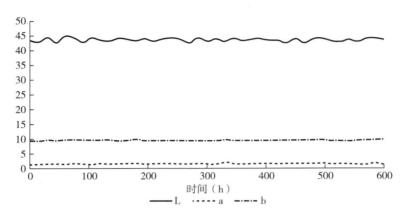

图4-56　去紫外光老化测试600小时中L、a、b色值浮动曲线图

通过计算色差值ΔE去紫外后，色差值ΔE去紫外的变化在0～1.52之间浮动（图4-57）。在CIE的Lab色彩模型下，这属于微小的，肉眼几乎不可见的色差变化。而色差的浮动可能是由于进行计算的数据模型是随机取5点后平均和仪器测量的误差两个原因造成的。

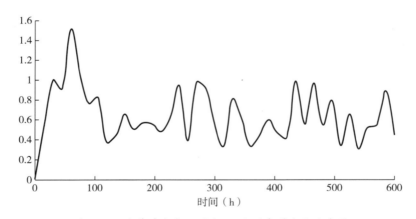

图4-57　去紫外光老化测试600小时色差变化曲线图

如此可以得出结论：合众牌3A超能胶在去紫外光线照射下，不会发生黄化现象。

（2）光老化测试结论

在探究"合众牌3A超能胶在光的什么波长下发生老化反应"这一问题的实验探究

下，利用紫外耐候试验箱和去紫外线LED黄光灯管，模拟出了紫外线照射和去紫外线照射两种不同的光照环境，进行了同为累计600小时的光老化测试；测试中利用"环氧树脂材料经过紫外线照射会黄化"这一已知结论作为评定试片是否发生老化反应的标准。根据紫外光老化实验和去紫外光老化的实验中的色差变化值绘制了如下图表（图4-58）。

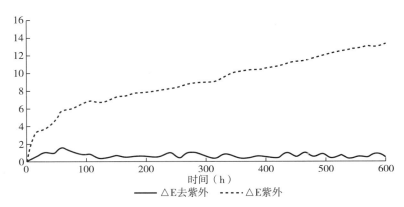

图4-58　两种光照条件下老化600小时后的色差变化对比图

从图上看，去紫外光累计照射600小时的条件下，其色差变化值在0~2这一区间内浮动，没有明显的变化趋势。而在紫外光累计照射600小时条件下，试片的色差值变化曲线接近幂函数，函数模型.前60小时色差值增加迅速，60小时后增势平缓，但总体呈上升趋势。

已知紫外线的波长为10nm~400nm，而LED光源的波长为380nm~760nm；实验中所采用的光源是波长为314nm的紫外线灯管和LED光源的去紫外黄光灯管，由此可以得出结论：在紫外线照射下的合众牌3A超能胶材料发生了光老化反应，即：在10nm~400nm波长的光照射下，该环氧树脂材料发生了老化反应，其具体表现为材料发生了黄化。

3）干热和湿热老化测试结果

a.干热老化测试结果

关于合众牌3A超能胶在干热环境下累计老化测试600小时的色值变化数据详见表4-27。

表4-27　合众牌3A超能胶干热环境老化累计600小时后的色值变化一览

Time Lab	L干热	a干热	b干热	ΔE干热
0h	43.86	1.08	9.41	0.00
15h	44.63	1.55	10.37	1.32
150h	44.11	1.68	12.34	3.00
300h	44.24	2.68	13.48	4.39
450h	44.19	3.76	14.49	5.75
600h	44.00	4.86	14.52	6.36

关于合众牌3A超能胶在干热环境下累计老化测试600小时的直观颜色变化详见图4-59。

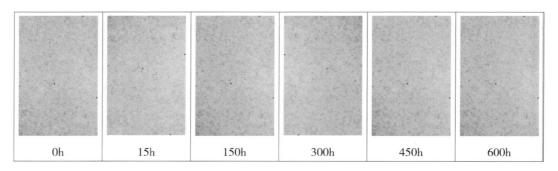

图4-59　合众牌3A超能胶在干热环境下累计老化600小时后颜色变化一览

从图像来看，经过600小时的干热老化测试，以合众牌3A超能胶为基底、分析纯碳酸钙为填充物的环氧树脂试片发生了肉眼可见的颜色变化。通过数据比对发现，600小时的累计照射中，色值的变化同紫外老化实验一样出现在a和b两个维度。其中a值增加了三个点，b值增加了五个点，均小于紫外老化实验的变化幅度。从数值上看，被测试材料的颜色同老化前相比变得更红、更黄了。

计算色差值ΔE干热后，发现色差值ΔE干热=6.36，在CIE的Lab色彩模型下，属于肉眼可辨的明显色彩变化，表示被测试样品在经过累计600小时的干热老化下，发生了明显的色差变化。

由此得出结论：干热环境能给合众牌3A超能胶造成影响；合众牌3A超能胶材料在干热环境下能够生成黄化现象。

b. 湿热老化测试结果

关于合众牌3A超能胶在湿热环境下累计老化测试600小时的色值变化数据详见表4-28。

表4-28　合众牌3A超能胶湿热环境老化累计600小时后的色值变化一览

Time Lab	L湿热	a湿热	b湿热	ΔE湿热
0h	43.14	1.04	9.10	0.00
15h	43.01	1.22	9.47	0.43
150h	44.54	1.58	11.78	3.07
300h	44.45	2.45	12.73	4.11
450h	44.01	3.40	13.63	5.19
600h	44.41	3.66	14.46	6.10

关于合众牌3A超能胶在湿热环境下累计老化测试600小时的直观颜色变化详见图4-60。

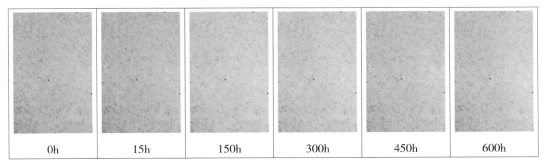

| 0h | 15h | 150h | 300h | 450h | 600h |

图4-60　合众牌3A超能胶在湿热环境下累计老化600小时后颜色变化一览

直观从照片来看，经过600小时的湿热老化测试，湿热条件下的老化反应与干热条件下的老化反应并无太大分别。以数据印证后发现：a和b两个维度，a值增加了两个点，b值增加了五个点，意味着湿热老化组在经过累计600小时的老化测试后，其变黄的程度略高于干热老化组（图4-61）；不过这一变化太过细微，人眼并不能确切分辨。

计算色差值ΔE湿热后，发现色差值ΔE湿热=6.10，在CIE的Lab色彩模型下，属于肉眼可辨的明显色彩变化，表示被测试样品在经过累计600小时的湿热老化下，发生了明显的色差变化。

由此得出结论：湿热环境能给合众牌3A超能胶造成影响；合众牌3A超能胶材料在湿热环境下能够生成黄化现象。

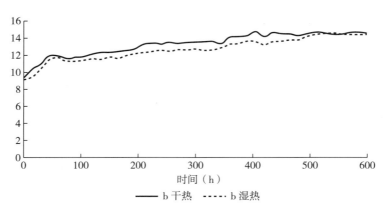

图4-61　干热环境和湿热环境下的b值变化对比

c.干热和湿热老化测试结论

在探究"干热环境和湿热环境，哪种条件能更快给合众牌3A超能胶造成老化影响"这一问题的实验中，笔者利用电热恒温干燥箱和标准恒温恒湿养护箱模拟出了干热、湿热两种不同的老化环境，进行了同为累计600小时的测试；测试中利用"环氧树脂材料经过高温烘烤会黄化"这一已知结论作为评定试片是否发生老化反应的标准。根据干热老化和湿热老化的色差变化值绘制了如下图表（图4-62）。

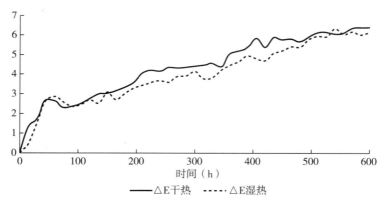

图4-62　干热环境和湿热环境下的色差值变化对比

从图上看，在累计600小时的老化测试下，干热老化和湿热老化的色差变化值相差不大，总体呈现出有波动的上升状态。

其中在进行湿热老化测试的样品上，笔者发现了一块特殊区域，这一区域的色差变化明显比周围区域剧烈，对此笔者也进行了记录测量，详见表4-29。

表4-29　湿热老化特殊区域的色值变化一览

Time Lab	Ls	as	bs	ΔEs
0h	43.14	1.04	9.10	0.00
15h	42.24	2.42	14.45	5.6
150h	36.41	10.29	27.10	21.33
300h	35.63	16.54	38.12	33.74
450h	34.85	23.32	65.57	61.27
600h	34.03	28.80	79.35	76.09

特殊区域内的L、a、b三项维度都发生了非常明显的变化：L值减小，a值增大，b值增大，从CIE的Lab颜色模型考虑，这意味着这一区域内的试片颜色随着老化时间的推移变得更暗、更红、更黄，而通过实物所体现出来的结果，这一块特殊区域相比较其他发黄的区域，变成了更为明显的黄棕色。

而造成这一特殊区域的原因可能是在制作试片时未能将AB胶调和均匀，这一区域内存在较多的B组分胶，由此变色也比其他区域剧烈。

由此可得：合众牌3A超能胶在干热、湿热两种环境下均会发生缓慢的黄化反应，两种环境下材料变化的速度太过细微，600小时的累计实验尚不足以得出确切结论。

这一组实验完毕后笔者大胆做出了两个猜测：其一，干热和湿热环境下的老化变色是因为在高温烘烤下，材料中的有机物逐渐炭化所致；其二，引起合众牌3A超能胶变色的根本原因是固化剂的变色。

（4）实验结论和小结

在探究"紫外光照射、去紫外光照射、干热环境和湿热环境，哪种条件能更快给合众牌3A超能胶造成老化影响"这一问题的实验中，笔者利用紫外耐候试验箱、去紫外线LED黄光灯管、电热恒温干燥箱和标准恒温恒湿养护箱分别模拟出了紫外光老化、去紫外光老化、干热老化和湿热老化四种不同的测试环境，进行了同为累计600小时的测试；测试中利用"环氧树脂材料的老化会发生颜色变黄"这一已知结论作为评定试片是否发生老化反应的标准。根据四种不同的老化测试，色差变化值汇总于如下图表（图4-63）。

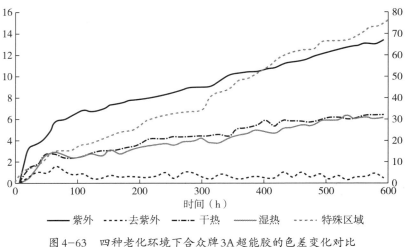

图4-63　四种老化环境下合众牌3A超能胶的色差变化对比

从图上能看出，四种老化条件中，能给合众牌3A超能胶造成劣化影响的条件按老化速度依次为：紫外光照射＞干热和湿热环境＞去紫外光照射。

5.结论

可引发环氧树脂粘合剂老化的原因有很多，像是干热条件、去紫外线光照、红外线辐射、γ射线辐射等。在这些条件中，笔者选择了紫外、去紫外、干热、湿热四种常见条件进行了探究，最终得出结论：在陶瓷文物保护修复领域经常使用到的合众牌3A超能胶材料在紫外光照射、干热环境、湿热环境下均能产生劣化反应，其具体表现为颜色发生变化，久之变黄。其中，紫外线照射条件最快诱发合众牌3A超能胶材料的老化。

基于以上实验结论，结合材料在陶瓷文物修复中的应用和博物馆中文物的保存管理，从文物保护修复原则中"修复适宜性"原则出发，试给出如下建议：

（1）由于紫外线可能对文物的填补粘接材料造成影响，文物应存放在避光环境中。同时文物在保存、展示时应选择去紫外线光源。如有必要则考虑喷涂抗紫外线的光稳定剂。

（2）基于湿热和干热环境可能对环氧树脂材料造成的影响，建议文物应尽量储存在干燥、凉爽的环境中。如果文物必须要暴露在空气中，则应在存放文物的橱窗、展示柜、实验室、仓库等空间内应加装实时温度、湿度监测仪；展出时文物的照明光源也应尽量选择低功率的LED光源，同时文物应保存在相对恒温恒湿的环境中。

（3）对于环氧树脂材料已发生劣变老化的文物，应视情况进行二次保护修复或封存。

参考文献

[1] 蒋道银.古陶瓷修复研究——兼谈良渚黑陶双鼻壶及明宣德青化扁瓶的修复[J].文物保护与考古科学，2004（01）：56–59+68.

[2] 赵丹丹.我国古陶瓷修复中修复材料应用的研究[D].南京艺术学院，2013.（p1，p17，p20）

[3] 吴启昌."南海Ⅰ号"两件出水瓷器文物的保护与修复[J].文物保护与考古科学，2016，28（01）：93–100.

[4] 江员发，施民卿.明代双龙戏珠陶瓷香炉修复[J].陶瓷研究，2011，28（03）：84–85.

[5] 王润珏.古陶瓷修复方法的探讨[J].文物鉴定与鉴赏，2018（06）：10–13.

[6] 袁强亮.古陶瓷修复中材料的选择与应用[J].文物鉴定与鉴赏，2017（12）：70–73.

[7] 李澜.浙江安吉五福楚墓出土彩陶修复[J].文物修复与研究，2014（00）：54–60.

[8] 薛丹，王国坤.浅谈临淄墓群出土彩绘陶器的保护与修复[J].文物鉴定与鉴赏，2019（02）：104–105.

[9] 唐根顺.浅谈新石器时代出土陶器的考古修复[J].东南文化，2002（11）：84–86.

[10] 赵小环.论出土陶器的考古修复[J].科教导刊（中旬刊），2013（05）：161–162.

[11] 王思嘉，方世强，张秉坚.典型环氧类粘结材料老化过程的探索性研究[J].文物保护与考古科学，2017，29（02）：15–25.

[12] 俞蕙，黄艳，陈刚，杨植震，周瑞旎.国外进口瓷器修复专用材料的应用研究[J].文物保护与考古科学，2018，30（05）：120–124.

[13] 张慧，张金鼎.瓷器传统修复材料变色成因分析[J].文物保护与考古科学，2018，30（06）：111–115.

[14] 高鑫，韩向娜.常用古陶瓷修复粘胶剂的性能评估研究.北京粘接学会.京津冀粘接技术研讨会暨北京粘接学会第26届学术年会论文集[C].北京粘接学会：北京粘接学会，2017：9.

[15] 胡珺.柳孜运河遗址出土刻莲瓣白釉盏和青白釉碗的研究与修复[D].中国科学

技术大学，2016.

[16] 闫宏涛，安晶晶，周铁，容波，夏寅．彩绘文物颜料胶结材料分析与表征研究进展[J].分析科学学报，2012，28（05）：708-714.

[17] 刘璐瑶．多方法检测古代珍贵彩绘文物颜料及胶结材料的研究[D].浙江大学，2017.

[18] 庞倩华，张艺博．古陶瓷修复保护技术概述[J].陶瓷，2017（01）：63-65.

[19] 王丽琴，杨璐．文物保护原则之探讨[J].华夏考古，2011（03）：143-149+167.

[20] 奚三彩．文物保护技术与材料[M].台湾：台湾国立台南艺术学院出版社，1999.

[21] 蒋道银．古陶瓷修复研究——兼谈良渚黑陶双鼻壶及明宣德青化扁瓶的修复[J].文物保护与考古科学，2004（01）：56-59+68.

[22] 杨蕴．浅谈3D打印技术在陶瓷类文物修复和复制中的应用[J].文物保护与考古科学，2015，27（02）：110-113.

[23] 李奇．陶瓷文物修复技艺实录[M].武汉：武汉理工大学出版社，2017，8.（p10，p15）

[24] 赵鹏，陈昕，王天璐，et al. 环境湿度和温度对石膏材料的固化膨胀、压缩强度及表面硬度的影响[J].实用口腔医学杂志，2018，v.34；No.171（04）：25-29.

[25] 黄献源．浅谈石膏在陶器修复中的运用[J]. 艺术科技，2015（8）.

[26] 孙凤军．论古代陶器修补材料[J]. 黑龙江史志，2013（9）：172+176.

[27] 郑书斗．α高强模型石膏在模具中的应用[J].航空制造技术，1997（3）：26-28.

[28] 吕淑玲．浅说馆藏鱼藻纹大缸修复中的"最小干预方法"[J].首都博物馆论丛.2019（00）：350—355.

[29] 裴亚静．明代嘉靖时期御器厂大缸烧造及其官样探索——从馆藏明嘉靖青花鱼藻纹缸谈起[J].首都博物馆论丛，2019（00）：290-305.

[30] 高鑫，韩向娜．常用古陶瓷修复粘胶剂的性能评估研究[A]. 北京粘接学会．京津冀粘接技术研讨会暨北京粘接学会第26届学术年会论文集[C].北京粘接学会：北京粘接学会，2017：9.

[31] 王蕙珍．文物保护材料学[M].西安：西北大学出版社，1995.

[32] 吕淑玲．谈谈古陶瓷修复中的补配材料[J].文物修复与研究，2009（00）：142-

144.

[33]佚名.利用环氧树脂胶接陶瓷刀头[J].高压开关技术揆道，1959（05）：33.

[34]谭世语，滕柳梅，唐英，张晓刚.改性环氧树脂及其在石质文物保护中的研究进展[J].涂料工业，2012，42（06）：71–75.

[35]林晓波.环氧树脂粘合剂热氧老化机理分析[J].化工管理，2017（08）：106+108.

[36]王思嘉，方世强，张秉坚.典型环氧类粘结材料老化过程的探索性研究[J].文物保护与考古科学，2017，29（02）：15–25.

[37]林晓波.环氧树脂粘合剂热氧老化机理分析[J].化工管理，2017（08）：106+108.

[38]张晖，阳建红，李海斌，刘承武.湿热老化环境对环氧树脂性能影响研究[J].兵器材料科学与工程，2010，33（03）：41–43.

4.6 陶瓷文物全色与仿釉材料

4.6.1 全色原则

上色应遵循最小干预原则、可逆性原则、可识别原则、缜密原则。上色的目的"是为了恢复文物原貌，便于欣赏和理解。"文物修复与保护原则在上色实践中的运用：最小干预原则即上色时应不接触或极小面积地接触到文物本体。可逆性原则：上色颜料应具有可逆性。可识别性原则即作色后的部位应与文物本体颜色有区别，但是区别性不应过大，应做到远看无区别，近看有区别。缜密原则即上色时的每一步骤都应有文字图像的记录，确保修复时的严谨性。

陶器修复的"上色"操作是修复中相当重要，也是最难的工序之一。"上色"就是对陶器上修复过的部分，如拼缝、补缺之处进行适当修饰，令其在视觉上与文物的总体色泽相协调。但陶器所用的上色材料与工艺和瓷器修复有些不同，不但要求后补的色层修复无眩光并接近陶器的质感，还要注意选择坚韧持久，不易褪色泛黄的上色材料。避免重复的修复操作对陶器的损害。

4.6.2 全色材料的一般要求

1. 材料易得，价格适中。

2. 应用方便，低毒低害。

3. 保护效果良好。

4. 耐自然破坏如耐候、耐霉菌破坏。

5. 清除容易，具可逆性或再处理性。

4.6.3 仿釉材料涂膜特殊要求

1.光学方面

（1）颜色：表面涂层最好不改变或很少改变表面的颜色，即尽量少地改变文物的外观。

（2）透明度：涂层应使光线透过自己并被物体表面反射，不阻挡光线的传播。

（3）表面光洁度：

光洁的表面像镜子，非常平；为了使表面光洁，需要进行修饰，涂层的表面在完全固结前必须具有流动性，并具有充足的时间使表面变平，这意味着聚合物的 Tg 必须在一定时间内低于室温，以允许聚合物在溶剂挥发的过程中能够运动。但文物保护的涂层，应该尽量不改变文物的外貌，不应该产生光亮的表面。

无光泽的表面是在很小的局部有粗糙的表面，光线无规则地反射。形成粗糙的表面需要溶剂迅速挥发致使 Tg（玻璃化温度）高于室温。形成粗糙表面的方法还有消光剂的使用。消光剂[1]，是指能使漆膜表面产生预期粗糙度，明显降低其表面光泽的物质。消光剂包括：金属皂、蜡、颜料类消光剂如硅藻土、二氧化硅等。通常使用的是二氧化硅消光剂，它是非常细的颗粒。消光剂的颗粒大小应该与膜的厚度相匹配。

（4）折射率：涂层材料的折射率应在长时间内不变，用于透明材料的表面涂层，其折射率应该与透明材料接近。

2.与文物的相容性

应该考虑是否对文物造成物理的或化学的破坏。

（1）物理的破坏：膜的热膨胀系数与被涂覆表面的不同，导致各种的破坏。

（2）化学的破坏：材料老化后不应该释放有害成分，否则会产生破坏作用。

3.保护性能

（1）表面强度：为了减少吸附灰尘，表面的膜的Tg（玻璃化温度）应高于室温。

（2）密闭性：保护膜应该防止污染物如水、硫化氢、二氧化硫和氧等向内部的渗透及产生破坏，这些破坏包括引起变色、氧化和腐蚀，理想的保护层不应该透过这些物质。

（3）耐水防水性：耐水性是指膜本身在水作用下的表现。有些膜在有水的情况下会很快发白，并且强度降低，这种膜在有水的环境中是不宜使用的。只有在水的作用下不变化，膨胀小的材料在潮湿环境中才能使用。许多时候水对文物的破坏是很强的，而且水分子对各种膜的穿透能力很强，为了提高膜对水的抵抗力，可使用有拒水能力的材料。

（4）透气性：对于一些室外与地面接触的文物，由于地下水的原因，文物表面需要能够释放水气，以避免水分在文物内部积聚，这时需要膜的透气性。

4.6.4 全色与仿釉材料

上色材料主要包括四大类：粘接剂（上色介质）、颜料（着色剂）、稀释剂（溶剂）、消光剂。粘接剂用于固定颜色，模拟器表的质感；颜料形成与器物吻合的色彩；稀释剂用于调节涂料稀薄；消光剂用于降低表面涂层的光泽度。

1.粘接剂

（1）丙烯酸酯树脂

丙烯酸树脂是丙烯酸、甲基丙烯酸及其衍生物聚合物的总称。丙烯酸树脂涂料就是以（甲基）丙烯酸酯、苯乙烯为主体，同其他丙烯酸酯共聚所得丙烯酸树脂制得的热塑性或热固性树脂涂料，或丙烯酸辐射涂料。

优点：适用于高温瓷器，长期保持原有的色泽，耐紫外线照射不易分解、变黄。固化后涂层透亮无色，有较好的釉质感。适合喷枪上色，色层过渡自然，不留接痕。

缺点：固化后硬度不如环氧树脂，涂层干燥时间较长，容易翻底，喷枪喷涂需要配备通风橱，操作人员必须做好安全防护。

稀释剂：香蕉水、天那水等有机溶剂。

（2）丙烯酸酯乳液

指丙烯酸酯、甲基丙烯酸酯、丙烯酸甲基丙烯酸等单体乳化剂及引发剂共聚而成的乳液。干燥固化为透明无色的涂层，上色时可混合粉状颜料使用。色层干燥后颜色会变深，调配颜色的时候需要考虑到色差变化。适合许多种类的陶瓷器，尤其是考古出土陶器或者无釉陶瓷器，但不适合高温有釉瓷器。

稀释剂：水。

（3）脲醛树脂

脲醛树脂是尿素与甲醛在催化剂作用下，缩聚成初期脲醛树脂，然后再在固化剂或助剂作用下，形成不溶、不熔的末期树脂。

优点：能够形成脆硬的涂层，固化后可以打磨和抛光，也能层层堆积，很好地模拟陶瓷器的釉面。

缺点：不耐老化，有毒性需要在有通风设备的环境下操作。

（4）聚氨酯树脂

聚氨酯树脂是多异氰酸酯和多羟基化合物反应而成。具有高的极性与反应活性，可产生较强的化学粘结力，使用时能很好地与颜料混合。

优点：物理机械性能好，涂膜坚硬、光亮、丰满、附着力强，可打磨和抛光，还具有耐腐蚀、耐低温、耐水解、耐水溶以及防霉菌等优点。

缺点：容易受光照而变黄，树脂逐步老化变为不溶，但可用二氯甲烷类的脱漆剂溶胀后清除，聚氨酯类产品含二甲苯等有毒溶剂，必须在有通风设备的场所操作。

稀释剂：松香水。

（5）Golden牌瓷器修复光油

水溶性、快干、可逆的瓷器修复专用光漆，可用笔或喷枪多次上漆，固化后表面可以打磨，可用适当的水来做稀释剂。该产品可与各类丙烯画颜料调配使用，建议使用同品牌的喷绘颜料。多层喷涂的器物需若干天或若干星期的干燥时间，最好多次喷涂薄层涂料而不是一次厚层涂料，施工要选择适宜的温湿度环境。每次喷涂之间要留有充足的干燥时间，也可用吹风机加快干燥。最后一道漆需置于加热灯下2~4小时烘干，这项措施很重要，否则涂层无法完全干燥固化，从而导致日后容易产生涂层软化。该产品具有可逆性，可以使用氨水清除。方法是：将家用氨水和水1：1混合，用干净的棉布吸取溶液后轻柔地擦洗。

（6）环氧树脂

适用于高温瓷器或釉陶，与粉末颜料、气相二氧化硅等填料调配后上色，也可单独使用增强亮度。室温下约24小时固化，固化后可以打磨加工，也能层层加厚，不会翻底。

缺点：固化时间长，固化后为不溶不熔的热固性树脂，不能采用喷枪喷涂，光照后容易变色发黄，不能用于修复颜色较淡的陶瓷器。

稀释剂：乙醇。

2.颜料

（1）粉状颜料

颜料按化学成分可分为无机颜料与有机颜料两大类：

无机颜料是以天然矿物或无机化合物制成的颜料。"无机颜料是有色金属的氧化物，可分为天然无机颜料和合成无机颜料。在陶瓷文物修复中常用的白色颜料有钛白和锌钛白；黄色颜料有铁黄、镉黄、钛镍黄；红色颜料有铁红、镉红；绿色颜料有氧化镉绿、氧化翠铬绿、灰绿；蓝色颜料有群青、铁蓝、钴蓝；棕色颜料有氧化铁棕、赭石、深赭等；黑色颜料有炭黑、氧化铁黑[2]。"

有机颜料的发展历史已经不短了，古代人类就已经了解到利用植物或动物资源，通过一些吸附方法制作天然有机颜料。"1856年William Perkin发明合成染料后，不久便使用于色淀的制造，合成有机颜料开始兴起。"有机颜料的分类有偶氮颜料、酞菁颜料等，在陶瓷文物修复领域使用的颜料种类涉及油漆、丙烯颜料、油画颜料等。有机颜料指含有发色团和助色团的有机化合物，色泽鲜艳，着色力高，色谱齐全。但是，有机颜料的耐候、耐光、耐热性远不及无机颜料强，在光辐射的作用下，其分子因光化学反应导致结构变化，很容易发生褪色现象。粉状颜料必须要与各类上色介质混合后，才能用于上色。

（2）丙烯画颜料

丙烯画颜料是颜料、丙烯乳剂和水的结合物。其色层固化后能附着于石膏或环氧树脂等多种材料基底上。优点：无光泽，持久，耐光，无毒性和可逆性，施工快。缺点：粘结强度较小，容易干固失效。

（3）油画颜料

是一种油画专用绘画颜料，由颜料粉加油和胶搅拌研磨而成。油画颜料的基本成分与其他绘画颜料一样由色料、体质颜料、载色剂和某些辅料如塑型剂、稳定剂、缓干剂或催干剂等构成。古代大师所用的颜料粉多来源于土质和矿物质。另一部分来源于植物或动物。

（4）丙烯酸酯色漆

在丙烯酸酯透明漆中添加颜料而制成的产品。丙烯酸酯色漆适用于喷枪上色，色层薄且光亮，色泽过渡均匀自然。采用香蕉水等有机溶剂作为稀释剂。可以与丙烯酸酯透明漆、油画颜料、粉状颜料混合后使用。

3.稀释剂（溶剂）

稀释剂的作用是将涂料的成膜物质溶解或分散为液态，便于施工形成薄膜。不同的上色介质要配合不同的稀释剂或溶剂。

4.消光剂

上色涂层固化后常会形成比原器更光亮的表层，可以在涂料中添加消光剂来降低色层光泽。

色层光泽是表面对光的反射性，色层越平滑，反射的光越多，光泽度越高；色层越粗糙，散射的光越多，光泽度越低。消光剂悬浮在涂层表面或填充在涂层体系内部，使涂膜产生不同程度的粗糙度。常用的消光剂气相为二氧化硅，其折光率为1.46，不会影响涂层的透明性，具备耐磨、抗划痕性、高分散性等优点。

4.6.5 气相二氧化硅改性对陶瓷文物仿釉涂料性能影响的研究

1.引言

古瓷器作为文物的一大类，具有各个时代背景下的工艺特征和审美内涵，为了使其丰富的历史、文化、艺术价值得到充分的体现，有残缺破损的瓷器文物在收藏、展览之前会先进行修复，瓷器文物修复的目的不仅仅只在于恢复文物的原貌以利用其历史艺术价值，也是为了更好的保护文物的安全，延缓文物老化的速度以及防治文物病害的产生。古瓷器表面的釉以天然矿物原料如石英（二氧化硅）等经高温烧制熔化形成，在对破损的古瓷进行修复时，目前修复界采用以涂料喷涂来模仿釉质层的修复支术。仿釉材料，又称仿釉基料，一般采用无色透明的涂料，其性能影响着修复后器物的表面的视觉效果、触感和耐久性。目前所使用的传统的仿釉材料多是用于其他领域的普通的商业产品，无法满足文物修复的特殊需求，即使是已经研发出的专门用于瓷器仿釉的光油，也存在着一定程度的缺陷，其中普遍存在且较为明显的问题有两个：其一，修复用涂料的硬度不够；其二，修复用涂料的耐候性差，往往会发生老化和变色的情况。

气相二氧化硅是纳米材料的一种，由于它所具有独特的物理和化学特性，被广泛应用于各种工业、建筑、木材、纺织品和汽车用涂料的改性研究，研究表明涂料在加入一定比例的气相二氧化硅之后，其机械性能、抗老化能力、环境耐候性和表面接触角等各项性能指标都会有所提升。本文旨在通过加入粉末气相二氧化硅对三种常用仿釉涂料进行改性，从而提升其使用性能。

2.研究现状

（1）陶瓷仿釉涂料的性能研究与改性研究

国内针对古陶瓷仿釉涂料的性能研究目前尚少，目前最新的研究中，国内学者温建华在其博士论文中曾针对陶瓷仿釉涂料进行一系列的性能研究，针对陶瓷仿釉层料进行物理与老化性能评估，通过紫外光老化、湿热老化、硬度测试、附着力测试、色差测试、光泽度测试、接触角测试、耐溶剂测试、耐磨擦测试等了解涂料在老化前后的性能差异，以提供材料的选择依据[3]。

而古陶瓷修复的仿釉改性材料的研究中，杨植震等[4]通过提高仿釉层固化温度以及添加适量聚氨酯清涂料的方法已经成功提高了丙烯酸光油仿釉层的硬度；蒋道银等[5]通过对引发剂、流平剂、消泡剂、附着力促进剂等多种助剂进行实验研究后，优化组合出性能最佳的丙烯酸树脂，配比为：甲基丙烯酸甲酯40%～50%、丙烯酸1%～2%、甲基丙烯酸丁酯10%～20%、丙烯酸丁酯20%～40%、甲基丙烯酸羟乙酯20%～30%，引发剂533M75为1.5%，溶剂使用醋酸丁酯，通过测定，这种丙烯酸仿釉涂料的耐水性、耐溶剂性和耐紫外老化能力等性能都要比传统的硝基涂料和纯丙烯酸涂料更优越。

（2）气相二氧化硅对涂料性能影响研究

气相二氧化硅改性目前多见于工业、建筑、纺织品和木材等领域，作为一种重要的涂料助剂，利用其特殊效应可以对涂料各方面的性能进行提升[6]。黄琼涛等[7]针对木器硝基涂料的性能改良，将气相二氧化硅分散于硝基涂料中，最多可以将硝基涂料的铅笔硬度由 2B 提升到 3H，并且在一定程度上提高了硝基涂料的附着力。于清章等[8]通过使用纳米二氧化硅浓缩浆对环氧涂料和聚氨酯涂料进行改性，改性后的环氧涂层防腐蚀性有明显提升；改性后的聚氨酯涂层的硬度、耐磨性、耐老化性均有所提高，并且涂膜表面的接触角变大。吴惠等[9]通过加入气相二氧化硅材料，成功提升了聚氨酯涂料漆膜的硬度、附着力、耐磨性等机械性能，此外涂料在耐化学性能、耐老化性能、接触角方面也得到了提升，并且得出了随着加入的气相二氧化硅比例漆膜的这几种性能不断提升的结论。国外有学者通过将气相二氧化硅与水性丙烯酸单体共聚而提升了涂层的硬度和光泽度[10]。

相比沉淀法二氧化硅，气相二氧化硅有着更为特殊的光学性能，经测试表明，它具有极强的紫外吸收和红外反射特性，因此添加到涂料中可以对涂料形成屏蔽作用，从而提升涂料抗紫外线老化和抗热老化的能力，并且增强涂料的隔热性[11]。在于清章所做的研究中，聚氨酯涂料经过改性后其色差与失光率有显著的降低，随着纳米质点在单位体积中的质点数增加，吸收紫外线的效率提高，涂层的透光率降低，可以增强涂层的紫外线屏蔽性能[12]；金祝年等[13]通过研究气相二氧化硅添加量对外墙涂料性能的影响，发现气相二氧化硅能够降低由于紫外线照射而产生的色差，从而提升涂料的抗老化性能，并且在添加量为 5% 时可以达到最佳的效果。

3. 实验材料与制备

（1）实验材料

气相二氧化硅：德固赛 A200

硝基清漆：紫荆花牌硝基清面漆（亮光—7799）

丙烯酸清漆：Golden 高登牌瓷器修复釉

聚氨酯清漆：华夏之花 WPU 双组份水性玻璃漆

（2）实验仪器设备

硬度测试仪器：华国手摇式铅笔硬度计；测试用铅笔为三菱铅笔 H–9H

色差仪：3nh 便携式电脑色差仪 NH300

光泽度计：WGG–60

接触角仪：德国 KRüSS–DSA30

光老化仪器：紫外线耐候试验机 LX-2130A

加热仪器：101-1ASB 电热鼓风干燥箱

制冷仪器：奥克斯 AUX 冰箱 BCD-132AC

（3）试片制作

在实际陶瓷修复中，上釉环节之前先要对器物缺损部位进行补配和全色，目前国内的瓷器修复通常是在对缺失部位使用补配材料进行填补并打磨平滑，随后使用色漆在上面进行全色，最后用喷枪或毛笔罩上透明釉（图4-64）。为了得到更有价值的数据，本实验的试片制作模拟了与实际修复相同的模式，即补配材料—底漆—仿釉层的模式（图4-65），首先需要制作5×5cm的方形试片，基底材料选择了陶瓷修复中常用的石膏，在基底材料之上模拟全色环节喷涂一层白色底漆，随后将被测试材料喷涂于底漆上层。

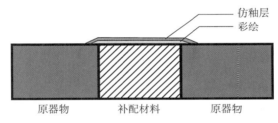

图4-64　瓷器文物修复示意图

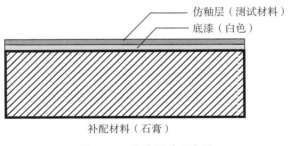

图4-65　试片制作示意图

a.基底材制作

将石膏粉加水混合倒入5×5cm方形硅胶材质的模具中，等待其完全凝固后脱模，并使用抛光机打磨抛光至两面光滑平整，将白色汽车烤漆用乙酸乙酯溶剂稀释后，使用喷笔将漆多次喷涂于石膏试片表面直至完全覆盖住石膏试片本身的颜色。

b.仿釉层喷涂

对硝基清漆、丙烯酸清漆和聚氨酯清漆分别进行气相二氧化硅进行改性，共分为6组，除去一组不进行改性，其余五组分别加入1%～5%比例（体积比）的气相二氧化硅粉末，使用磁力搅拌器搅拌使粉末在涂料中充分分散，随后将改性前后的涂料稀释并使用喷笔进行喷涂，喷涂后的试片各自贴上标签放置备用。

4.性能测试与结果

（1）硬度测试

依据ISO15184-2012《Paints and varnishes—Determination of film hardness by pencil text（色漆和清漆 铅笔法测定漆膜硬度）》，使用铅笔硬度计对涂膜试片的表面铅笔硬度进行测量，测量的结果如下：

表4-30 硬度测试结果

	改性前	1%	2%	3%	4%	5%
硝基清漆	B	HB	H	H	2H	3H
丙烯酸清漆	3B	2B	B	B	HB	H
聚氨酯清漆	3B	2B	HB	H	H	H

从测试结果来看，随着加入的气相二氧化硅粉末比例的增加，三种涂料的涂膜铅笔硬度均有所增强。聚氨酯清漆在加入的比例达到3%之后，涂膜的铅笔硬度达到了H且不再变化；硝基清漆和丙烯酸清漆的涂膜硬度则随着气相二氧化硅加入的比例增加而一直有所提升，可以推测两者的涂膜硬度还有提升的空间，如果增加气相二氧化硅粉末的比例可以继续提升这两种涂料涂膜的硬度。

（2）附着力测试

根据ISO 2409-2013《Paints and varnishes—Cross-cut test（色漆和清漆——划格试验）》对用于测试附着力的各组试片进行测试。考虑到试片上所喷涂的底漆对实验结果的影响，附着力测试所使用的试片在制作时并未喷涂底漆。测试时用手术刀在漆膜上横竖各划10刀，每条切割的切口之间间隔2mm，形成一个100格子的方形区域，使用3M透明胶带贴在整个划格区域表面，随后以最小角度撕开胶带，使用放大镜观察方格处漆膜的脱落情况，对照下图中的表格判定附着力等级。

等级	描述	图例
0	切口边缘完全光滑，格子边缘没有任何剥落	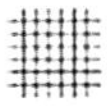
1	在切口的相交处有小片剥落，划格区域内实际破损不超过5%	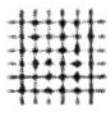
2	切口的边缘和/或相交处有被剥落，其面积大于5%，但是不到15%	
3	沿切口边缘有部分剥落或整大片剥落，及/或者部分格子被整片剥落，被剥落的面积超过15%，但不到35%	
4	切口边缘大片剥落/或者一些方格部分或全部剥落，其面积大于划格区域的35%但不超过65%	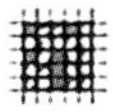
5	任何大于等级4程度的剥落	—

图4-66　附着力测试判定标准

表4-31　附着力测试结果

	改性前	1%	2%	3%	4%	5%
硝基清漆	2	1	1	1	1	0
丙烯酸清漆	3	2	2	2	1	1
聚氨酯清漆	1	1	1	0	0	0

在经过改性后，硝基清漆和聚氨酯清漆的附着力最终都达到了0级，即涂膜附着力等级的最高级，丙烯酸光油的附着力等级从最初的3级提升到了1级，同样也有着明显的变化。

（3）光泽度测试

气相二氧化硅粉末具有平光剂的作用[11]，因此加入气相二氧化硅后，涂膜的光泽度必然会下降。在实验中使用光泽度计测量涂料加入气相二氧化硅前后的涂膜光泽度数据。

从图表4-67中可以看出在改性过程中这三种涂料涂膜表面的光泽度均有下降，在气相二氧化硅的比例达到5%后，三种涂料涂膜表面的光泽度都下降了20GU左右，且继续加入气相二氧化硅粉末则涂膜的表面光泽度还会继续下降。仿釉涂料的光泽度需要尽可能接近瓷器本体釉面的光泽，因此为了保证涂料能够满足瓷器文物修复的需求，不能继续增加气相二氧化硅的比例。

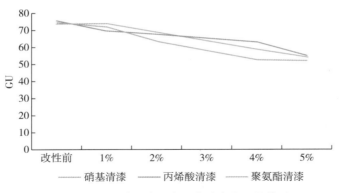

图4-67　改性前后涂膜表面光泽度变化趋势图

（4）接触角测试

接触角测试可以通过水滴在涂膜表面可浮性的关系判断涂膜的疏水性，对于仿釉涂料来说，涂膜的疏水越强则对文物的保护能力更优。实验中使用接触角仪器测试改性前后的仿釉涂料表面接触角，将被测试试片放置于接触角仪的平台上，测量的区域为试片的边缘，测量所使用的液体为纯净水，水滴量为自动落下的水珠；每一个试片皆测量5次，并取其平均值。测量的结果见表4-32。

表4-32　接触角测试结果（单位：°）

	改性前	1%	2%	3%	4%	5%
硝基清漆	88.1	89.9	92.1	93.3	92.7	92.8
丙烯酸清漆	69.3	74.0	75.9	78.1	78.8	74.6
聚氨酯清漆	74.4	76.1	77.5	78.3	78.9	79.4

通过图4-68可以看出，随着加入气相二氧化硅粉末比例逐渐增加，三种涂料涂膜的表面接触角最初都呈现上升的趋势，在3%的节点之后硝基清漆的涂膜表面接触角变化逐渐趋于平缓，而丙烯酸光油则在比例变化从4%到5%时出现下降，由于没有进行进一步的实验因此尚不能推断出这种情况是否偶然。聚氨酯清漆的涂膜表面接触角则一直平缓上升，还有继续提升的空间。

（5）抗老化能力测试

涂料老化的影响因素有很多，其中最主要是光、热的影响。涂料老化后最直观的变化就是涂膜颜色的变化，而仿釉涂料的老化变色会对修复后的瓷器文物外观产生影响，因此抗老化的能力是仿釉涂料性能的另一重要指标。

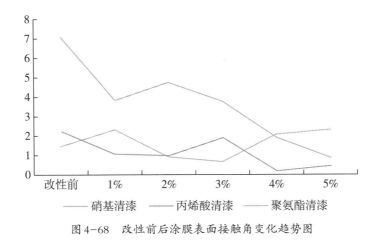

图4-68　改性前后涂膜表面接触角变化趋势图

本文通过紫外线老化试验和环境耐候试验两组试验对改性前后几种涂料的抗老化性能进行对比，将改性前后的涂膜试片分为光老化组（Ⅰ组）以及干湿冷热循环老化组（Ⅱ组），在试片进行老化前后使用电脑色差仪分别进行一次表面色度测试，通过测量试片老化前后表面涂层的色度测量数据可以计算出两者的差值，即色差值（ΔE），计算公式为$\Delta E=[(\Delta L)^2+(\Delta a)^2+(\Delta b)^2]^{1/2}$，色差值可以用以表示涂料经过老化颜色的变化程度。

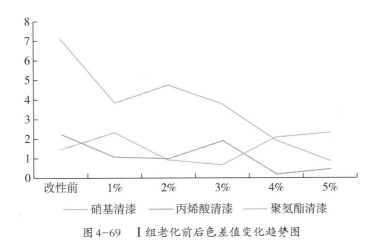

图4-69　Ⅰ组老化前后色差值变化趋势图

通过图4-69可以看出，随着加入气相二氧化硅的比例逐渐增加，三种涂料在经过光老化后色差变化的差值都出现了明显的波动，并不是单纯的上升或者下降的趋势。但是加入气相二氧化硅后涂膜的色差值都有过一定的减小，其中硝基清漆的老化前后色差值在加入5%的比例时降低到了最小，丙烯酸光油老化前后的色差值在4%的比例时降到了最小，而聚氨酯清漆老化前后的色差值则在3%的比例时降低到最小。单从图上折线波动情况来看气相二氧化硅比例与涂料抗光老化性能的关系比较复杂，考虑到色度测量实验中多方面因素的影响，最终的色差值结果可能具有一定的误差，因此会需要进一步的实验来证明气相二氧化硅加入的最佳比例。但是通过这个结果还是可以得出一个结论，即气相二氧化硅粉末的加入可以提升这三种涂料的抗紫外线光老化性能。

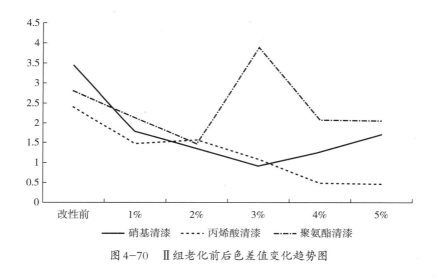

图4-70　Ⅱ组老化前后色差值变化趋势图

图表4-70中的折线反映出了在干湿冷热交替循环老化前后，气相二氧化硅加入的比例与三种涂料涂膜表面色差值的关系，三条折线依然是有着明显的波动，其中丙烯酸清漆的这条线呈现出了总体下降的趋势，并且在加入气相二氧化硅比例达到5%时色差值降低到了最小值，硝基清漆则是在加入比例到达3%时色差值降到最小值，聚氨酯清漆的数据在3%出现了异常，考虑到可能是实验数据误差所造成，因此忽略不计，大体也呈现出下降的趋势，但是在比例为2%的时候已经达到了最小值。相比Ⅰ组光老化的数据，Ⅱ组的数据更有规律性，可以明显看出气相二氧化硅的加入提升了三种涂料的环境耐候性。

5.结论

本文研究的目的是通过加入气相二氧化硅的改性方法提升涂料的性能以使其更好地满足陶瓷类文物修复的需求，选用了修复中常用的三种类型的涂料：硝基涂料、水性丙烯酸涂料、水性聚氨酯涂料，改性的方向主要针对仿釉涂料涂膜的硬度、附着力、接触角、抗光老化性和环境耐候性这五项性能，采取了制作样本试片进行实验的方法，经过仪器测量和对测试结果的数据分析可以得出以下结论：

（1）气相二氧化硅的加入对于三种涂料的涂膜表面铅笔硬度均有显著的提升作用，且涂膜表面硬度的提升与加入气相二氧化硅的比例呈正比关系，在气相二氧化硅比例达到5%时，三种涂料的涂膜表面硬度均达到最佳值，且硝基清漆和丙烯酸光油尚有提升空间。

（2）除了硬度之外，加入气相二氧化硅后，三种涂料的涂膜附着力和涂膜表面接触角也有一定的提升，涂膜的光泽度则随着气相二氧化硅的加入呈现明显的下降趋势，但是下降幅度尚在可以接受的范围内。

（3）加入气相二氧化硅后三种涂料的抗光老化性和环境耐候性都有所提升，但是在实验中尚没有得出气相二氧化硅的最佳比例，还需要进一步的研究。

综上所述，针对本文所选用的三种涂料，气相二氧化硅改性可以有效地提升其涂膜的硬度、附着力、接触角、抗光老化性和环境耐候性这些性能，但是会使涂料损失一定的光泽度，综合各项测试的数据得出加入气相二氧化硅的最优比例：硝基清漆为5%，丙烯酸光油为5%，聚氨酯清漆为3%。

参考文献

[1]钱逢麟，竺玉书主编，涂料助剂，化学工业出版社，北京，1990，11（第一版），429–439.

[2]俞蕙.论古陶瓷修复中上色颜料的选用[J].文物修复与研究，2009（00）：108–114.

[3]温建华.陶瓷保护修复材料的综合研究[D].北京大学，2018.

[4]杨植震，俞蕙，高正，吕迎吉.关于提高丙烯酸光油仿釉层硬度的研究[J].文物

修复与研究，2009：115-118.

[5]蒋道银，罗曦芸，刘伟，余宏华.古陶瓷修复仿釉涂料的研究[J].文物保护与考古科学，2002（S1）：92-100.

[6]张翠，吴燕，张洋，孙妍.纳米二氧化硅对涂料的改性研究现状[J].林业机械与木工设备，2013，41（8）：16-22.

[7]黄琼涛，吴燕，张莉娇，闫小星.纳米二氧化硅改性对硝基木器涂料力学及光学性能的影响[J].家具，2014，35（2）：25-28.

[8]于清章，韩行勇，郝庆辉，邱再明，吴霁虹.纳米二氧化硅浓缩浆在涂料中的应用研究[J].涂料工业，2013，43（10）：11-15.

[9]吴慧.纳米二氧化硅改性聚氨酯风机叶片涂料的制备及应用研究[D].复旦大学，2013.

[10]Dashtizadeh A，Abdouss M，Mahdavi H，Khorassani M. Acrylic coatings exhibiting improved hardness，solvent resistance and glossiness by using silica nano-composites[J]. Applied Surface Science. 2011；257（6）：2118-2125.

[11] 张翠，吴燕，张洋，孙妍.纳米二氧化硅对涂料的改性研究现状[J].林业机械与木工设备，2013，41（8）：16-22.

[12]于清章，韩行勇，郝庆辉，邱再明，吴霁虹.纳米二氧化硅浓缩浆在涂料中的应用研究[J].涂料工业，2013，43（10）：11-15.

[13]金祝年.应用纳米二氧化硅改进外墙涂料性能的研究[J].化工新型材料，2004（5）：42-43.

五、陶瓷文物修复工艺学

5.1 陶瓷文物修复工艺学目标及研究方法

5.1.1 陶瓷文物修复工艺学目标

陶瓷文物修复工艺学不仅包括传统陶瓷文物修复技艺的内涵与价值的挖掘、研究与传承，涉及田野调查、传承人口述史调查、文献索引、传承人脉络梳理、技术的考证、技术的革新、技术的传承。也包括为了达到更好的保护修复效果，对现代工艺的引进与改进。

在现代文物保护进程下，传统陶瓷文物修复技术还面临科学化问题。以传统文物修复工艺实地调查为基础、以现代科学知识和科学方法为分析手段，并利用现代科学原理、科技理念进行工艺阐释，揭示传统技术与工艺的科学内涵，实现技术的不断优化与提升，从口传身授到科学定性、定量，实现将工匠的传统经验上升为科学理论，进而全面推动现代科学技术和传统工艺的有机结合，最终建立一套规范化的传统工艺科学化体系。

5.1.2 陶瓷文物修复工艺学研究方法

包括田野调查法，传承人口述史调查法，模拟实验法，文献调研法等。

田野调查又叫实地调查或现场研究，陶瓷文物修复工艺学的田野调查要求调查者参与到陶瓷文物修复师的工作中，从陶瓷修复师开展陶瓷修复技艺活动中观察、了解和认识陶瓷修复工艺的知识体系与操作要点。

传承人口述史调查法指的是对陶瓷文物修复传承人进行口述采访，采访记录内容分两种：一是记录陶瓷文物修复传承人的修复作品和他们的修复技艺，二是结合修复作品记录他们的修复过程和从业经历。

模拟实验法指的是针对特定的文物样品或模拟样品，以拆分清洗工艺、粘接工艺、补配翻模工艺、加固工艺、上色仿釉工艺的评价、筛选优化为研究目标，开展对照实验并进行观察评估，得出不同陶瓷文物修复工艺的适用范围、优缺点及给出优化策略，谋求针对不同的文物，采取科学有效的陶瓷修复工艺。

文献调研法是围绕着陶瓷文物修复工艺相关项目及课题的需要而有目的有计划地查阅文献情报资料的一种科学研究方法。

陶瓷文物修复工艺学包括陶瓷文物拆分工艺、清洗工艺、粘接工艺、加固工艺、补配翻模工艺及上色仿釉工艺等，下文分别论述。

5.2 陶瓷文物拆分工艺及方法

5.2.1 拆分原理

古陶瓷修复中的拆分与我们日常生活中所理解的拆分有相似之处，都是指由一个整体组成的不同部分被分开的过程。

5.2.2 拆分的定义

拆分指的是清除古陶瓷器原有修复材料，例如，粘结剂、填补材料、仿釉色层等，为再次修复做准备。这项操作一定要谨慎对待，它可能对保存状况不佳的器物造成损害，而且每次拆散都会磨损碎片的碴口。而且，随着对于保护意识的更新发展，人们已经意识到过去的修复痕迹也属于器物历史的组成部分，除非已经影响到文物的安全，妨碍人们对文物的观赏与研究，我们还是尽量保留原有的修复，避免轻易地拆分古陶瓷器。通常，采取拆分的措施会涉及以下几种情况：

1. 原修复拙劣，例如：粘结错位；使用不适当的修复材料。

2. 原修复材料收缩、曲卷、开裂。

3. 材料老化对器物产生了危害，例如：粘结剂失效；金属锔钉生锈、玷污器物。

4. 修复部分面积过大，过度遮盖原器。

5.2.3 拆分前的准备

拆分前要利用肉眼或者放大镜等工具来检查，确定旧有修复材料的位置和范围。需要拆分的对象主要有：仿釉色层填补材料、粘结剂金属锔钉等。拆分可以采用机械方式，也可以使用化学方式。如果只有部分原材料老化，也可以进行局部拆分，降低操作带来的风险。正式拆分前要做好防护工作，在器物下垫好塑料泡沫等材料，防止粘结处突然散开。

1. 拆分工具及设备

手术刀、锥子、螺丝刀、锤子、电钻、大型干燥箱、烘箱

2. 拆分试剂

（1）水：水可以溶解氯化钠、硫酸钠、多种硫酸钠等许多盐类，而且水提纯安全，是安全性能最高的拆分材料。在古陶瓷修复中因为自来水中含有杂质，所以一般采用蒸馏水、纯净水、去离子水。但是水不适用一些带有彩绘陶器的拆分，会使彩绘层受损。

（2）乙醇：乙醇也就是一般所说的酒精，是一种有机溶剂，化学式为 CH_3CH_2OH。它是无色透明、易燃易挥发并带有刺激性酒香气味的液体。其蒸气能与空气形成爆炸性混合物，能与水以任意比互溶。能与氯仿、乙醚、甲醇、丙酮和其他多数有机溶剂混溶。乙醇不仅能溶解许多有机化合物，也能溶解一些无机化合物。

（3）丙酮：丙酮分子式为 CH_3COCH_3，是一种有机溶剂，它是无色透明的液体，易挥发易燃，有特殊的辛辣气味。易溶于水和甲醇、乙醇、乙醚、氯仿、吡啶等有机溶剂。丙酮对很多的有机化合物都可以溶解，包括脂肪、油、橡胶、树脂等，溶解范围广并且溶解效果优良。

（4）甲酸：分子式为 $HCOOH$。甲酸是酸性清洗剂，又叫蚁酸，是最简单的脂肪酸。它是无色透明带有刺激性气味的液体，酸性很强并具有腐蚀性能，容易对皮肤产

生危害。甲酸一般多用于拆分环氧树脂粘接剂，但是操作时要及时通风，注意人身安全和实验室安全。

（5）二氯甲烷：二氯甲烷的分子式：CH_2Cl_2。无色透明液体，有具有类似醚的刺激性气味。不溶于水，溶于乙醇和乙醚。它是不可燃低沸点溶剂，常用来代替易燃的石油醚、乙醚等，一般多用于拆分环氧树脂粘接剂，但是二氯甲烷具有一定的毒性，长期加热会放出有毒气体，在使用时要格外小心。

5.2.4 拆分对象

1.仿釉色层

对于有釉的陶瓷器来说，某些老化的仿釉色层与釉面间的附着力并不强，用锋利的手术刀可以方便清除，但要小心不能刮伤硬度较低的釉上彩，或者已经脆弱的釉层表面。

如果仿釉层附着力太强，且要防止伤到器表，就要选择化学试剂来清洗，可以月棉花签蘸乙醇、丙酮等有机溶剂来清除。要注意有机溶剂可能会溶解低温釉上彩。

2.填补材料

填补材料的作用是取代缺失的部分，也会起到一定的加固作用。通常清除色层之后，就可以发现填补材料的位置。填补材料的材质包括：石膏及其混合物、环氧树脂、502胶等粘结剂与填料的混合物，用肉眼观察就可以分辨。填补材料一般采用机械方法，先用锉刀、钻子等工具将大面积的填补材料去除，然后换手术刀、针等细小工具清除靠近碎片边缘的填料残余，必要时使用水（温水）、乙醇、丙酮香蕉水等软化残余后清除，如果溶剂使用过多，粘结剂或填补材料残留会随溶剂嵌入裂缝深处或者吸入胎质内部。

拆除填补材料可能会造成器物碎片之间分离，要事先做好安全措施，防止填补材料或者碎片意外跌落，造成再次碎裂。此外，拆除石膏等填补材料会造成粉尘颗粒的散播，嵌入器物裂缝或孔中，造成再次污染，可以事先遮盖部分器表用于防尘。修复者也要做好防护工作，避免吸入有害粉尘。

3.粘结材料

陶瓷修复使用的粘结剂种类很多，判定粘结剂种类之后，第一步选用适合的溶剂破坏粘结层，使碎片分离，第二步利用机械手段或化学手段清除残留在碎片碴口上的残胶。早年的粘结剂常为虫胶、动物胶等天然树脂，近年来比较多采用环氧树脂粘结剂（万能胶）、a-1基丙烯酸酯粘结剂（502胶）、硝酸纤维素粘结剂、聚醋酸乙烯酯粘结剂（PVAC）等。

很多情况下，拆分前并不能立即确定粘结剂的种类，因而就要按照溶剂强度大小依次尝试。可以先选择最安全也最经济的水开始，经过一段时间的热水浸泡（在不损伤器物的前提下），动物胶、虫胶、聚醋酸乙烯酯粘结剂（PVAC）等可以被加热软化，有助于将碎片分开。如果热水没有效果，可改用丙酮等有机溶剂，它们能够有效溶解PVAC、丙烯酸酯树脂粘结剂、硝酸纤维素粘结剂等许多合成粘结剂（除了环氧树脂外）。最后采用甲酸、二氯甲烷等试剂来溶胀环氧树脂粘结剂（见表5-1）。

表5-1　国内常见粘结剂及其清洗剂

粘结剂	清洗剂	粘结剂	清洗剂
环氧树脂粘结剂	甲酸、二氯甲烷	聚醋酸乙烯酯粘结剂（PVAC）	热水、丙酮
a-氰基丙烯酸酯粘合剂	热水、丙酮	虫胶	热水、乙醇、丙酮
硝酸纤维素粘结剂	丙酮	动物胶	热水、乙醇、丙酮
丙烯酸酯树脂粘结剂	丙酮		

（1）用水拆分

在大小适中的容器底部铺上软布，注入温水后浸入器物，然后逐步添加热水，切勿立即使用沸水，可能会因为突然的热胀冷缩而损伤器物。如果是大小适中的高温瓷器，为加快速度，也可以直接放入锅内用电磁炉加热，沸腾后水蒸气更加容易作用于粘胶处。通常热水浸泡至少要2个小时，直到碎片自然脱落，如果没有脱落，可人为稍加用力帮助分离。

（2）用有机溶剂拆分

丙酮等有机溶剂能够溶解许多粘结剂，但是有机溶剂大多是易挥发、易燃、对人体有刺激性，而且会溶解低温釉上彩和镏金，因此使用要小心谨慎。对于无釉上彩和镏金的小型高温瓷，可以直接浸泡在有机溶剂中，也可以用来清除碎片残留的粘结剂。但溶剂要盛放在可密闭的玻璃容器内，并且在有通风设备的房间内操作。丙酮等属于易燃物质，不可加热清洗。对于那些质地脆弱的器物，可以采用熏蒸法清洗，但拆分的速度比较缓慢，至少要好几个小时。覆盖法适用于那些无法浸泡的器物，将若干棉花球蘸有机溶剂后，依次摆放在胶结处，并与之贴紧，最后在表面覆盖铝箔纸，防止挥发，在铝箔纸上开小洞，定期用滴管补充，每半个小时检查一下拆分的情况。

（3）拆分环氧树脂

环氧树脂是最难清除的粘结剂，近来修复中经常使用，尤其是用于那些大型器物。老化的粘结剂呈深黄色或者褐色，但其非常牢固不会变脆，大多数情况，很难用普通有机溶剂分离。如果器物质地较好，可以将器物置于烘箱中加热到150℃～200℃（15～30分钟），取出后适当施力将碎片分离，残留在碎片上的粘结剂用甲酸浸泡使之软化，然后用手术刀等工具清除。如果器物为高温瓷器、无釉上彩、大小适中，可直接浸泡在甲酸中，直到环氧树脂胶层溶胀而自然脱离。甲酸有挥发性，对人体有害，器物或者碎片一定要放在加盖的玻璃容器中浸泡，并且在配备通风橱的地方操作，修复人员也要做好防护。浸泡结束后，用夹子取出碎片，用清水冲洗掉残留甲酸后，再用手术刀等工具清除残胶。

同样，二氯甲烷也可以溶胀、软化环氧树脂。根据胶层的厚薄情况，采用多次涂刷或者浸泡的方法。有时施用了二氯甲烷之后，碎片没有立刻分离，需要洗净器物之后，继续用热水浸泡，破坏环氧树脂胶层。二氯甲烷挥发刺激性气味，易燃，不能用在有釉上彩、彩绘或者镏金部位，操作时要做好防护，否则会造成操作者恶心或头痛。

基本拆分后，碎片往往还留有残胶，部分观点认为应尽量用机械方法，因为使用溶剂会使软化的粘结剂扩散到碎片接口的缝隙里，再次拼接时就不易对准。

4.金属锔钉

传统锔补（如图5-1）修复留下的金属锔钉可首先采用机械方法清除。方法是先用热水或丙酮软化锔钉根部的胶泥，然后将锔钉撬起一部分后从中间剪断，随后将两截钉子用钳子依次拔出。锔钉的根部大多是斜插入器表，所以如果不先将锔钉剪断，同时拔出整个锔钉，势必会破坏附近的胎釉（如图5-2）。此外，在拔锔钉之前，要用胶带固定碎片，以防突然散架。金属锔钉形成的铜锈或者铁锈可以采用前文介绍的化学清洗方法来处理。

图5-1　锔瓷

5.2.5 拆分方法

拆分之前要先用肉眼或者放大镜观察需要拆分的部位、面积以及合适的步骤。要进行检测实验，判断需要拆分的部位是否完全断裂。拆分的方法可以采用物理方法或者化学法，也可将两者结合。拆分过程中要注意做好保护工作。

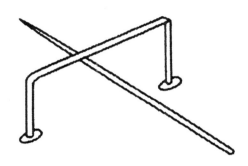

图5-2　直接翘起锔钉

1.物理方法

（1）电吹风法：电吹风适用于拆分粘接强度弱一点的粘接材料，如果在粘接材料没有完全固化的情况下，可以采用其进行拆分。

（2）热水法：热水一般可以拆分α-氰基丙烯酸乙酯、聚醋酸乙烯酯粘接剂、虫胶、动物胶等粘接材料。要在容器内铺上一层软布，将瓷器放进容器内，内外注入温水，再进行

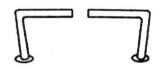

图5-3　剪断锔钉后拔出

加温。切记不能直接使用沸水，以防瓷器炸裂，造成二次伤害。热水浸泡两个小时后（也可以根据粘接强度加长时间），碎片可以自动脱落，也可根据情况采取手动分离。

（3）烘箱法：拆分环氧树脂类，如果器物质地较好，可以用烘箱加热，温度定于150℃~200℃之间，时间为15分钟~20分钟。取出后施力将其分离。

2.化学方法

（1）乙醇和丙酮等有机溶剂可以拆分虫胶、动物胶等多种粘接剂，丙酮还可以拆分 α-氰基丙烯酸乙酯，但是这些有机溶剂易挥发、易燃，并对人体有害，并且会溶解低温釉上彩和镀金，所以在使用和保存过程中要特别留心。对于无釉上彩和镀金的高温瓷，可以将瓷器浸泡在试剂中，但是试剂要存放在密闭的玻璃容器中，并置于有通风设备的实验室中，且丙酮易燃，不可以加热清洗。熏蒸法清洗适用于那些质地较脆弱的瓷器，但是时间略长；覆盖法适用于无法浸泡的瓷器，将若干棉花球沾满丙酮试剂覆盖于胶接处，并用保鲜膜将其覆盖，避免挥发，利用注射器定期加入试剂。丙酮使用之后一定要将其盖好，避免挥发。

（2）甲酸和二氯甲烷可以拆分环氧树脂粘接剂。碴口的环氧树脂胶可用甲酸试剂清除。如果瓷器是高温、无釉上彩又大小适中可以采用二氯甲烷或者甲酸浸泡法，但是同丙酮一样，这些试剂皆属于有毒溶剂，使用过程要加倍小心。

3.其他

如遇到需要拆分金属锔钉的情况，先用热水或丙酮软化锔钉根部的胶泥，再用胶带固定碎片，之后将锔钉撬起一定距离从中间剪断，然后分别将两段锔钉用钳子拔出。假如不先剪断锔钉，而是直接拔出整个锔钉，很可能对附近的胎釉造成破坏，因为锔钉的根部大多都是斜插入器表。最后将金属锔钉在胎体表面产生的锈用化学方法进行清理。

5.3 陶瓷文物清洗工艺及方法

5.3.1清洗的定义

清洗指的是清除古陶瓷表面或内部的各类杂质或异物，包括传世陶瓷器上日积月累的污渍、灰尘、油腻、出土器物内部有害盐类或外部土锈钙质堆积物，以及老化不美观的老旧修复的残留物等。概括来说，清洗的目的有二：一是清除损坏陶瓷器胎釉结构的有害物质，停止或延缓败坏的发生，例如：对出土陶器进行脱盐处理，清除陶器内部导致器物酥解、釉层剥落的可溶性盐；二是为了清除丑陋、不雅观的外在堆积、污垢或陈旧的修复材料，令陶瓷器的碎片碴口清洁、器物色泽清晰，从而保证碎片拼接、上色等操作的顺利开展。

5.3.2 清洗前的准备

1.器物与污染物种类

清洗之前，首先要检查陶瓷器的结构与组成，判断其脆弱或不牢固的部分是否能够承受清洗操作。例如，检查器物表面是否有彩绘、胎釉是否有龟裂、器物是否曾修复过，如果处于不稳定的情况，那清洗前需进行适当地加固。其次，要对污渍或堆积物进行检查和判断，如果堆积物包含重要的历史考古信息，反映了器物使用或保存环境的情况，如纺织物痕迹、食物残留、珊瑚堆积等，只要不妨碍修复或过分影响器物的形象，均要保留。但是，如果这些残留不清除，会对文物的保存或修复造成影响，就要适当清洗，但之前一定要做好标本采样、摄影等记录工作。

陶瓷器沾染的污物种类很多，主要是由于保存环境和使用状况造成的。例如，经常接触食物的器物会在缝隙中堆积灰尘或油腻；曾埋藏地下的器物常见土锈、金属锈、钙质堆积；出水器物常见有盐渍、黑色污斑；经过修复的器物，清除对象还包括脆弱老化。妨碍美观的粘结剂、色漆、金属锔钉等。而且通常情况下，胎质酥松的陶器、开片的釉面、造型复杂的器物更加容易吸附污垢，针对这类器物的清洗也最为复杂与困难。

（1）按形状

颗粒状：土、灰尘、附着物

覆盖膜状：水垢、锈层

（2）按来源：

自然因素：灰尘、霉菌、藻类、青苔、贝壳类等

人为因素：绘画、书写、茶垢、不当修复及老化的材料

（3）按成分：

无机：水垢、锈垢、泥垢、无机盐类

有机：油垢、血渍、颜料

2.清洗操作的特点

清洗是干预性的操作，不但对器物材质带来潜在危险，而且会扰乱破坏文物所蕴藏的信息与价值，例如：过度的机械刷洗会打磨掉碎片，导致碎片无法准确拼接；溶剂可能使夹砂陶分解，洗掉器物的某些彩绘层；某些化学溶剂的清洗会弱化陶器的结构，使其老化；同时清洗剂能够萃取器物中的食物衰变产物。因此，安全的清洗操作必须遵循以下几点：

（1）清洗前预备

针对考古出土陶瓷器，首先要对陶瓷器样品或者附着残留物进行采样，便于日后利用科学仪器对样品进行测试与分析。正式清洗前须进行小范围试验，判定清洗剂或工具使用有效且不伤害器物；试验应选择器表不明显区域，用指甲或者竹木质尖锐工具轻划，可以大致判断陶瓷器的硬度；利用显微镜观察工具刷洗器物表面后的摩擦痕迹，可以帮助选择硬度适宜的工具。

（2）清洗过程中

对于保存状况良好的陶瓷器，通常采用刷子刷洗的方式。清洗考古出土碎片时，要置于筛子上，在流动的细水柱下一片片刷洗。如果在水盆中清洗碎片，要及时更换清水。避免冲洗的土渣摩擦损伤器物。器物要避免采取全部浸泡的方式，为了防止污渍或清洗剂扩散到器物内部，使用清洗剂清洗空隙率高的器物时，应预先用水浸湿瓷器以减少清洗剂的渗入量。

（3）清洗结束后

如果使用化学试剂清洗，需用清水将残留物彻底漂洗干净，最后用软布吸干水分，置于通风避光的室内晾干，有时需要数天或更长的时间。如果干燥过程中器物表面析出白色盐类（针状的白色粉末或者结晶），要立刻停止干燥，将碎片湿润保存，首先进行除盐处理。

总之，清洗的目的是为了文物长久保存，而不是追求将文物变得焕然一新。因此清洗操作不可过度，要适当保留古代陶瓷器的历史价值。

5.3.3 清洗方法

在全面检查了古陶瓷的保存状况、污物的种类及污染程度之后，可以依照不同的情况，选择不同的清洗方式，主要可分为机械清洗与化学清洗两大类：

1.机械清洗

指用软刷、竹签、手术刀等工具来清除覆盖器表或嵌入勾缝的灰尘和污物。与化学清洗相比，机械清洗的优点是可以避免清洗过程中污渍随着清洗剂进一步扩散，能够更好控制清洗进程。机械清洗的方式可以概括为四类：

（1）除尘：用软布、笔刷、真空吸尘器等清扫、拂拭、吸取附着在器表上的浮土和灰尘。除尘不要使用掸子或棉签，这可能会勾伤表层脆弱的陶器或釉陶。轻轻扫过表面，不要反复摩擦，造成静电，这会吸附更多灰尘。

（2）切削：用合适强度和形状的刀具，例如手术刀、钎、竹刀等，以切除、削断的方式，来清除牢固附着器表的坚硬物，例如钙质结壳或者旧的修复材料。考古发掘品上的污泥浊土或堆积物，要在完全干燥前清除，完全干燥后附着物就会变得很坚硬，必须用水或者酒精溶液软化后清除。

（3）研磨：用砂纸、研磨膏等磨具，逐步磨平器表附着的堆积物。挑选的磨具的强度要足以清除堆积物，但又不可过于坚硬而磨伤器物。避免用于无釉、多孔的陶器，开裂脆弱的釉面，以及低温釉上彩瓷。深入到釉层缝隙中的污渍也可以用细研磨膏清除。

（4）振动：超声波清洗是利用超声波在清洗液（例如：蒸馏水）中的辐射，使液体震动产生数以万计的微小气泡。气泡破裂产生的力量足以快速冲刷污垢，尤其是那些很难触及的位置，例如器表的缝隙，小口瓶的内部等。类似的设备还有牙医使用的洗牙器，它可以在水流中发送超声波产生振动，从而清洁表面。

机械清洗要遵循由弱到强的原则，可先用大小形状适合的软毛刷清扫灰尘污物，如效果不好，再逐步更换硬度稍大的刷子。勾缝内的顽固污物，用竹签、手术刀等尖锐工具仔细剔清。机械清洗并不一定都是干洗的方式，如果器物状态良好，可以局部或全部润湿软化污垢，方便清除。对于脆弱部分的清洗，要使用显微镜协助操作。

表5-2 机械清洗的方法

方法名称	清洗对象	工具与材料	操作说明
除尘	附着表面不牢固、非油腻的尘土	笔刷、软布、吸尘器	避免将灰尘扫入凹陷或者缝隙处；小心除尘工具勾伤脆弱开裂的表面；不要反复擦拭器表，这会导致静电，吸附更多灰尘
切削	牢固附着表面紧密的固体堆积；干固的土块、硬壳、旧的修复材料等	手术刀、针、竹签及其他自制工具	谨慎操作以免对器物造成损伤。
研磨	可用于瓷釉表面的堆积物，例如：钙质堆积或者釉层细缝中的灰尘 用于附着在坚硬釉面（无釉上彩）的堆积物	研磨膏：用棉花签或者毛刷蘸研磨膏来研磨，再用干净的棉签（或用适当溶剂浸润后）清理 砂纸	选择强度适中，不含油脂，不含漂白剂等其他有害物质的研磨膏；研磨膏干燥前要清除干净，否则会留下残渍。砂皮打磨时用力要尽量小；时常用显微镜观察，确保没有伤到釉面；避免用于釉上彩瓷器
振动	配合水或清洗液，清洗普通工具难以达到的部位，如缝隙内的堆积物与污渍	超声波清洗器、牙医洗牙器	避免用于质地疏松的器物

但事实上，机械清洗不损害器物表面是非常困难的，用显微镜观察清洗中和清洗后的表面都可以发现清洗造成的磨损和划痕。最大的危险是器表的结壳比器物自身更加坚硬（例如，软胎上的不溶盐结壳），或者结壳与器物表层的附着力要大于表层与胎体的附着力。这个时候，只好用化学手段来软化甚至消除结壳，或者尽量在表层与胎体之间渗透加固剂增加其附着力。

2.化学清洗

除了普通污垢，化学清洗对各种油脂类、树脂类污渍、盐类结壳等有显著的效果（见表5-3）。尽量避免将陶瓷器浸没在清洗剂中清洗，这可能导致器物内部的可溶性盐移动，或者使污物扩散、转移到深处，还会损伤陶瓷器的胎釉及其上的镏金彩绘等纹饰。修补过的陶瓷器更不可完全浸湿，那会破坏粘结剂、金属铜钉等老旧的修复材料。正式清洗前，先要选择局部进行试验，以证明清洗剂有效且不伤器物。化学去污后，要用蒸馏水、去离子水漂洗。最后，用软布吸干水分并且放置在通风处自然吹干或者用冷风机吹干。

概括来说，化学清洗操作分以下三种：

（1）浸泡法：

将需清洗的部分完全浸入清洗剂。所需清洗剂较多，成本高。需要事先确定器物胎质是否足够牢固，挥发性的清洗剂要用有盖容器盛放。

（2）覆盖法：

将清洗剂浸湿棉条，贴覆在污渍部分。大多针对挥发性清洗剂，可避免清洗剂对于器物其他部分的影响。

（3）蒸熏法：

将器物放在干燥器里，隔板上面是器物，下面是清洗剂，将器物置于饱和的溶剂气体之中。这种方式更安全，用于质地较脆弱、孔隙率高、不宜浸泡清洗的器物（如图5-4）

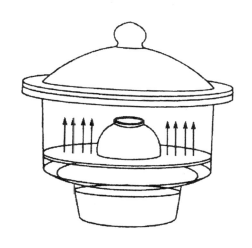

图5-4 蒸熏法清洗

表5-3 古陶瓷器的化学清洗方法

污垢	性质	化学试剂
可溶盐	氯化盐、硝酸盐等	清水（蒸馏水、去离子水）
不溶盐	碳酸盐、硫酸盐等	5% EDTA +4Na
		10%~20%硝酸/盐酸
污斑	铁锈斑	10%草酸
		5% EDTA +2Na
	黑色硫化铁、有机污斑	10%~25%过氧化氢

3.干洗材料及方法

在英文中称为dry clean，即采用粉状或可塑的团状物滚擦有污垢的文物表面，使污垢被吸附在有塑性的胶团中。适用于不能用水清洗的文物，例如表面粗糙的无釉陶器等。材料及使用方法包括以下几点：

（1）清洗粉（draft clean powder）：含有胶状擦洗物质的精细粉碎的粉末，使用方法是采用毛笔将粉状物通过圆形运动刷过有污垢的表面，使污垢被擦掉。

（2）腻子橡胶：含有丁基橡胶和浮石，另外以碳酸钙做填料，轻擦去除文物上的污垢，不会残留。

（3）合成腻子：通过轻压使腻子粘在器物上，然后取下，可以将尘垢粘附在腻子表面而脱离文物。这种方法用于表面粗糙无釉陶器的清洗，效果很好，也可以用在壁画等其他文物的表面清洗。

5.3.4 膏状物清洗法

1.清洗原理及清洗范围

采用一种吸附性很强的粉末状惰性物质做载体，将这些材料用溶剂饱和。使用时将其涂敷在需要清洗的表面。膏状材料使溶剂紧贴在被处理的面上，可以方便地选择清洗范围。溶剂能够溶解引起污垢的物质，被溶解的污垢在溶剂挥发过程中，被从文物的孔隙中吸到膏状物中，最后脱离文物而除去。

该清洗法适用于清洗文物表面的盐类和污垢。特别适用于文物表面局部污物的清除，脆弱不适宜采用浸泡方法清洗的文物，以及大件文物的清洗，文物侧面的清洗。用膏状清洗法清洗后的文物一定要用去离子水彻底清洗。

2.膏状物的组成

（1）多孔惰性材料

1）海泡石（sepiolite）：含有水化硅酸盐，多孔。

2）凹凸棒石（attapulgite）：也叫硅镁土、绿坡缕石，具有网状结构，没有膨胀性。

3）laponite：是一种无机合成的黏土类胶体，白色细粉状，与溶剂混合形成触变性凝胶。

4）斑脱土（bentonite）：是一种蒙脱石含量较高的黏土。

5）其他可用的材料还有活性炭、硅藻土、酸性白土、活性白土、分子筛等。

（2）溶剂

采用的溶剂包括水和有机溶剂。

3.辅助材料

为了提高清洗效果、分解难溶的污垢，需要采用一些酸、碱或螯合剂等。

5.3.5 陶器内部可溶盐的去除方法

1.脱盐目的

（1）了解可溶盐由于溶解－重结晶现象对多孔文物所产生的危害。

（2）了解陶器内部可溶盐的去除方法、特点及其适用范围。

（3）重点掌握深洗技术在陶器脱盐中的应用。

2.脱盐原理

陶质文物的原材料一般为黏土，主要化学成分为硅酸盐。多数陶器的烧成温度在700℃～1000℃，部分釉陶的烧成温度较高，可达到1200℃左右。由于黏土中各种成分的耐热缩变性能不同，烧结之后的陶器结构疏松，吸水性能强，孔隙率大。

在地下埋藏环境中，土壤中的可溶性盐通过毛细作用、随地下水在陶体孔内发生迁移，水中溶解的盐分随着水分的蒸发产生沉积，会造成盐分在器物表面和孔隙内的析出。长时间的沉积、积累，并随着环境温湿度的更迭交替，盐分会产生反复溶解、结晶过程。当其浓度积累到一定程度，会形成体积较大的可溶盐晶体。这种反复循环作用的结果造成陶胎的膨胀收缩，产生的应力会促使陶器侧壁和表面产生压力，削弱胎体黏土颗粒间的结合力，使陶器强度降低，最终导致器物的酥粉和剥落现象的发生。

脱盐一词原指从盐水中除去一定量的盐分或其他矿物质。文物保护中所提到的脱盐是指去除或降低器物内部可溶盐的含量。陶器脱盐方法总的说来有：深洗技术、吸附脱盐法、结晶改性剂法、环境控制法等。

（1）深洗技术

是陶器脱盐的传统方法之一，基于离子扩散机制的物理反应过程去除可溶盐。一般来说，物质会自发地由高浓度区向低浓度区扩散。也就是说，以水为介质，陶器内部浓度较高的盐离子会向浓度较低的清洗液中扩散，以此达到脱盐目的。此方法多针对于素陶，且要求处理陶器保存状况较好。处理过程中可辅助加温或超声波来达到加速脱盐的目的。中国国家博物馆的工作人员对一批西沙海域打捞的陶瓷器进行脱盐保护处理时，采用了深洗技术。本实验主要采用的脱盐方法即为深洗技术。

（2）吸附脱盐法

主要针对于彩绘陶器，或质地较脆弱，无法直接浸入水中进行脱盐的陶器，可分为传统吸附脱盐法和复合材料吸附脱盐法，两者的区别主要在于吸附材料方面。

1）传统吸附脱盐法

一般采用纸浆等吸水性强的物质为吸附材料，以水作为溶剂，通过吸附材料使水渗入多孔物质来溶解器物内部的可溶盐。之后随着多孔物质外表面水分的不断蒸发，盐溶液通过毛细管作用由多孔物质内部向外部迁移，从而使得盐分最终被吸附到纸浆上。对于陶器来说，脱盐操作时常用制好的纸浆（或多层纸张）将器物包裹起来，待纸浆干燥后除下，再换上新纸浆，如此反复即可达到脱盐的目的。

2）复合材料脱盐法

复合材料脱盐法比深洗技术安全有效，比传统纸浆贴敷法效率更高，特别适合于彩绘陶器的脱盐。

使用吸水、透水性较好的载体材料（如木浆纸等）与吸水脱盐材料（一般使用高吸水树脂）配合使用，制成复合材料垫进行吸附脱盐。采用这种方法处理前，需要将处理对象进行一定程度的加湿，使多孔材质内的可溶盐溶解为盐溶液。此作用过程与传统吸附脱盐法相同，盐溶液向外迁移，逐渐透过载体材料被高吸水树脂吸收，借助吸水树脂的吸液、保液能力进行脱盐。

复合材料脱盐法中对脱盐效果起决定性作用的因素是高吸水性树脂。它是一种功能高分子材料，具有在盐溶液中吸收比自身重几十到几百倍盐水的高吸水功能，并且保水性能优良。高吸水树脂最早由 Fanta 等采用淀粉接枝聚丙烯腈再经皂化制得。按照原料来源可分为以下三类：

a.淀粉类：如淀粉接枝丙烯酰胺、羟甲基化淀粉、淀粉/丙烯酸/丙烯酰胺接枝共聚物等。

b.纤维素类：如羟甲基化纤维素（CMC）、羟甲基接枝丙烯酸盐等。

c.合成聚合物类：如均聚物类（聚丙烯酸盐、聚丙烯酰胺等）、共聚物类（丙烯酸/丙烯酰胺共聚物等）、无机聚合物类（高含水硅凝胶、高含水金属氧化物凝胶等）。高吸水树脂属于含有亲水基团和交联结构的高分子电解质，为三维网状结构。一般来说，高吸水树脂的交联密度较低，在与水溶液接触时，水分子较易渗入树脂中，这主要是通过毛细作用及扩散作用实现的。吸水前，吸水树脂的高分子长链缠绕在一起，交联成网状结构，此时的高分子网络为固态网束，尚未电离成离子对。当高分子遇水时，

其中的亲水基团会与水发生水合
作用，高分子网束开始伸展，形
成网络内外的离子浓度差，水分
子会以渗透压作用向结构内渗透
（图5-5）。同时，树脂本身的交联
网状结构及氢键作用，又限制了
凝胶的无限膨胀。

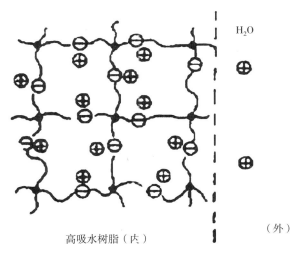

图 5-5　高吸水性树脂的离子网络

3）结晶改性剂法

结晶改性剂有时也称作结晶
抑制剂，是一种可影响溶液中盐
分结晶的添加剂，如多磷酸盐、
磷酸盐、羧酸酯、聚丙烯酸衍生物及苯并三唑类，常用于海水淡化等行业中，用来消
除可溶盐结晶带来的干扰作用。

这些物质主要具有以下两方面作用：

a. 作为结晶抑制剂，可阻止或减少稳定晶核的产生，个别情况下又可作为成核作
用的促进剂；

b. 作为结晶改性剂，可吸附于生长的晶体上，降低（或提高）其生长速率。

近年来，越来越多的研究表明，部分结晶改性剂可显著影响盐分在多孔物质内部
运移的毛细管通道，增大溶液的临界饱和度，减少盐分在多孔物质内部的结晶，使盐
分以溶液形式快速蒸发。结晶改性剂脱盐法尚处于理论研究阶段，在实际的文物保护
工作中还未见报道。不同改性剂用于不同物质的情况不可同一而论，且部分文献报道
会引起处理对象色差上的改变（肉眼无法分辨），在多孔文物脱盐方面仍有待进一步的
研究与应用拓展。

4）环境控制法

是指通过控制环境减少或阻止可溶盐对多孔器物产生破坏的方法。虽然该法不是
真正意义的脱盐，但是可以达到和脱盐处理同样对多孔器物保护的效果。

大家知道，影响陶器盐害发生的主要因素包含两个方面：其一，陶器内部存在可
溶盐；其二，可溶盐发生溶解-重结晶作用。可溶盐的溶解与结晶均需要在一定的温

度、湿度下发生。否则，溶解与结晶过程是不可能发生的。若陶器内部的可溶盐含量在一定范围内，可以从环境控制方面来着手，以阻止盐害的发生，减少盐害对陶质文物的损伤。环境控制主要是针对环境的温度和湿度等环境因素进行控制的。

3.脱盐仪器及器材

水浴锅、DDS–11A 型电导率仪（上海雷磁仪器厂）（图5–6）、DJS–1 型铂黑电极、100ml 烧杯、带盐陶片、洗瓶、滤纸。

4.脱盐内容及步骤

（1）可溶盐的去除

1）将待处理陶器表面积土清理干净。

图 5–6　DDS–11A 型电导率仪

2）将水浴锅内注入蒸馏水，放入待处理陶器，保持蒸馏水始终浸没陶器。白天加热蒸馏水升温至98℃，夜间停止加热。

3）器物在蒸馏水中浸泡大约一周左右后，重新更换新鲜的蒸馏水继续浸泡。

4）重复（2）和（3）步骤，直至可溶盐完全被除去。

（2）可溶盐去除程度的检验方法

表征可溶盐去除程度的最常用方法是电导率法。其基本原理是：器物中的可溶性盐多，浸泡液中的可溶性盐自然也就多，溶液的电导率高。随着不断浸泡，可溶性盐逐渐从器物内部游出而进入水中。当所有的可溶性盐全部去除后，溶液中不存在可溶性盐，其电导率接近或等于纯净蒸馏水的电导率值。实验中需要采用电导率仪测量每一次浸泡液的电导率值。

电导率仪的使用方法如下：

1）电源开启前观察表头指针是否指零，如不指零可调整表头上的调零螺丝，使指针指零。

2）将校正、测量开关拨在"校正"位置。

3）开启电源开关，预热数分钟，待指针稳定后调节校正调节器，使指针在满刻度处。

4）根据液体电导率的大小，选用低周或高周。即当使用 1~8 量程测定电导率低于 300 $\mu S^2cm–1$ 的液体时，将高周、低周开关拨向"低周"档；当使用 9~12 量程测量电导率在 300~105 μS^{2}cm -1 的液体时，将高周、低周开关拨向"高周"档。

5）将量程选择开关拨到所需要的测量范围档上。如果预先不知道被测液体的电导率范围，应先把开关拨到最大测量档上，然后用逐档下降至合适范围，防止量程选择不当，打弯电表指针。

6）根据被测量溶液电导率的大小，按照表5-4要求选月电极。

表5-4　测量范围与配用电极

量程	电导率/μS^{2}cm	测量频率	配套电极
1	0~0.1	低周	DJS-1 型光亮电极
2	0~0.3	低周	DJS-1 型光亮电极
3	0~1	低周	DJS-1 型光亮电极
4	0~3	低周	DJS-1 型光亮电极
5	0~10	低周	DJS-1 型光亮电极
6	0~30	低周	DJS-1 型铂黑电极
7	0~10^2	低周	DJS-1 型铂黑电极
8	0~3^3 × 10^2	低周	DJS-1 型铂黑电极
9	0~10^2	高周	DJS-1 型铂黑电极
10	0~3^3 × 10^2	高周	DJS-1 型铂黑电极
11	0~104	高周	DJS-1 型铂黑电极
12	0~105	高周	DJS-10 型铂黑电极

7）将电极用蒸馏水冲洗干净后用滤纸擦干，插入被测溶液中。将电极常数调节器调节在与配套电极上标有的电极常数相对应的位置。例如，所用电极的电极常数为 0.95，则应将电极常数调节器调到 0.95 处。

8）再次调节校正调节器使电表指针在满刻度处，然后将校正、测量开关拨到"测量"位置，读出电表指针指示的数值，再乘上量程选择开关所指示的倍率，即为被测溶液的电导率。

9）用 1、3、5、7、9、11 各档时，读表头上面的一条刻度（0~1.0）；当用 2、4、6、8、10 各档时，读表头下面的一条刻度（0~3.0），即红点对红线，黑点对黑线。

10）测量完毕后，断开电源，取下电极，用蒸馏水冲洗后擦干放回盒中。

5.注意事项

（1）电极的引线不能潮湿，否则将引起测量的误差。

（2）测量高纯水时应当迅速进行，否则电导率将很快升高。因为空气中的 CO_2 溶于水中变成 CO_3^{2-} 离子，影响电导率数值。

（3）被测溶液的容器必须清洁，无其它离子沾污。

（4）如果选用 DJS-10 型铂黑电极，应把电极常数调节器调到所配套电极的1/10常数位置上。例如，若电极的常数为9.8，则应使调节器指在 0.98 处，再将测得的读数乘以10，即为被测溶液的电导率。

6.数据处理

将不同清洗次数的电导率值列表，并以实验时间为横坐标、测得溶液的电导率值为纵坐标做出溶液电导率值变化趋势图，初步判断在不同清洗时间可溶性盐的被清洗的程度。

5.3.6 脆弱彩绘陶器的清理方法

1.清理目的

（1）了解彩绘陶器的制作工艺和该类文物的主要病变。

（2）了解彩绘陶器的清理、加固在该类文物保护与修复中的重要性.

（3）掌握彩绘陶器表面清理及加固的基本操作。

2.清理原理

（1）彩绘陶器的主要病害及清理与加固保护的重要性

彩绘陶器通常是在素面陶器的基础上施加彩绘而制成的。彩绘层的制成材料主要有颜科与胶料，成分与壁画中的画面层类似。其中颜料多为矿物颜料，经久耐用；而胶料为动植物胶，例如骨胶、皮胶、鸡蛋、树胶等，易流失、老化或霉变，从而引起颜料层的一系列病变。彩绘陶器最常见的病害有起甲、脱落、粉化，在埋藏过程中与一般其他陶器相同，彩绘陶器表面会沉积一定量的泥土、污物，加之埋藏环境中各方面因素的综合作用，表面泥土有时会沉积成较硬的土层。在对出土彩绘陶器进行保护前必须将这些覆盖在表面的土层清理干净，进而再进行后续的保护处理。否则，将影响彩绘陶器后续的保护效果和有效保护时间，造成彩绘层的进一步脱落。因此，对彩绘陶器表面进行清理和一定程度的加固保护是十分必要的。

（2）彩绘陶器的清理

对于彩绘陶器表面的积土，一般采用竹片、棉签、软毛笔、洗耳球等工具进行机械性清除，不建议使用化学药品。

对于较为坚硬的积土层，完全使用机械法难以剔除彻底，且硬质土层在清理时更容易将颜料带走造成表面破损。因此，应适度采用松土剂使土层更易清除。

常见的两种松土剂配方如表5–5。

表5–5　常见松土剂配方

配方	作用	注意事项
乙醇：65～75% 蒸馏水：35～25%	松土	蒸馏水所占比重应依据操作时室内气温高低随时调整。室内气温高，松土剂滴涂后挥发速度快，蒸馏水所占比重取上限；反之，取下限。
8～10%醋酸溶液	松土固色	干硬泥土遇醋酸溶液后起泡变松软，待泥土半干变疏松时再剔除。

松土剂的松土原理：当松土剂药液滴涂到薄层泥土表面时，立即被干燥的泥土所吸收。药液渗入后在黏土颗粒之间侵占一定的空间形成连续的液膜，黏土颗粒被液膜相互隔开。由于松土剂具有较高挥发性，所以在浸入的同时也已开始挥发。随着药液的挥发，让出空间，黏土颗粒又重新靠拢，从而形成微弱松动。同时，相比较于水，松土剂药液的表面张力和粘度都要低得多。所以水能赋于黏土以可塑性和粘附性，而松土剂则不能。经松土剂浸润过的薄层泥土，再用竹签剔剥，即成为半干半湿的疏松浮土，可以用毛笔等轻轻扫掉。这就是松土剂对物体表面附着的薄层干硬泥土起到膨胀疏松作用的原因。

5.3.7　清洗效果评估

1.色差评估：在清洗前后分别使用色差仪对样品进行检测。

2.光泽度变化评估：在清洗前后分别使用光泽度仪对样品的光泽度进行检测。

3.釉面损伤评估：在清洗前后分别对样品的釉面进行显微分析。

4.成分分析：对清洗液中釉、胎溶出物进行分析，判断清洗材料是否伤害到陶瓷文物本身。用色度仪测定表面颜色变化，用光度仪测定表面粗糙度变化，用吸附萃取和电化学法检测可溶盐离子残留量，用毛细管法测量毛细吸水率变化，用显微镜法测定表面磨损率，用接触角和表面张力仪测定从前保护残留物的去除率和降解率等效果测试评价采用显微视频成像仪、色差仪及三维形貌仪等三种评价方法。

5.3.8 一件青花冰梅纹瓷瓶的拆分实验研究与修复

引言：

由北京联合大学应用文理学院文博馆收藏的景德镇窑青花冰梅纹瓷瓶，于晚清民国期间烧制，该瓷器做工精良，样式精美，蕴含了丰富的历史、文化、艺术信息，并体现了较高的烧造工艺。此青花冰梅纹瓷瓶有两处破碎，碎片曾被重新粘合，但粘接技术粗劣，粘接处凸起，影响了瓷瓶的美观，而且老化的粘接材料对瓷瓶产生一定损害。为了进一步展示利用，并减少原粘接材料的损害，有必要对其进行重新检测、分析和修复，最后达到展览修复的标准。本文作者将从瓷瓶的检测分析、病害描述以及修复实验及修复过程等几方面来论述。

1. 青花冰梅纹瓷瓶的观察、分析与检测

在进行文物的修复工作前，科学的观察、分析与检测的步骤是了解文物残损程度及制定修复方案的关键因素。

1.1 文物观察

1.1.1 文物原有修复痕迹观察

此件青花冰梅纹瓷瓶（图5-7～5-10），是直口丰肩鼓腹收腰平足的观音瓶。它通高为29cm，口径是4.85cm，腹部直径7.1cm，足直径9.9cm，重987.6g。

图5-7 青花冰梅纹瓷瓶正面图

图5-8 青花冰梅纹瓷瓶反面图

图 5-9　青花冰梅纹瓷瓶底部　　　图 5-10　青花冰梅纹瓷瓶俯视图

　　此件文物整体完整。主要有冲口、破碎、侵蚀等病害。瓷瓶瓶口有一处冲口（图 5-11），瓶肩出有两块破碎已经被粘好（图 5-12），左侧残片下方有一条五厘米的冲口（图 5-13）。侵蚀两处，在足底部。由于无法取出原有粘接材料样本进行成分分析，所以只能通过用放大镜以及显微镜来初步判定原有粘接材料的类型。

图 5-11　瓶口处冲口图　　　　图 5-12　瓶肩碎片图　　　　图 5-13　瓶身冲口图

　　在使用超景深显微镜进行观察时，分别选择了 50、100、200 的镜头进行拍摄（图 5-14 ~ 5-22）。

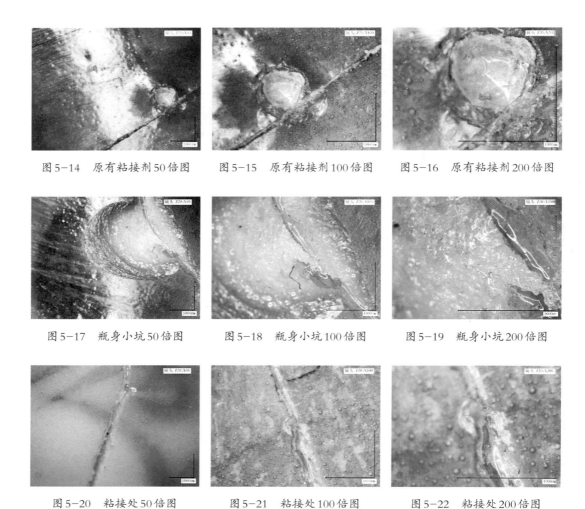

图5-14　原有粘接剂50倍图　　图5-15　原有粘接剂100倍图　　图5-16　原有粘接剂200倍图

图5-17　瓶身小坑50倍图　　　图5-18　瓶身小坑100倍图　　　图5-19　瓶身小坑200倍图

图5-20　粘接处50倍图　　　　图5-21　粘接处100倍图　　　　图5-22　粘接处200倍图

通过显微镜的观察，表明此件瓷瓶的确被粘接修复过，但难以判别原有粘接修复材料的种类。

1.1.2　文物胎体观察

分别使用50、100、200的镜头来观察此件瓷瓶青花部位、白底部位、残留物部位的胎体表面。不难看出，胎体表面有晶莹剔透的水珠状物质，可得出胎体质地良好、色泽光亮，侵蚀程度不大，虽然在50倍镜头下能看出有些细小的磨损，但也可以说被保护得较好（图5-23～5-31）。

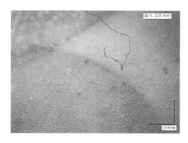
图 5-23　瓶身蓝釉 50 倍图

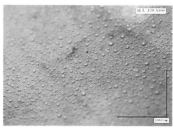
图 5-24　瓶身蓝釉 100 倍图

图 5-25　瓶身蓝釉 200 倍图

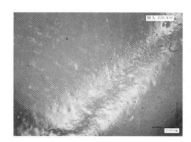
图 5-26　瓶身白釉 50 倍图

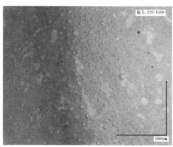
图 5-27　瓶身白釉 100 倍图

图 5-28　瓶身白釉 200 倍图

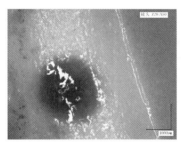
图 5-29　瓶身侵蚀 50 倍图

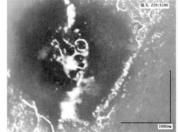
图 5-30　瓶身侵蚀 100 倍图

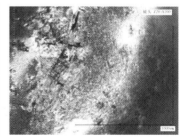
图 5-31　瓶身侵蚀 200 倍

1.2　文物病害

通过病害图（图 5-32）可知瓷瓶瓶口有两处冲口，瓶肩处有两块破碎，已被粘好，但粘接面不齐，并且材料老化变黄；左侧残片下方有一条 5 厘米的冲口。因此，对于此件青花冰梅纹瓷瓶的二次修复工作主要包括原有修复材料的去除以及重新粘接这两大步骤。

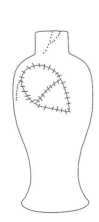

毛边　惊纹　釉层开裂　冲口　裂缝　破碎　缺损　伤釉　侵蚀　附着物生物损害　盐析　其他病害　伤彩

图 5-32　病害图

2.青花冰梅纹瓷瓶的修复过程

2.1 拆分实验及工艺

陶瓷拆分工艺的方法有很多种，大致可分为物理方法化学方法（表5-6、5-7）。[2]

表5-6　常用物理拆分方法表

常用物理拆分方法	拆分种类	拆分强度	伤害程度	拆分条件
施力法	弱胶	弱	一般	在粘接材料没有完全固化的情况下，或者原有粘接材料开裂
清水浸泡法	弱胶	弱	低	
电吹风	弱胶	弱	低	在粘接材料没有完全固化的情况下，可以采用其进行拆分
温水加温法	α-氰基丙烯酸乙酯、聚醋酸乙烯酯、虫胶、动物胶等粘接材料	强	一般	不能直接使用沸水，以防瓷器炸裂，造成二次伤害
烘箱	环氧树脂类	强	一般	质地较好的瓷质文物

表5-7　常用化学拆分方法表

常用化学拆分方法	拆分种类	拆分强度	伤害程度	拆分条件
乙醇	虫胶、动物胶等多种粘接剂	一般	弱	无釉上彩和镀金的高温瓷
丙酮	虫胶、动物胶、α-氰基丙烯酸乙酯等多钟粘接剂	强	强	无釉上彩和镀金的高温瓷
甲酸	环氧树脂粘接剂	强	强	大小适中的高温、无釉上彩瓷器
二氯甲烷	环氧树脂粘接剂	强	强	大小适中的高温、无釉上彩瓷器

通过上述拆分方法的对比，由于无法确认粘接材料的种类，计划采用物理方法，力度由弱到强的方式进行拆分实验。

实验一　施力法

实验要求：相对安全的实验室

实验工具：软布

实验过程：将软布垫于瓶下，避免碎片脱落时的再次伤害。将手指伸入到瓶口中，用力，结果粘接后的破碎部位没有任何松动。

实验二　清水浸泡法

实验要求：相对安全的实验室

实验工具：容器、软布

实验步骤：找来可以全部容下此件瓷瓶的容器，在容器底部置好一层软布，将瓷瓶放到容器内，加清水（图5-33），使水没过瓷瓶，一天之后查看，并无效果（图5-34）。

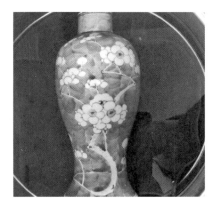

图5-33　实验中瓷瓶现状图

图5-34　实验后瓷瓶现状图

实验三　丙酮覆盖法

实验要求：相对安全的实验室、置有通风设备的环境、实验时要佩戴口罩和橡胶手套

实验工具：丙酮溶剂、烧杯、脱脂棉、保鲜膜、厨房用纸、塑料膜、软布

实验过程：因为丙酮对人体有刺激性，所以要先佩戴手套和口罩，做好保护措施。将塑料膜塞进瓶中（图5-35），但要留一小部分在外面，为了方便取出，再将四张厨房

图5-35　实验准备图

图5-36　密封后图

图5-37　平放静置图

用纸揉成团状，塞进瓶口，这一步是以防瓷瓶胶粘处向里脱落。之后将丙酮溶剂倒入烧杯中适量，将脱脂棉沾满丙酮溶剂，将其敷在瓷瓶胶粘处，再用保鲜膜密封，避免丙酮挥发。将实验部位朝上摆放，静置24小时（图5-36、5-37）。将通风器打开。

　　24小时之后回到实验室验收结果。将保鲜膜和脱脂棉拿掉，发现瓷瓶表面的胶被脱脂棉有所吸收，但是瓷片并无脱落迹象。于是将软布垫在瓶下，再将手指伸进瓶口，另一只手放在瓷片外面做以保护，开始由内向外施力，稍稍用力之后，瓷片脱落，另一片也用力使其脱落（图5-38～5-43）。

图5-38　拆封图

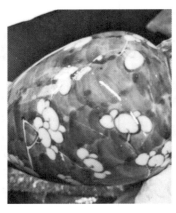
图5-39　拆封后图

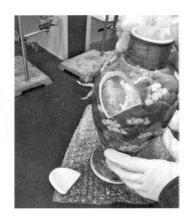
图5-40　瓷片脱落图

图5-41　两片完全脱落

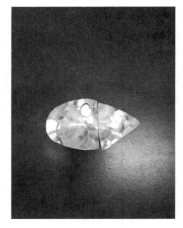
图5-42　碎片正面图

图5-43　碎片反面图

2.2 磕口胶清理

实验一　用酒精去胶

实验要求：相对安全的实验室

实验工具：酒精、棉棒、手术刀

实验过程及结果：先用棉棒沾取酒精在磕口有胶处进行涂抹，清理。因为手术刀太过坚硬担心会对磕口造成二次伤害，所以没有用手术刀进行清理。一段时间过后，发现原有胶并不能完全去除。

实验二　丙酮覆盖法＋丙酮浸泡法

实验要求：相对安全的实验室、置有通风设备的环境、实验时要佩戴口罩和橡胶手套

实验工具：丙酮溶剂、脱脂棉、透明胶带、烧杯、气泡袋

实验过程：进行实验之前先将通风设备打开，保持实验室环境的空气流通，穿好实验服、戴好口罩和橡胶手套，做好身体一系列的保护措施之后开始进行实验。此次实验分两个步骤：

第一步是用丙酮覆盖法：因为瓷瓶过大，难以找到适压的容器，且过于浪费丙酮溶剂，所以进行丙酮覆盖法来清洗瓶身断口的原有粘接材料。将适量丙酮溶剂倒入烧杯中，再将两块大小适中的脱脂棉放入烧杯，使其浸满丙酮溶剂，取出浸满丙酮溶剂的脱脂棉，将其覆盖在瓶身断口处，再用透明胶带固定。在此之前也考虑过用保鲜膜密封固定，但是瓶口过于窄小，对于瓷瓶内部断口处的密封难度太大，所以采用透明胶带密封固定。每隔两小时用注射器往覆盖在瓶身断口的脱脂棉中补充丙酮溶剂，24小时之后查验结果。

第二步是用丙酮浸泡法：因为瓷片过小，所以采用丙酮浸泡法比较简洁。将两块瓷片放入烧杯中，再将丙酮溶剂倒入烧杯，没过瓷片，之后用气泡袋进行密封，再用透明胶带固定。静置24小时之后查验结果（图5-44~5-45）。

24小时之后，取下脱脂棉，发现脱脂棉上粘上黄色物体（图5-46），原来瓷瓶断口上的胶已经被吸到了脱脂棉上。再用小块脱脂棉蘸取丙酮溶剂将残留的胶进行清除。

取出用丙酮浸泡法进行原有粘接物清除的瓷片，发现烧杯中剩余溶剂中含有白色粉末状物体。磕口的原有粘接材料基本上被清除干净，之后也是用小块脱脂棉蘸取丙酮溶剂进行擦拭，直到完全去除磕口上的原有粘接材料（图5-47、5-48）。

图5-44　茬口密封后图

图5-45　注射器定时加丙酮图

由于实验二完成了拆分工作，所以之后的实验不用再进行了。由这几次的实验可以发现，瓷瓶原有粘接材料一旦遇到丙酮溶剂就会被清除，烧杯中的溶剂含有白色粉末状物体，由此判断瓷瓶上的原有粘接材料是502胶。这也是市场上惯用的粘接材料。因为原有粘接材料是502胶，502胶的机械强度弱，并且易脱落，这对

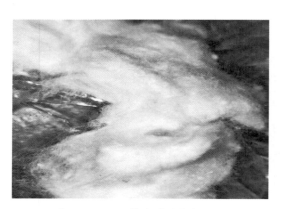

图5-46　脱脂棉上的黄色物体图

图5-47　清洗后瓶身茬口图

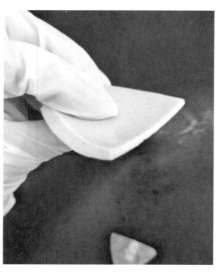

图5-48　清洗后碎片茬口图

此件有着很高价值的瓷瓶的保护修复是不利的，通过这次的拆分实验，对此件青花冰梅纹瓷瓶做到了保护。

2.3 粘接

（1）粘接材料：AAA超能胶稳定性强，性价比高，是现代陶瓷修复中最常用的粘接剂，所以选择AAA超能胶来进行接下来的粘接工作。

（2）粘接难度：由于此件瓷瓶的破碎是在瓶身，且瓶口过小，所以此件瓷瓶的粘接工作难度较大。

（3）粘接工具：AAA超能胶、棉棒、酒精、瓷板、热熔胶

（4）粘接过程：先用棉棒蘸取酒精清理碴口，在将AAA胶挤入瓷板上适量，搅拌均匀之后开始粘接。经过反复的思考，决定先粘接下面三角形状的碎片，在碎片上面轻涂一层薄薄的胶，对齐，将其拼好后，再将另一片碎片拼到一起，避免三角碎片上的胶膨胀占用上面碎片的位置，导致另一片碎片粘接的时候对不齐。拼好后，发现上面的碎片部分位置凸起，之后从上向下在上方的碎片上施力，直到它对齐，再静置五分钟之后观察碎片是否还有凸起，结果碎片还在之前对齐的位置没有凸起，最后将两片都用热熔胶固定。五个小时之后，用棉棒蘸取酒精涂在上面碎片被热熔胶固定的位置，之后用调胶刀去除上面碎片上的热熔胶。再用酒精清理一下碴口（图5-49），再将AAA超能胶涂抹在碴口，重复上面的操作。最后将其对齐并接，并用热熔胶固定（图5-50）。保存在环境安全的实验室内一天。

（5）粘接结果：一天之后用酒精清理瓷瓶粘接处的热熔胶，观察粘接结果。发现远距离已经看不出粘接过的痕迹。再用手触摸感觉，发现接口较重新修复前平滑很多（图5-51）。

重新粘接之后的青花冰梅纹瓷瓶可以达到了展览修复的效果，为遵守最小干预原则，不再对其继续修复。

3. 结论

通过对此件青花冰梅纹瓷瓶的历史信息调查、前期观察与检测、修复方案的制定与实施这几个步骤完成了对此件瓷瓶的重新修复工作。重新粘接之后的青花冰梅纹瓷瓶达到了展览修复的标准，为遵守最小干预原则，不再对其继续修复。

在这过程中的重点以及难点就是对原有粘接材料的拆分以及重新粘接这两个步骤。

图5-49　第一片粘接图　　　图5-50　两片粘接后热熔胶固　　　图5-51　粘接完成图
　　　　　　　　　　　　　　　　　　　　定图

本着最小干预原则，为防破坏文物，粘接的部位难以取样检测，无法判定原有粘接材料的成分，所以只能利用假设法慢慢摸索，由简到繁，从最保守的方法入手进行拆分工作，最后利用丙酮溶剂成功的对粘接部位进行了拆分。

综上所述，对此件青花冰梅纹瓷瓶的重新修复，不仅达到了保护与修复的目的，也为此类文物的修复积累了经验，并获得了进一步的检测数据，对建立此类文物的标准化修复流程做出了积极的探索。

参考文献

[1]西北大学文化遗产学院文物保护系，文物保护技术实验[M]，高等教育出版社，2020年5月

[2]孙便便，刘晓龙，王琮，李晨毓，曲亮.激光清洗陶瓷文物表面污染层的实验研究[J].光学技术，2021，47（04）：466-471.

[3]王阳，洪昭斌，陈水宣，魏青松.海洋陶瓷出水文物表面的固态CO_2微粒清洗研究[J].清洗世界，2020，36（09）：6-9.

[4]潘坤容.关于瓷器污染物的研究[J].中国国家博物馆馆刊，2020（06）：138-144.

[5]徐佳维.激光清洗陶瓷表面污染层的工艺参数研究[D].苏州大学，2019.

[6]张力程，周浩.激光清洗技术在一件汉代彩绘女陶俑保护修复中的应用[J]. 文物保护与考古科学.2017（02）

[7]戴维康.干冰清洗技术应用于陶瓷文物清洗的探索研究[J]. 文物保护与考古科学.2015（01）

[8]王昊.石质文物清洗技术研究综述[J]. 中国文物科学研究.2018（01）

[9]石美风，陈刚，张秉坚.石质文物保护中的化学清洗技术[J]. 文物保护与考古科学.2011（01）

[10]朱善银，刘洁，张辉.古陶瓷冲口和冰裂纹清洗技术研究[J].清洗世界，2017，33（03）：45–48.

[11]朱善银.古陶瓷污染物清洗技术研究现状[J].清洗世界，2018，34（11）：1–2+5.

5.4 陶瓷文物粘接工艺及方法

硅酸盐是制成古陶瓷的主要材料，硬度和耐火性良好，但同时也导致脆性较高，不稳定因素较多，受到外界环境因素刺激很容易受到损坏。对于破损的古陶瓷，尤其是受到损坏后破裂的瓷器，粘接就成为了古陶瓷保护与修复中的一项重要内容。粘接是人们经常采用的一种连接方法，从古到今在人们的日常生活中都被广泛使用。同样，在文物修复保护中粘接也占了很大一部分内容。

粘接是指用粘结剂将古陶瓷器的碎片重新粘结在一起，恢复器物原本造型。修复人员有时必须一丝不苟地把几十块甚至上百块的碎片准确地拼接在一起，否则无法进行其下的修复操作。拼接不良会对器物造成损坏，因为拆分、清洗、再拼接等操作具有一定的危险，碎片碴口会有所损失，再拼接时更不易对准。

5.4.1 粘接原理

粘接是一种看似操作简单，实际上比较复杂的一种现象，之所能通过粘接能将两个独立的个体连接是多种因素复合作用的结果。人们通过对粘接现象的研究提出了很多种理论，但任何一个单一的理论目前都只能部分解释粘接现象，这也说明粘接的复杂性。但我们仍然可以通过粘接的原理来对文物保护中的粘接工作进行指导，提高粘接效果。化学键理论认为：胶粘给予胶接物通过化学反应形成化学键而牢固连接。由于化学键的强度比范德华力（即分子间作用力）高许多倍，因而最强的连接就是形成化学键的连接，也是理想的胶粘连接。

两个物体由于介于两者表面之间的另一种物质的粘附作用而牢固地结合起来，这种现象称为粘接，也叫做胶接。介于两物体表面间的物质称为粘结剂，而被粘结在一起的两物体称为被粘物。

粘结力是粘结剂与被粘物在界面上的作用力或结合力，包括机械嵌合力、分子间力和化学键力。当被粘结的陶瓷器受到外部压力的时候，胶结会遭到破坏，断裂的位置有以下三种可能：

（1）当粘结层粘结力足够但自身强度不足的时候，断裂发生在粘结剂层。

（2）当粘结层粘结力太强而且比器物更坚硬的时候，断裂发生在器物上。

（3）当粘结层强度足够但粘结力不足的时候，断裂发生在粘结剂与器物粘结界面。

由此可见，理想的粘结剂要具备足够的粘结力，可以将碎片粘在一起，并能抵抗一定的外力作用。但是，粘结层固化后的机械强度不可过大，这样断裂只会发生在原来的粘结面上，而不会断裂在器物上，造成新的损伤。

5.4.2 拼接的定义

古陶瓷中的拼接是指原本为一体的两个或多个部分由于外力作用导致成为独立的个体，并且在长期的分离中被打乱了顺序，断口处也出现了磨损后，修复者要对其进行重新复原为一体的工作。拼对残片需要仔细观察器物残片的应属部位、纹饰、内外颜色、断口弧度、薄厚程度等特征。

拼接分为两部分，预拼接和粘接时的拼接两部分。预拼接是指在进行粘接环节之前，先对碎片进行拼接，碎片要按照预拼接的先后顺序进行编号。预拼接时一般是按照器物的外形，从下向上拼对，但也要根据实际情况进行调整。预拼接时需要考虑碎片在真正粘接时是否能够不留空隙的、不出现错位的粘接成功。如果没有预拼接环节，很可能在粘接时出现有的碎片无法严丝合缝地粘接到空出的位置，这样就需要拆除已经粘接好的部分，重新安排粘接的顺序，这样反复拆卸容易导致碎片断口的磨损，对文物本体造成损伤。所以预拼接是对陶瓷文物预防性保护的重要环节，也为修复工作节省时间。

预拼接还可以采用"相近互配法"原则，以十个为一组，分配器物碎片，从袋中取出多余的碎片，摘选出其中缺空的部分并相互对接。如可对上则继续与后续相邻的互配，直至找到所有碎片。此种速配法的本质是结合相邻的编号，位置靠近的原理进行的。

完成清洗的陶瓷器碎片在正式粘结之前必须要进行预拼（无需粘结剂），目的是确定最佳的碎片拼接顺序。拼接顺序非常重要：一是能保证所有碎片都能最终拼合起来，避免出现有的碎片无法"嵌入"到位的现象；二是正确的拼接顺序能够使碎片拼合得更加精确，尤其是对于碎片多、器型大的文物（如图5-52）。预拼时，一般先将小片拼成大片，然后将若干大片拼接完成，顺序从底部逐渐拼到口部，或者从口部拼到底部，碎片数量多时可用透明胶带帮助固定。先拼接的部分往往误差最小，所以当遇到有纹饰图案的碎片或者醒目突出的碎片，预拼时也要优先考虑。碎片数量不多的器物可一次性拼接完成，这种方式产生的拼接误差最小。

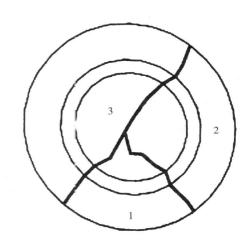

图5-52 预先确定正确的粘结顺序

5.4.3 粘接工艺

采用粘接剂进行连接的工艺称为粘接工艺。粘接是一项古老而实用的技术，其由来已久。最初人们使用的粘接剂有骨胶、松香、淀粉等天然物质，如古建建筑施工中使用糯米粘结墙砖，用骨胶粘合武器等。

瓷器粘接目前常用的粘接剂是环氧树脂类胶粘剂，例如AAA超能胶，用调刀将A胶和B胶按照比例（2∶1或者3∶2，根据AAA胶的实际情况可调节）调和，之后静置一段时间，使其尽可能排出气泡。先用牙签将混合好的胶涂抹在断面上，再将两片能够互相咬合的碎瓷片粘接好，用手轻轻挤压，再用酒精棉签轻轻抹去多出的胶，用调刀找平，调刀在断口处来回滑动不会有被卡住的感觉，最后用热熔胶把粘接的缝隙处固定，静置24小时后用酒精和调刀将热熔胶清除。其他的环氧树脂类AB两胶的使用方法与AAA超能胶类似。

陶质文物的粘接工艺及材料与瓷质文物略有不同。第一，因为两种质地的器物密度不同，孔隙率不同，所以导致两种质地器物的渗水性能不同，有些可以渗透进陶器的粘接剂，在瓷器上效果并不好。第二，彩绘陶器表面的彩绘釉上彩居多，如果粘接剂使用不当，或者反复拆粘可能导致彩绘的脱落，破坏文物本身的文物信息。

在陶瓷器粘接过程中需要在界面上均匀地涂抹胶粘剂，让胶料得以完全溶入断面之中充分粘合于缝隙处，使断面的强度达到理想的要求。如未能均匀涂抹，则有可能会形成气泡，继而影响其强度。粘接前采用5%聚丙烯酸树脂或10%～20%乙酸乙酯溶液逐级升高浓度涂抹断口作为隔离层，当以后有拆卸情况时，保证粘接材料的可逆性待隔离层完全干燥后，涂抹环氧树脂粘接剂进行粘接。粘接时在断面外侧边缘预先粘贴3厘米纸胶带，防止粘接剂溢出后污染陶面及彩绘。

陶瓷器粘接时需要注意以下几点：

（1）确保碴口清理干净。碴口上的灰尘、油污等会降低粘结强度，在粘结前一定要将其清理干净，尤其注意要清理干净碴口凹凸不平处的泥土。

（2）涂胶时，胶粘剂要涂在岔口中间，胶距离碴口边缘2～3mm，这样可以避免粘合时胶从接缝处挤出来。

（3）对于弧度较大的器物，可以先在碴口最中间处涂上101胶水，增加固化速度。101胶水和502胶水比较相似，都是ct—氰基丙烯酸酯类的胶水。原理是在空气中微量水催化下发生加聚反应，迅速固化将被粘物粘牢。

（4）粘结过程中，如有胶粘剂从接缝处挤出，应在其干燥一段时间、胶不发时，用手术刀剔除；千万不要在胶还没干时擦除，会污染到文物。

（5）粘接一件文物时，应该从文物的底部开始逐渐向上粘接。

粘接是修复瓷器的重要阶段，必须做到每粘一块都不能有丝毫的差错。如果有一块错位，最后都会导致无法合严，必然造成返工，耗时又耗力。因此需要遵循以下原则来粘接：事前定好方案，统筹全局，一般是从底部或者口沿处开始粘接。

5.4.4 固定方法与工艺

设计好合适的固定方式，避免器物在固化前发生位移，是实现理想粘结的重要环节，目前常用固定装置有如下几种：

1.胶带

包括透明胶带和医用胶带。透明胶带主要用于表面光滑的器物，医用胶带适用于表面粗糙、粉化的陶器。胶带具有弹性，固定碎片时要用力绷紧，不可用在易剥落低温釉彩上。粘结后1至2天内及时清除，如留下污迹可用丙酮、乙醇等溶剂清除。

2.沙盘

固定好的碎片最后都要放入沙盘，避免移动。放入时，需要调整器物的摆放位置，避免粘结好的碎片因重力发生错位。沙盘中的沙粒要细腻，器物外最好垫上布，防止沙粒划伤、磨损陶瓷器表面。

3.热熔胶

使用专用热熔胶枪融化胶棒。操作时一人用两手固定碎片，另一人手持热熔胶枪，将融化的热熔胶液滴一颗一颗点在拼缝上，将碎片固定在一起。待粘结剂固化后，将热熔胶颗粒剥除。

4.夹子

可选用木夹，否则必须在接触点垫好橡胶，防止损伤器物。

5.铁架台

与特殊设计的夹子配合使用来固定一些特殊造型的器物。

6.其他

橡皮筋、松紧带、绑绳等。值得强调的是，无论使用何种粘结剂，为了实现良好的粘结效果，一定要做到：拼接断面清洗干净；粘结剂涂抹均匀，不宜过厚，胶体浸润拼接面；涂胶后需用外力施压，直至固化。

5.4.5 粘接案例分析

1.长安汉墓出土彩陶的粘接修复（2017、2018级研究生 何姗、李齐等人修复作品）

图 5-53　陶罐粘接前　　　　图 5-54　陶罐粘接中　　　　图 5-55　陶罐粘接后

2. 内饰青花红釉碗的粘接修复（2014级本科生 李齐修复作品）

图 5-56　预拼接后的正面图　　　　　　图 5-57　预拼接后的底部图

图 5-58　粘接图1　　　　　　图 5-59　粘接图2

图 5-60　粘接后正面图　　　　　　　　图 5-61　粘接后内部图

3.明代凤纹青花瓷碗的粘接修复（2016级本科生 张弘胤修复作品）

图 5-62　粘接前

图 5-63　粘接后

4.清康熙白釉盘的粘接修复（2017级研究生 南希修复作品）

使用目前最常见的粘接材料，环氧树脂类的粘接剂AAA胶。粘接环节严格来讲需要两个人合作。用调刀将A胶和B胶按照比例（2：1或者3：2，根据AAA胶的实际情况可调节）调和，之后静置一段时间，使其尽可能排出气泡。一个人用牙签将混合好的胶涂抹在断面上，再将两片能够互相咬合的碎瓷片粘接好，用手轻轻挤压，另一个人用酒精棉签轻轻抹去多出的胶，用手或者用调刀帮助找平，最后用热熔胶把粘接的缝隙处固定，静置24小时后用酒精和调刀将热熔胶清除（图5-64）。

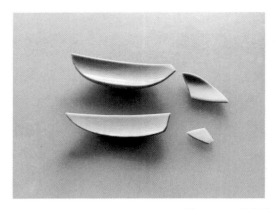

图 5-64　粘接前后

参考文献

[1] 马清林.陶质文物保护方法综述[J].考古，1993，（1）：81-84.

[2] 张晓岚，张恒金.浅谈陶器文物的劣化与保护[J].内蒙古文物考古，2002，（2）：94-112.

[3] C.Franzen，P.W.Mirwald. Moisture sorption behavior of salt mixtures in porous stone [J].Chemie der Erde，2009，69（1）：91-98.

[4] O.Coussy. Deformation and stress from in-pore drying-induced crystallization of salt [J]. Journal of the Mechanics and Physics of Solids，2006，54（8）：1517-1547.

[5] M.I.Carretero，J.M.Bernabé，E.Galán. Application of sepiolite‐cellulose pastes for the removal of salts from building stones [J].Applied Clay Science，2006，33（1）：

43—51.

[6]王丽琴，党高潮，程德润.硬陶文物的修复和保护方法[J].文物保护与考古 科学，1995，7（2）：53—56.

[7]马燕如.我国水下考古发掘陶瓷器的脱盐保护初探[J].博物馆研究，2007，（1）：85—88.

[8]C.Rodriguez—Navarroa，L.Linares—FernandezaE.Doehne. Effects of ferrocyanide ions on NaCl crystallization in porous stone[J].Journal of Crystal Growth，2002，243（3—4）：503—516.

[9]T.Rivas，E.Alvarez，M.J.Mosquera. Crystallization modifiers applied in granite desalination：The role of the stone pore structure[J].Construction and Building Materials，2010，24（5）：766—776.

[10]袁强亮.古陶瓷修复中材料的选择与应用[J].文物鉴定与鉴赏，2017（12）：70—73.

[11]余慧、杨植震.古陶瓷修复基础[M].上海：复旦大学出版社，2012：159.

[12]周宝中.任重道远的文物修复技术[J].文物修复与研究，2012（06）：5—9.

[13]胡东波、张燕红.常用清洗材料对瓷器的影响研究[J].文物保护与考古科学，2010（02）：49—59.

[14]王蕙珍.文物保护材料学[M].西安：西北大学出版社，1995：159.

[15]于渊.古陶瓷修复技艺的传承与发展[D].山西大学，2015：8.

5.5 陶瓷文物加固工艺及方法

5.5.1 加固概念

加固即选用适合的加固剂对保存情况差、质地脆弱的古陶瓷器进行处理，增强其附着力、硬度及自身强度的修复方法，目的是为了保持古陶瓷器外观的完整性，也为开展进一步的清洗、拼接、配补等修复工作做准备。加固的对象包括结构酥软、表面风化的陶器，不断剥落、粉化的釉层和彩绘。此外，器物上的细小冲线裂纹、易损部位或修复过的部分，要运输搬动或要在露天展出的器物，为了防止任何损伤发生或加重，也需要进行预防性的加固。加固材料注入器物后，想要定量地取出或者置换是几乎不可能的，使用加固剂将永久性地改变器物，所以只有当环境控制等措施无效时才能使用。加固剂的作用就是渗入陶瓷器材料的孔隙中，将脆弱的结构重新粘合在一起。

5.5.2 加固原理

在与表面的粒子之间形成键式网状结构后，网状结构填补了孔洞，也起到了支撑作用，要求网状结构的强度要与保护对象相匹配，若有溶剂参加作用的加固体系，溶剂的挥发与加固剂在文物内部的形成速度之间要有一定的合适比例，防止溶剂挥发太快后在表面形成结壳或使表面发黑。加固材料在使用前应是小分子且有活性的，低黏度液体，使其在文物内部能形成网状结构或应是溶剂能溶解的大分子且溶剂挥发后能成膜的材料。这样就会获得足够的渗透深度和必要的加固强度。确保加固了的部分与未加固的部分力学强度相当，不会由于表层结壳而引起大面积的剥落。

5.5.3 加固方法

使用加固剂的常用方法包括：刷涂法、喷涂法、滴注法、浸泡法、负压渗透法，要根据加固的对象、加固剂的特性、加固的目的来加以选择，通常利用毛细原理或者负压原理的加固方式，可确保加固剂更好地渗透到陶瓷器材料的深处。

1.刷涂法

用合适的笔或刷子将加固剂反复涂刷在器物表面直到不再渗入为止，这种方法适合各种大小的器物而且比较容易操作。

2.喷涂法

用喷枪或者喷管将固化剂喷涂在器物表面，适合大面积加固，效率较高，但切勿使用过高的压力喷涂以免损伤器物，而且操作地点要安装通风设备。此方法适用于风化较轻、欲剥落的彩绘和釉层，以及对配补部位的强化处理。

3.滴注法

用滴管或注射器将固化剂注入器物，适合那些非常脆弱的器物，而且可以精确地控制固化剂的使用量。利用"502"等液体粘合剂渗透性强这一特点，对器物上非受力部位的裂缝、冲口以及粘接后尚不牢固的部位，进行加固处理。其操作方法是把液体粘合剂往裂缝或粘接修补部位一点点滴注，让胶液渗入缝隙中，表面残留胶液可用丙酮擦拭干净。

4.浸泡法

主要利用毛细作用将加固剂渗透到器物内。器物可以多次以不同的位置，局部浸泡在固化剂液体中，也可以逐步提高加固剂的水平高度，将固化剂渗透到全器。如果立刻全部浸没器物，会有空气留在陶瓷器的孔隙中，阻碍加固剂的渗透。所以局部浸泡有利于减少残留空气对于加固剂渗透的阻力。

5.负压渗透法

将器物浸泡在加固剂内，放置在密闭容器内，适当抽出容器内的空气，令更多的加固剂进入器物内部。或者先将器物放在密闭容器内，适当抽出空气，然后利用外部滴管，逐步往器物上注入加固剂溶液，可以避免空气残留在器物的孔隙内。使用这种方法，固化剂渗入的程度最大，但是可能会导致陶瓷器分解，所以不适合用在非常脆弱的器物上。

5.5.4 彩绘陶器的加固案例－以恒大出土彩绘陶加固为例

1.加固原理

加固剂多为有机高分子材料，溶于溶剂后可渗透进入陶器微孔，溶剂挥发后可在内部形成相互连接的整体结构，填充过于疏松的微孔，提高陶器的整体机械强度。加固剂也可提高表面彩绘层的颜料与颜料颗粒间、颜料与陶器本体之间的粘结力。

对于彩绘陶表面的加固，一般要求加固剂既能加固彩绘层、渗透性好、有好的强度，而且能在文物表面形成肉眼看不见的致密的透气、抗水的薄膜，具体说来需做到以下几点：

（1）彩绘经加固后，彩绘的色彩不能发生任何改变。

（2）加固处理不能在彩绘的表面形成反光膜。

（3）加固剂必须有较好的渗透性和较强的联结力。

（4）加固材料必须以良好的耐光和热老化性能，同时具有抗污染（如灰尘等）的能力。

常用加固材料有 Paraloid B-72、PimalAC33、雷马氏、聚氨酯等。

2.试剂及材料

蒸馏水、乙醇、丙酮、聚乙二醇、Paraloid B-72、PimalAC33、有机硅、雷马氏（正硅酸乙酯）、烧杯、胶头滴管、玻璃排。竹签、毛笔、洗耳球、棉签、手术刀、一次性注射器、小喷壶等。

3.实验内容及步骤

（1）彩绘陶器的清理

对于表面浮土，用洗耳球吹散即可，注意避免对已处理表面二次污染。对于较为松散的积土，根据实际情况采用毛笔、竹签、棉签或手术刀小心剔除，注意在清理过程中小面积逐步进行。

对于较硬积土，采用松土剂使土层变得较为疏松，待土层半干时即可采用上述工具小心剔除，清理过程中松土剂会不断挥发，应注意补充，使松土进度与剔除进度一致。

在清理较硬积土前，可利用浓度较低的加固剂对积土周围较脆弱的颜料层部位进行预加固，具体加固剂种类自行选择，一般采用胶头滴管或注射器进行加固处理，待加固部位稍干后再进行清理处理。

（2）彩绘陶器的加固

选择合适的加固材料，配比成一定浓度（一般5%），对结合力脆弱的颜料层进行加固，防止彩绘粉化、脱落。可根据实际情况，选择不同的加固方式，比如滴、喷、涂刷等等，加固操作尽量避免在湿度过大的环境中进行。

（3）处理完毕后的彩绘陶片置于室温下阴干。

参考文献

[1]陈海.彩绘陶质文物的清理、加固技术[J].考古与文物，1995，（2）：75-82.

[2]王蕙贞，董鲜艳，李涛等.西汉初期粉彩陶俑的保护研究[J].文物保护与考古科学，2005，17（4）：39-43.

[3]龚德才，何伟俊，张金萍等.无地仗层彩绘保护技术研究[J].文物保护与考古科学，2004，16（1）：29-32.

[4]卞尚.陶质文物彩绘加固工艺试验研究[D].西北大学，2018.

[5]杨忙忙.北周墓出土彩绘陶器的加固与保护[J].文博，2009（06）：303–308.

[6]张欢，许盟刚，刘成，李斌.可逆性加固剂在彩绘陶器覆土清理中的应用[J].文博，2009（06）：309–313.

[7]潘慧敏.从西安博物院藏白釉竹编四系罐——看古代陶瓷加固方式[J].文化产业，2021（18）：57–58.

5.6 陶瓷文物补配翻模工艺及方法

5.6.1 补配相关概念

修复中时常遇到器物部分缺失的情况，这时采用石膏等材料对器物进行补缺，就称作补配。理想的补配要求后补部分的大小、厚薄、纹饰甚至抬质都尽可能接近原物，其目的一方面是为了复原器物造型，恢复文物原貌，另一方面是为了使器物结构牢固、稳定，避免缺失部分聚集灰尘、水汽从而影响外观。若是考古修复一般只用石膏补配，还原器物形状即可，目的是方便学者进行后续研究。展陈修复的话则需要遵循可识别原则，对补配部位和原部位加以区分，一般补配材料会采用胶粘剂加入填料的方式，为的是符合博物馆等场所对群众的教育功能。商业修复则需要尽可能恢复器物原本形态，包括色泽、纹饰等精确程度，肉眼不能区分修补过的地方，为的是提高器物的商业价值。

5.6.2 补配原理

陶瓷补配是根据陶瓷现存的完好部位随形而来。器物完好部分超过2/3，并且口沿、底部不能缺失面积过大，才能满足补配要求。

补配一般是在胶粘剂里加入填料形成补配材料，有的会根据瓷器颜色在补配材料里适当填入颜料以达到近似效果。

补配环节是瓷器修复当中很重要的一环。补配材料过稀或过稠，会导致补配后的部位出现大量孔隙或者出现极其坚硬的现象，这对于后期打磨和上色环节都是很大的一种挑战，所以在调制补配材料的时候需要掌握好浓稠度并注意调配时间。材料以橡皮泥手感为最佳，用手揉捏而不粘手是最好的状态。

选用合理的材料对瓷器完好的部位进行翻模，也是顺利进行补配环节的一个前提条件。在本章节后附有相应的翻模文章作为参考。

补配材料中常用的胶粘剂有Hexion胶（美国产）、UHU Plus胶（德国产）、凤凰环氧胶（国产）和合众AAA胶（国产），填料一般有滑石粉、玻璃微珠、气相二氧化硅、碳酸钙、陶粉、瓷粉等。兰德省对补配材料的力学性能进行过比对研究，发现合众AAA胶与各填料体系的抗压能力高于其他三种胶，凤凰胶与滑石粉加二氧化硅体系制备样条的抗冲击外力能力最好，Hexion胶与滑石粉体系填胶比小于1.5时各项性能都优于其他体系，Plus胶适合混入较高含量填料，在填胶比为1.5和2时抗压性能较好，四种胶与填料混合的抗冲击性随胶料比值增大而呈下降趋势。

在填料方面，玻璃微珠表面积大，湿润性差，不易与胶粘剂混合均匀，综合力学性能较差，但气相二氧化硅的加入有利于提高补配材料的抗压抗拉性能。综合来看陶粉和瓷粉是传统修复中补配材料的最佳选择。

5.6.3 常见补配类型

陶瓷器配补大约可分为以下三大类：

1.填补

针对面积较小的缺失如坑缝豁口等，直接浇注粘结剂或填入腻子配补。由于缺失部分小而且简单，一般不需要印模材料。

2.模补

利用印模材料来复制缺失部分的方法，主要针对面积较大、造型复杂的缺失。运用在盘、碗、瓶、罐、壶等对称的器物。模补的一般流程是：

（1）准备原型

原型也叫做母型，用黏土或油泥制作出缺失部分的形状，也可利用与缺失部分形貌一致的陶瓷器部位为原型。

（2）制作模具

在原型上浇注印模材料，固化后就形成了模具。印模材料有软硬之分，软性材料（如硅橡胶）固化后有柔性和弹性，可以一次性浇注后，直接从原型上取下。硬性材料

（如石膏）对形状简单具脱模斜度的原型，可采取一次性浇注。如果遇到有"倒角"的原型，则不能采用单件模，而要分别浇注二件模具或者多件模具，否则固化的印模材料会倒勾住原型的"倒角"部分，无法顺利脱膜。

（3）制作塑件

将填补材料注入模具内腔，固化后形成的塑件，即为翻制出的缺失部分。

5.6.4 翻模复制技术

1.石膏翻模

将石膏与水混合成石膏浆体，使用油泥将需要翻模的部分圈出来，将石膏糊倒入所圈的部分，等待石膏固化、干燥，模型制作完成，外模和内模制作方法一样。

2.打样膏翻模

将打样膏加热软化，软化温度为60℃~70℃，然后贴在待翻模部位，等待其固化，材料固化时间为2~5分钟。

3.蜡片翻模

将蜡片加温软化，贴在待翻模部位，等待蜡片完全冷却，取下后方可成模。

4.硅胶翻模

将双组分缩合型室温化硅橡胶以1:1比例调和，使用油泥将待翻模区域圈出，然后倒入硅胶，等待硅胶硫化后，然后再在外侧3~5mm周围围上油泥，倒入石膏，起到固定作用。

5.玻璃胶翻模

使用碳酸钙与玻璃胶以2:1的比例调成胶球状，在待翻模部分涂上脱模剂，将胶球按压在上面，使用热熔胶枪封住，等待胶球固化，取下模制作完成。

6.纸胶带翻模

使用美纹纸贴在文物缺损部位的一侧，粘贴胶带的时候注意文物本身的弧度，将填补材料补全到缺损部位，固化后翻模完成。

5.6.5 打磨工艺

打磨工艺是在补配后、上色前的过渡步骤。如果补配工作到位，打磨工作就会很容易，为上色前夕做好准备工作。打磨工艺更依赖的是耐心与手感和后期的经验积累，它没有太多的技术经验，更多的是自身的积累和经验。

在修复初期，我们大把的时间用在打磨上，因为打磨是上色的必要条件，通俗地来讲就是将补配的地方打磨到，闭着眼睛摸不出来哪里才是补配的地方。

1.打底

粘接后的陶瓷器会留有一条条粘接细缝，要用颜料刮涂填平，即为打底子，也叫刮腻子。选择附着力强的涂料并加上适量的填充料，调成补料，然后用小牛角刀一层层地刮上去，每刮涂一层要等待其干燥后再用细水砂纸打磨一次，一直刮涂到细缝填平为止。最好用细砂纸慢慢打磨，打磨到以手触摸接缝处感觉光滑无阻挡即可。

2.打磨工具

（1）手术刀

手术刀分为两个部分，刀片与刀柄。使用手术刀可以进行刮削补配材料，不同部位可搭配不同的刀柄和刀片处理。

（2）整形锉

补配后出现大面积不平整的情况，可以使用整形锉进行打磨，这种工具适用于粗略地打磨。

（3）Micro-Mesh微网打磨抛光布（AO氧化铝）

Micro-Mesh微网打磨抛光布（AO氧化铝），是世界顶级的打磨抛光产品，适合打磨抛光填充材料及表面涂层材料。Micro-Mesh微网打磨抛光布在多本文物保护修复书籍中均有详细介绍，广泛应用于国内外博物馆的文物保护修复工作室中。适用于陶瓷、玻璃、木器、金属等材质文物修复时的打磨抛光。也常用于寿山石等艺术品的打磨抛光。Micro-Mesh打磨抛光布不同于其他砂纸及纱布，采用了先进的制作工艺，使用时手感极佳。由于不需蘸水，所以避免了水对填充材料及表面涂层的影响。氧化铝磨粒是白色的，所以不会像碳化硅砂纸（磨粒为黑色）那样污染被打磨材料。打磨抛光工作完成后，可使用清水或肥皂水对Micro-Mesh打磨抛光布进行清洗，晾干后可重复使用，使用寿命远远超过普通的打磨抛光产品。规格：150mm×150mm/张。共有1500目、1800目、2400目、3200目、4000目、6000目、8000目、12000目八种粒度（30~2μm）可供选。磨粒成分：氧化铝。打磨时，建议佩戴防尘口罩。

（4）Mitchell Abrasives 氧化铝磨粒打磨绳

这种打磨绳，磨粒为氧化铝颗粒，截面为圆形。在文物修复、家具制作、模型制作等领域用途广泛。适合打磨难以触碰的地方，足够强韧，不易磨损，适合打磨填充材料、金属、塑料、木材等，还可以作为线切割锯使用，打磨陶瓷器物补配的细节，比如底、口沿、花纹等细节。

（5）Pre-Lim 表面清洁抛光膏

Pre-Lim 表面清洁抛光膏广泛用于专业的武器、盔甲、雕塑、青铜及黄铜器具、陶瓷等材质文物的表面清洁抛光工作。磨料柔和，不会产生划痕。使用一小块软布，蘸取少量 Pre-Lim 表面清洁抛光膏，略施加压力轻轻摩擦。擦完几分钟后，使用干净的软布将残留物去除。

（6）金刚钻牌木砂纸 150、120、80、60 目

干磨砂纸（木砂纸）一般选用特制牛皮纸和乳胶纸，选用天然和合成树脂作粘结剂，经过先进的高静电植砂工艺制造而成，此产品磨削效率高，不易粘屑等特点，适用于干磨。广泛应用于家具、装修等行业，特别是粗磨。干磨砂纸（木砂纸）以合成树脂为粘结剂将碳化硅磨料粘接在乳胶之上，并涂以抗静电的涂层制成高档产品，具有防堵塞、防静电、柔软性好、耐磨度高等优点。干磨砂纸（木砂纸）有多种细度可供选择，适于打磨金属表面、腻子和涂层。另外此款砂纸打磨瓷器不伤釉。

（7）抛光电磨机

电磨机：也叫多功能电磨机、雕刻机、雕刻笔、电磨。按体积大小可以分为常规型、小型、微型。它的主体是一个功率为 200W 左右的电动机和一条带有笔状套头的软鞭构成。根据使用需要可以选择配用各种型号的钻头、切割片、打磨头、抛光头等。电磨机的电动机使用 220V 的交流电，功率一般在 120～250W，带有无极调速，转速可以控制在 8000～30000 转每分。电磨机的软鞭是一根空心软索中套有一根可以自由转动的钢丝索构成，软鞭的末端连接一个笔状套头，笔状套头长度约 15cm，直径约 2cm，套头芯由软索和电动机相连。由于其形体小巧，故操作非常灵活方便。电磨机打磨速度比手工打磨速度更加快。

（8）各种型号木工锉

锉刀是用碳素工具钢 T12 或 T13 经热处理后，再将工作部分淬火制成的，是一种小型

生产工具。是用于锉光工件的手工工具。现代的锉刀一般采用碳素钢经轧制、锻造、退火、磨削、剁齿和淬火等工序加工而成。锉刀用的是T12钢，经表面淬火后硬度达62~64。将陶瓷修复补配过多的部分锉下去，然后再用不同目数的砂纸细打磨，减少打磨工作量。

（9）各种无痕胶带

无痕胶带是一种特殊材料做成的可重复使用的双面胶带，可反复粘贴并且在揭离的时候不会在器物上留下任何的遗留物。将无痕胶带贴在瓷器的接口处边缘，以防打磨补配时磨到瓷器本身，伤害文物。

5.6.6 古陶瓷保护与修复中翻模技法的初步探究

1.引言

中国古代先进的陶瓷烧制技术为后世留下了数量众多的陶瓷器，为了传承我国历史文化，古陶瓷修复行业应运而生。虽然最初的古陶瓷修复更多的是为了恢复器物的使用功能，或者是迎合文物收藏市场，但随着我国对传统文化的重视程度加深，古陶瓷修复开始学习西方系统的文物保护与修复理念，并逐渐形成了我国的文物保护系统。

现代的古陶瓷修复可以分为清洗、粘接、补配、打底、作色、作釉这六个步骤，而补配环节分翻模和补配两个环节。古陶瓷的修复环节中，每个步骤都有其自身的难点所在，可以看到目前的古瓷修复文章对清洗环节、补配材料、科学技术的应用以及国外理念与技术引进都有涉及，而瓷器由于器型一般较规整，体积较小，所以瓷器的修复中关注点大多在清洗技巧、补配材料、上色施釉材料等相关修复技巧上，对于翻模的关注并不多。

本文着重关注古陶瓷保护与修复的翻模技法，从翻模方法和翻模材料两方面入手，梳理并对比目前所用翻模材料的性能特点，分析其适用的瓷器缺损情况，实验不同材料的翻模方法，希望为今后的翻模材料选择提供借鉴与参考。

2.石膏制模

石膏，白色或灰白色，主要化学成分为硫酸钙的水合物，微溶于水。由于石膏质地较硬，用在过于精细的器物上翻模后一是难以复制到理想的程度，二是翻模过后石膏可能会残留在器物表面，有时难以去除，给文物造成一定损害。所以它不适用于图案精细复杂或是质地酥脆、氧化严重的器物。

但瓷器因为由高岭土和瓷石等混合，在窑内经高温烧造而成，质地坚硬耐磨，并且器型规整，复制难度小，所以石膏翻模在瓷器类文物修复中依旧被广泛应用。

（1）修复前档案

该青釉碗为唐代早期的越窑[1]瓷器（图5-65）。直径9cm，高4cm，敞口，腹部斜

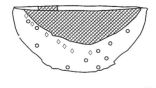

图5-65　越窑瓷碗

图5-66a　越窑瓷碗病害

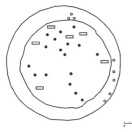

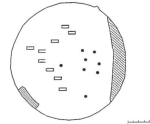

图5-66b　越窑瓷碗病害

图5-66c　越窑瓷碗病害

收，平底，灰白胎质，施青釉，且碗底留有支烧痕迹。从瓷器病害图（图5-66a、图5-66b、图5-66c）里可以看出它的残缺面积占了全碗面积的1/4，所以翻模材料从石膏与打样膏两种适合较大面积修复的材料里选择。而该瓷碗的胎体较厚，故选择稳定性强的石膏做翻模材料。

（2）制模方法

所需材料和用具：（1）石膏粉（2）清水（3）塑胶碗（4）油泥（5）脱模剂（6）瓷（7）热熔胶及胶枪

制作过程：将待修复瓷器放在瓷板上，在瓷器待翻模部位外圈3cm～5cm处围上油泥，根据瓷器破损情况决定油泥捏制的高度，并在待翻模面均匀涂抹脱模剂。

选取适量石膏粉，放入塑胶碗中，少量不间断地倒入清水，没过石膏粉后轻轻掂塑胶碗，使石膏粉和水充分发生反应。等石膏掂到完全没有气泡时，将石膏涂抹到待翻模部位，固化后取下，外模翻制成功，内模制作步骤相同。翻模后，取外模用热熔胶固定在瓷器缺损处，在与补配材料的接触面上均匀涂抹脱模剂，然后填入一般由AAA胶加入所需材料制成的补配材料，合上同样涂抹过脱模剂的内膜并固定，待补配材料固化后取下，翻模完成（图5-67a、图5-67b）。

（3）翻模实验

图5-67a　石膏翻模准备材料

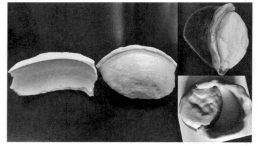

图5-67b　石膏翻模过程

（4）实验小结

石膏的稳定性极好，材质又较硬，翻模一般不会出现变形，所以缺损面积大或小都可以适用，尤其适合大面积的缺损情况。配制石膏时要先加水，再一点点加入石膏，这样可以避免石膏沉底堆积。另外要避免使用工具搅拌石膏，以防产生过多的气泡，造成补配材料发生凹凸不平的情况。

3.红白打样膏制模

红白打样膏原本用于口腔科的牙科取模材料，成分主要由滑石粉、硬脂酸、立德粉等组成，软化温度为60℃～70℃，硬固时间为2min～5min。

因其加热后可塑性好并且硬固时间较短，还可重复利用的特点，也被用作瓷器文物修复中的翻模材料。

（1）修复前档案

此件高足碗为景德镇地区湖田窑[2]所产的宋代青白瓷（图5-68）。口径10.5cm，底径3.8cm，通高5.8cm，足高2cm，敞口，口沿为六瓣花形，碗壁留有六棱，高圈足。施青白釉，胎质白洁细腻，底足不施釉，碗口处有窑渣，且底足留有圆形垫片痕迹。

从病害图可以看出瓷器缺损面积不大，但由于缺损部位都在口沿处，口沿较大，胎体较薄（图5-69a、图5-69b、图5-69c），所以选择塑形能力较好的打样膏进行翻模。

（2）制模方法

所需材料和用具：（1）红白打样膏（2）70℃热水（3）纱布（4）脱模剂

制作过程：将打样膏用纱布包裹并置于70℃左右的热水中浸泡，待其软化后，准确的贴在器物待翻模部位，用手适当按压，然后取下内外壁两侧的打样膏，待其定型。

图5-68 湖田窑高足碗

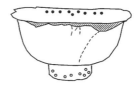

图5-69a 湖田窑高足碗病害

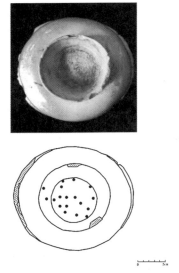

图 5-69b　湖田窑高足碗病害　　　　　图 5-69c　湖田窑高足碗病害

之后将其移至瓷器缺损部位，将外模固定在待修复面，涂抹补配材料，然后合上内模打样膏，同样固定。等到补配材料固化后便可取下两个打样膏模具，翻模完成（图5-70a、图5-70b）。

（3）翻模实验

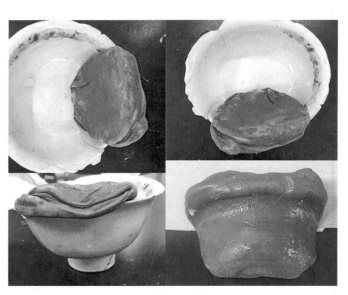

图 5-70a　打样膏加热软化　　　　　　图 5-70b　打样膏翻模

（4）实验小结

打样膏的优点是易塑形、软化以及硬固时间易把控、可重复利用，性价比很高。但缺点是容易掉色，所以要均匀涂抹脱模剂，并在翻模完成后及时处理器物表面留下的痕迹。打样膏尤其适用于缺损面积大、颜色较深的瓷器。

打样膏制模时需注意和待翻模瓷器表面的贴合度，用手轻轻按压，使软化的打样膏吻合器物形状，不能留有空隙。这样翻的模子形状会最大程度保留瓷器原状，达到理想的随形效果。

4.蜡片制模

一般在瓷器修复中若有能力和设施条件，可以选择自己熬蜡制模，但由于此工艺复杂，所以不推荐熬蜡制模。这里所用的蜡片是牙科模型蜡，采用蜡原料制成。颜色为红色，厚度通常为1.3mm～2mm，一盒大概20片。因其厚度均匀、表面光滑、塑性简单的特点，可以当瓷器修复的制模材料。

（1）修复前档案

福建省闽清窑（图5-71a、图5-71b）所产的宋代白瓷粉盒盖，施白釉，胎质灰白细腻，口沿缺釉，器表有印花。由于粉盒盖较深，而整体缺损面积不到1/4，所以选择

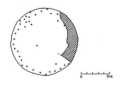
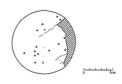

图5-71a　白瓷粉盒盖病害　　　　　图5-71b　白瓷粉盒盖病害

塑形能力较好的蜡片翻模。但由于翻模过程中没有固定好蜡片位置，所以导致翻模走形，需要之后再次涂抹补配材料并进行修整。

闽清窑所产的宋代白瓷碗（图5-72a、图5-72b）。施白釉，釉不及底，胎质灰白细腻，敞口，圈足，碗内壁划刻花卉纹饰。此碗胎体厚，残缺面积较大，但由于残缺跨度过大，因此选择拼接蜡片进行翻模。翻模时将蜡片与蜡片用热风枪进行衔接，使它铺展开的面积满足瓷器缺损面积大小。并且用保鲜膜和纸胶带将其牢牢固定在碗身，防止走形。

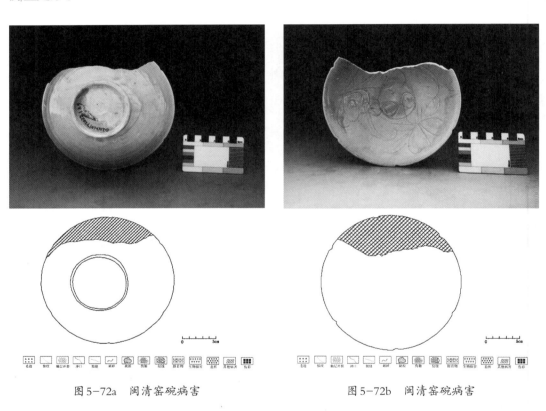

图 5-72a　闽清窑碗病害　　　　　　　　图 5-72b　闽清窑碗病害

（2）制模方法

所需材料和用具：（1）牙科模型蜡（2）热风枪或热水（3）瓷板

制作过程取一片蜡片用热风枪或热水将其软化，加热程度达到可以弯曲但不断裂时，取第二片蜡片用同样的方法软化，与第一片合在一起，外模制成，内模用同样方法制作。蜡片厚度可以根据瓷器需要自行决定蜡片层数。先将蜡片外模移至待翻模部位，与瓷器表面紧紧吻合，再用纸胶带将蜡片与瓷器固定在一起，然后抹上调好的补配材料，再合上内膜，并进行固定。待补配材料固化后将蜡片取下，翻模完成（图5-73a、图5-73b）。

（3）翻模实验

图5-73a　蜡片翻模

图5-73b　闽清窑碗蜡片翻模

（4）实验小结

蜡片制模时，由于材料厚度限制，一般会把蜡片叠加起来用，这样可以增加厚度，保证翻模时的准确性。一般2～3片叠加足够小面积翻模。

蜡片需均匀受热，保持表面光滑，温度在23℃左右时候易于用手术刀进行修整。

5.硅胶制模

硅橡胶是由二甲基硅氧烷与其他有机硅单体在酸或碱性催化剂的作用下，聚合而成的一种线性高分子弹性体。双组份缩合型室温硫化硅橡胶是最常见的一种室温硫化硅橡胶，在交联剂和催化剂的作用下于室温或稍加热即可呈白色黏稠状液体，其生胶通常是羟基封端的聚二甲基硅氧烷，简称RTV-2，可以通过控制固化剂剂量来决定硫化时间[3]。

因为其流动性强，收缩率小，受温度变化影响小，对文物精美繁杂的图案纹饰复制的程度极为精确，仿真效果好，所以在博物馆复制文物中应用广泛[4]。

（1）修复前档案

此件器物为龙泉窑系宋代贴花方瓶（图5-74），通高14cm，口径2cm，腹径5cm。釉色青黄，胎质灰白细腻，釉面有开片。方口，板沿，长颈，腹部下扩，方足，腹部四面贴塑有四季花卉纹饰。其瓶口缺了一角，瓶身的釉层脱落极其严重（图5-74、图5-75）。这种情况需要选择与器物面贴合紧的翻模材料，同时又要注意保护好釉面，所以从玻璃胶、硅胶两种翻模材料里选择。在此选择硅橡胶翻模，使翻模完成度更高。

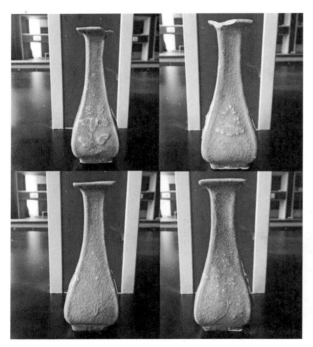
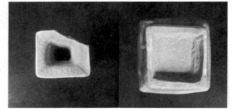

图5-74　龙泉窑方瓶

（2）制模方法

所需材料和用具：（1）电子秤（2）量杯（3）模具（4）石膏（5）室温硅橡胶

制作过程：根据瓷器情况配制适量硅橡胶，将瓷器放于瓷板上，用油泥将待翻模部位外围3mm～5mm左右距离圈起来，将硅橡胶均匀涂抹在待翻模器物表面。当硅橡胶硫化后，将包裹的油泥拆下，再在硫化的硅橡胶外侧3mm～5mm左右围上油泥，倒入石膏。因为硅橡胶比较软，需要有坚硬物体将它塑形[2]。完全塑形后，外模翻制成功，内模翻制步骤相同（图5-76）。

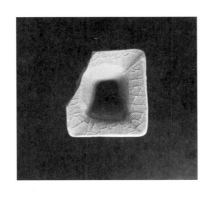

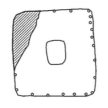

图 5-75a　龙泉窑方瓶病害　　　　　　　　图 5-75b　龙泉窑方瓶病害

（3）翻模实验

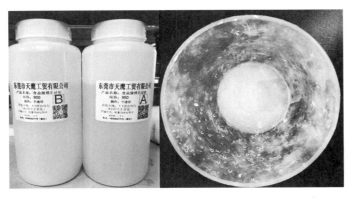

图 5-76　龙泉窑方瓶翻模材料与过程

（4）实验小结

硅橡胶的翻模没有成功，第一次和第二次失败均因为硅胶比例调配不均匀，没有达到1∶1，再一个就是混合不均匀，所以导致固化不完全。第三次失败是因为购买的这种硅橡胶材料不适合瓷器翻模，固化时间过长，要24小时，并且固化后的硬度达不到翻模要求。所以在选择硅橡胶时最好选择1∶1比例调配，并且固化时间在5分钟左右的作为翻模材料。

6.玻璃胶制模

玻璃胶是一种由硅酸钠和醋酸以及有机性的硅酮组成的黏合剂，分为硅酮胶和聚氨酯胶两大类。其中硅酮胶就是俗称的玻璃胶，其分为单组份和双组份两种。单组份硅酮胶是与空气中的水分接触从而发生固化，双组份硅酮胶则是分成A、B两组，二者经过混合形成固化。

玻璃胶不容易发生破裂，固化速度20分钟左右，完全固化大约100分钟，并且不受环境温度影响。因其固化速度快、成本低廉、操作简单的特点，所以适用于瓷器文物保护修复中的翻模材料[4]。

（1）制模方法

所需材料和用具：（1）玻璃胶（2）滑石粉或碳酸钙（3）脱模剂（4）瓷板

制作过程：将文物待翻模部位均匀涂抹脱模剂，然后将碳酸钙和玻璃胶按2∶1比例调成橡皮泥状，按压在器物表面，内外模制作方法相同。再将翻好的外模用胶带或者热熔胶固定在需要翻模的位置，涂抹脱模剂，加入补配材料，合上内模并固定好位置，翻模完成（图5-77）。

（2）翻模实验

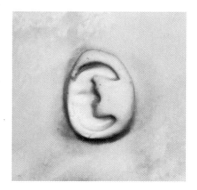

图5-77　玻璃胶翻模材料与过程

（3）实验小结

此件小面积残缺的耳饰用玻璃胶 + 碳酸钙的翻模材料翻制极为成功。

在选择玻璃胶时，无论单双组都可以满足翻模要求，颜色最好选择白色或透明，以防沾染器物表面。碳酸钙与玻璃胶的比例因玻璃胶而异，正常情况下1：1，直至揉和成团为佳。玻璃胶的塑形能力强，因此瓷器缺损的形状较特别时可以选择玻璃胶。但玻璃胶有刺激性气味，对身体有害，所以要做好防护工作。

7. 纸胶带制模

（1）修复前档案

景德镇宋代青白瓷碗。施青白釉，胎质细腻洁白，敞口，碗壁斜收，圈足，碗内壁饰有凤纹印花，底部留有垫片支烧痕迹。该件器物缺损面积不大（图5-78），而景德镇的胎体又较薄，翻模可以选择蜡片或者纸胶带，采用了纸胶带翻模的方法。

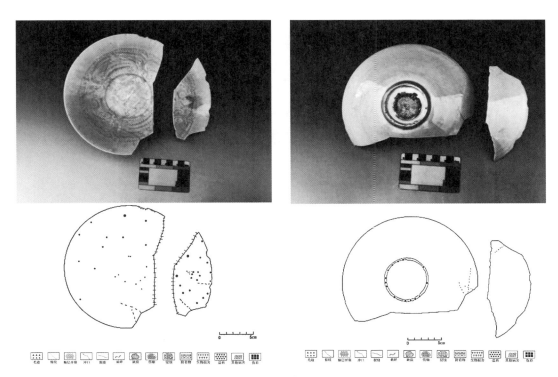

图5-78　景德镇青白瓷碗病害

福建省闽清窑所产宋代白釉碗。施白釉，胎质细腻灰白，敞口，碗壁斜收，圈足，碗内壁划刻花卉纹饰。缺损面积较小（图5-79），胎体较厚，由于时间要求选择纸胶带制模。这种缺损面积大的情况下用纸胶带翻模时需要紧紧固定纸胶带，防止走形。因此翻模时将纸胶带缠绕碗身，起到固定效果。

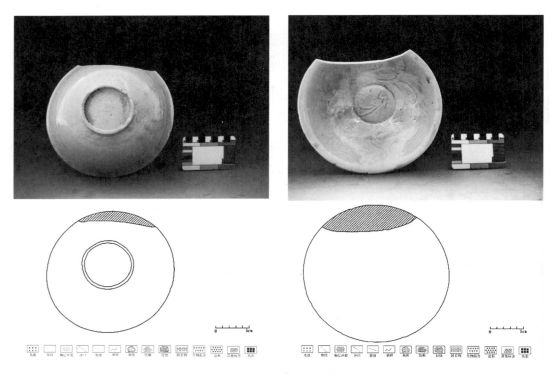

图 5-79　闽清窑碗病害

（2）制模方法

将纸胶带按照所修文物需要的大小撕下，贴于瓷器一侧，在粘贴到器物表面时可以分段粘贴，以达到瓷器的弧度，提升随形效果。等到补配材料固化后把纸胶带撕下即可，翻模完成（图5-80）。

（3）翻模实验

图 5-80　纸胶带翻模过程

（4）实验小结

如果是按量完成文物修复任务的话，需要在保证质量的同时提升速度，而纸胶带因为易于获取、无需脱模剂的特点，可以用来当做翻模材料。

纸胶带翻模适用于胎体较薄、缺损面积较小的瓷器。若遇到胎体厚的情况，则需要注意纸胶带的形状加固，防止补配材料走形。

在翻模中可以分段粘贴纸胶带，减少其褶皱情况，尽量保持器物的弧度，从而使补配材料的表面平整，以降低打磨难度。

8.结论

本文针对古陶瓷器形复原中翻模材料的选用做了初步梳理和探讨，对石膏、打样膏、牙科模型蜡、硅橡胶、玻璃胶、纸胶带这六种翻模材料进行了梳理。

整体实验完成结果如下：

表5-8　实验结果

	石膏	打样膏	蜡片	硅胶	玻璃胶	纸胶带
越窑瓷碗	√	√	×			√
湖田窑高足碗	×	√	√			×
白瓷粉盒盖			×			
闽清窑碗			√			√
龙泉窑方瓶	√	√	×	×	√	×
双耳瓶	√	×	×		√	×
景德镇青白瓷						√

六种翻模材料优缺点对比如下：

表5-9　翻模材料性能对比

翻模材料	优点	缺点
石膏	稳定性好、固化时间短、易上手、大面积使用	硬度高、不可重复利用
蜡片	可塑性强、操作简单、小面积使用、可重复利用、易上手	易走形、厚度薄
打样膏	可塑性强、大小面积都可以、可重复利用	颜色易沾染

翻模材料	优点	缺点
硅橡胶	塑形效果极好	价格高、操作难度高、不可重复利用
玻璃胶	塑形效果好、可塑性强、小面积使用、性价比高	不可重复利用、有刺激性气味
纸胶带	材料易获取、速度快、不需要脱模剂、小面积使用	易走形

参考文献

[1] 冯先铭.《中国古陶瓷图典》[M].文物出版社，1998（01）：314

[2] 彭涛，彭适凡.《中国古陶瓷图典》《中国古代名窑系列丛书——湖田窑》[M] 江西美术出版社，2016（05）：32–51.

[3] 陈灿强.室温硫化硅橡胶在文物复制工作中的应用[J].文物修复与研究，2007（00）：355–357.

[4] 韩宝鑫.硅橡胶在文物修复与复制中的应用[J].北方文物，1998（04）：95.

[5] 张光敏.关于用硅橡胶复制文物的几点经验[J].文物修复与研究，1995（00）：68–71.

[6] 易泽林.玻璃胶翻制文物模具技法[A]..中国文物修复通讯（第14期）[C].1998：1.

[7] 李其良.硅橡胶制模在文物复制中的广泛应用[J].文物修复研究，2018（00）：124–130.

[8] 张鹏宇，李洋.传统翻模与3D打印复仿制工艺的比较研究——以李崇之印、中国大宁铜镜为例[J].中国文物科学研究，2021（02）：53–59.

[9] 白冰.热塑自由树脂在文物保护与修复中与传统翻模材料的对比[J].文物鉴定与鉴赏，2020（19）：114–115.

[10] 卜卫民.残损古陶瓷配缺修复方法的比较研究[J].文物保护与考古科学，2018，30（02）：83–88.

[11] 杨晓邬.文物修复及复制中的雕塑泥翻模[J].文物修复与研究，1999（00）：78–81.

[12]杨晓邬.室温硫化硅橡胶用于文物修复制模的工艺——简介两种制模方法[J].文物修复与研究，1995（00）：66-68.

5.7 陶瓷文物上色仿釉工艺及方法

5.7.1 全色相关概念

1.上色定义

上色是指对修复部分进行着色处理，令其色泽、纹饰与器物的原部位一致，从而达到修饰、淡化修复痕迹的目的。古陶瓷的保护修复操作有两个目的：一是为了稳定文物状态、延长文物的寿命；二是为了恢复文物原貌，便于传播其文物价值。"上色"操作属于后者，被视为狭义的"修复"（restoration）。"上色"要恢复昔日的文物原貌，原则上只能局限在缺失处，而不能遮盖器物的原材料，主要为器物的陈列展出、摄影出版而服务。过去古陶瓷修复更多追求"天衣无缝"的效果，但随着保护理念的更新，西方博物馆界已经普遍接受"六英寸，六英尺"的修复原则，即修复痕迹在六英寸远可见，而六英尺远就看不见。也就是说，修复效果要达到恰当的中间程度，修复痕迹不能显而易见，被观众清楚发现，但也要与原器有所差异，让修复的地方与原器物加以区分。总之，上色应遵循最小干预原则、可逆性原则、可识别原则、缜密原则。上色材料尽量选择修补后的色层无眩光并接近陶瓷质感，而且坚韧耐用、不易褪色泛黄的上色材料。

2.色彩原理

所有色彩都具有色相、纯度、明度这三要素，可以用于帮助区别不同的颜色：

①色相：指不同色彩相互区别的基本色彩特质，是不同波长的光给人的不同的色彩感受，如红、橙、黄、绿、青、蓝、紫等各种色彩相貌。自然界中，红、黄、蓝是不能再分解的基本色，称为原色。由两种原色混合成的颜色橙、绿、紫称为间色。由一种间色和另一种原色混合而成的色，黄橙、红橙、红紫、蓝紫、蓝绿、黄绿被称为复色。这样原色、间色、复色就组成12种色相的色相环。在色环上处于相对位置的两种互称为补色：红色和绿色，蓝色和橙色，黄色和紫色。当一对补色相互混合，它们

会相互中和，令色彩变得灰暗。

②纯度：指色彩中单纯色彩的含量浓度，纯色的含量越高其纯度也就越高，颜色就显得越饱和，故又称作饱和度，也称为鲜度或彩度。红色是纯度最高的色相。橙、黄、紫等色是纯度高的色相，蓝、绿色是纯度最低的色相，不同程度地带有灰色的成分，使得色彩呈现不同的非饱和状态。颜色中加入白、黑、灰、补色等都会降低其纯度，使颜色灰暗。

③明度：又称亮度，是颜色的深浅变化所产生的明暗感觉。不同的颜色具有不同的明度，在颜色中白色的明度最高，黑色的明度最低。

④相融呈色

天蓝色＋黄色＝草绿、嫩绿

天蓝色＋黑色（少量）＝墨蓝

红色＋黄色＋白色＝人物的皮肤颜色

粉柠檬黄＝柠檬黄＋纯白色

藤黄色＝柠檬黄＋玫瑰红

橘黄色＝柠檬黄＋玫瑰红

土黄色＝柠檬黄＋纯黑色＋玫瑰红

熟褐色＝柠檬黄＋纯黑色＋玫瑰红

粉玫瑰红＝纯白色＋玫瑰红

朱红色＝柠檬黄＋玫瑰红

暗红色＝玫瑰红＋纯黑色（少量）

紫红色＝纯紫色＋玫瑰红

赭石红＝玫瑰红＋柠檬黄＋纯黑色（少量）

粉蓝色＝纯白色＋天蓝色

蓝绿色＝草绿色＋天蓝色

灰蓝色＝天蓝色＋纯黑色

浅灰蓝＝天蓝色＋纯黑色＋纯紫色

粉绿色＝纯白色＋草绿色

黄绿色＝柠檬黄＋草绿色

墨绿色＝草绿色＋纯黑色（少量）

粉紫色＝纯白色＋纯紫色

啡色＝玫瑰红＋纯黑色（少量）

5.7.2 全色工具

1.喷枪

喷枪设备由空气压缩泵和喷枪两部分组成：

①空气压缩泵（空气压缩机）

为空气喷涂提供动力，可产生压缩空气，高级产品还具备调节气压的功能。喷涂通常需要 1～2 个大气压力。气泵一是容气量要大，出气时可长，气流平稳；二是配备调气阀，能按修复工作需要调整出气量大小；三是噪音低，使整个瓷器的修复环境保持宁静的氛围，有利于修复师保持平静的心态。

②喷枪（喷笔）

常采用小型压送式喷笔或喷枪，口径为 0.2mm 或 0.3mm。喷枪液杯分为可拆卸与不可拆卸两种，可拆卸液杯的喷枪可方便快速替换不同颜色的液浆，且液杯能自由转动，可实现多角度的喷涂，有时液杯有脱落的危险。

喷笔的上色优点是细腻、均匀，容易做釉膜的叠加效果，所以釉面层次感好，特别适合上高温颜色釉的釉色。缺点是修复面积大，且在修复面边缘出现雾区，影响光泽的过渡。

2.画笔

上色通常选择尖形的油画笔、中国毛笔或水彩画笔，一定要有锋、不开岔、不脱毛。可选用貂毛、猪鬃、狼毫、尼龙等材质的画笔，其中尼龙笔要视上色部分的大小，最常用的是 00～03 号油画笔，或小毫、圭笔等型号的毛笔，可月于补绘精细线条和纹饰。

5.7.3 上色材料

上色所用的材料主要包括三大类：粘结剂（上色介质）、颜料（着色剂）、稀释剂（溶剂）。颜料形成与器物吻合的色彩；粘结剂用于固定颜色，模拟器表的质感；稀释剂用于调节涂料稀薄，使上色更加便利。

1.粘结剂（上色介质）

粘结剂既可以与颜料调和使用，也可以单独使用。理想的粘结剂必须考虑以下几个要求：

a.不会对原器物造成损伤。

b.固化后可较好模拟陶瓷器表面的质感。

c.涂层的附着力较好、不易脱落，但需要时可以安全去除。

d.能与颜料很好结合，结合后颜料不会变色。

e.颜色透明或为水白色。

f.抗老化性能较好，不易变色和变质。

（1）丙烯酸酯树脂

适用高温釉瓷，长期保持原有的色泽，耐紫外线照射不易分解、变黄。固化后涂层透亮无色，有较好的釉质感。适合喷枪上色，色层过渡自然，不留接痕。缺点是固化后硬度不如环氧树脂，涂层干燥时间较长，容易翻底，喷枪喷涂需要配备通风橱，操作人员必须做好安全防护。稀释剂：香蕉水等有机溶剂。

（2）聚醋酸乙烯酯乳液（PVAC乳液）

将PVAC乳液调配粉状颜料或丙烯画颜料用于上色，形成的颜色层无眩光。与其他常用的有机类粘结剂相比，操作更快捷方便且清洁无毒。适用于胎质疏松粗糙的陶器砖瓦等低温器物。稀释剂：水。

（3）丙烯酸酯乳液

指丙烯画颜料的上色介质，由丙烯酸酯、甲基丙烯酸酯、丙烯酸、甲基丙烯酸等单体经乳化剂及引发剂共聚而成的乳液，例如：透明的丙烯画上光油。干燥固化为透明无色的涂层，上色时可混合粉状颜料使用。色层干燥后颜色会变深，调配颜色的时候需要考虑到色差变化。适合许多种类的陶瓷器，尤其是考古出土陶器或者无釉陶瓷器，但不适合高温有釉瓷器。稀释剂：水。

（4）脲醛树脂

脲醛树脂用作古陶瓷修复的上色介质已经多年了，例如：Rustins Plastic Coating。脲醛树脂是尿素与甲醛在催化剂（碱性催化剂或酸性催化剂）作用下，缩聚成初期脲醛树脂，然后再在固化剂或助剂作用下，形成不溶、不熔的末期树脂。脲醛树脂的优点在于能够形成脆硬的涂层，固化后可以打磨和抛光，也能层层堆积，很好地模拟陶瓷器的釉面。其缺点是不耐老化，而且性质危险有害，需要在有通风设备的环境下操作。

（5）聚氨酯树脂

聚氨酯树脂是多异氰酸酯和多羟基化合物反应而成。具有高的极性与反应活性，可产生较强的化学粘结力。使用时能很好地与颜料混合，采用松香水作稀释剂延长工作时间。聚氨酯树脂的物理机械性能好，涂膜坚硬、光亮、丰满、附着力强，可打磨和抛光，还具有耐腐蚀、耐低温、耐水解、耐溶剂以及防霉菌等优点。

聚氨酯树脂的缺点是容易受光照而变黄，树脂逐步老化变为不溶，但可用二氯甲烷类的脱漆剂溶胀后清除，聚氨酯类产品含二甲苯等有毒溶剂，必须在有通风设备的场所操作。

（6）Golden牌瓷器修复光油（ Golden Porcelain Restoration Glaze ）

水溶性、快干、可逆的瓷器修复专用光漆，可用笔或喷枪多次上漆，固化后表面可以打磨，可用适当的水来做稀释剂。该产品可与各类丙烯画颜料调配使用，建议使用同品牌的喷绘颜料。多层喷涂的器物需若干天或若干星期的干燥时间，最好多次喷涂薄层涂料，而不是一次厚层涂料，施工要选择适宜的温湿度环境。每次喷涂之间要留有充足的干燥时间，也可用吹风机加快干燥。最后一道漆需置于加热灯下2～4小时烘干，这项措施很重要，否则涂层无法完全干燥固化，从而导致日后容易产生涂层软化。该产品具有可逆性，可以使用氨水清除。方法是：将家用氨水和水1比1混合，用干净的棉布吸取溶液后轻柔地擦洗。

（7）环氧树脂

适用于高温瓷器或釉陶，与粉末颜料、气相二氧化硅等填料调配后上色，也可单独使用增强亮度。室温下约24小时固化，固化后可以打磨加工，也能层层加厚，不会翻底。缺点是环氧树脂固化时间长，固化后为不溶不熔的热固性树脂，不能采用喷枪喷涂，光照后容易变色发黄，不能用于修复颜色较淡的陶瓷器。稀释剂：乙醇。

2.颜料

颜料是指有色的细颗粒粉状固体物质，可分散在媒介中，当溶剂挥发后，即留下含有粘结剂和颜料的涂层。除使用干燥的粉状颜料，修复也可以采用油画颜料、丙烯画颜料等美术颜料，这些美术画材颜色种类丰富、质地细腻，使用方便。但是必须指出的是，这些美术颜料已经含有粘结剂，如油画颜料中含亚麻籽油，丙烯画颜料含丙烯酸酯乳液等，上色时可以单独使用或者与适宜的粘结剂配合使用。染料亦可作为着色剂，用于环氧树脂或者聚酯树脂的染色，产生的颜色是透明的。但与颜料相比，染料在陶瓷修复中使用较少，因为许多染料具有不耐光、易褪色的缺点。

（1）粉状颜料

颜料按化学成分可分为无机颜料与有机颜料两大类：无机颜料是以天然矿物或无机化合物制成的颜料，使用与生产历史悠久，目前的产量占世界颜料总产量的96%。有机颜料指含有发色团和助色团的有机化合物，其生产历史虽只有100多年，但色泽鲜艳，着色力高，色谱齐全。不过，有机颜料的耐候、耐光、耐热性远不及无机颜料强，在光辐射的作用下，其分子因光化学反应导致结构变化，很容易发生褪色现象。粉状颜料必须要与各类上色介质混合后，才能用于上色。

（2）丙烯画颜料

丙烯画颜料确切名称为聚丙烯酸酯乳胶绘画颜料，是颜料、丙烯乳剂（丙烯酸酯乳液）和水的结合物。丙烯画颜料可用水稀释，当色层湿润未干时，用水可以将其洗去。但是如果完全干燥后就变成一种既坚固又柔韧的薄膜，不再溶于水。丙烯画颜料通常用于器表粗糙的陶器或釉陶，而不适合用于高温瓷器的上色。

（3）油画颜料

颜色丰富饱满种类丰富，但其中所含亚麻子油等成分不利于色层持久，必须事先将颜料挤到白纸上，将油吸收后取用。油画颜料属于油类颜料，可以与丙烯酸酯漆混合，很适宜喷枪喷涂工艺，用于瓷器或釉陶上色。与粉状颜料不同，油画颜料不容易产生颗粒状的表面。

（4）丙烯酸酯色漆

在丙烯酸酯透明漆中添加颜料而制成的产品。丙烯酸酯色漆适用于喷枪上色，色层薄且光亮，色泽过渡均匀自然。采用香蕉水等有机溶剂作为稀释剂。可以与丙烯酸酯透明漆、油画颜料、粉状颜料混合后使用。

（5）仿金颜料

瓷器的镏金纹饰通常是低温烧制的釉上彩，易在使用中磨损、脱落。修复镏金纹饰的方法就是将仿金颜料产品或铜粉与上色介质混合后，用画笔补绘在所需部分。铜粉的颜色种类多样、价格便宜便于操作，其缺点是与树脂结合不好，固化后表面有颗粒、光泽较暗，暴露大气中容易老化而变色，需罩一层添加紫外吸收剂的丙烯酸酯透明漆，增强亮度并用于封护。

（6）贝碧欧陶瓷颜料

分为陶瓷和瓷器两种产品：陶瓷颜料为不透明光亮的溶剂型颜料，耐光性能好，可以修饰陶瓷器。自然干燥无需烘焙，3小时初步干燥，48小时完全固化。干燥后色层可以耐光照和冷水，但不可浸泡在水中。该产品包括各色颜料、无色上光介质、专用稀释剂等。另一种专用颜料是Porcelaine 150，烘焙后色层光亮坚固，颜色半透明或不透明，可用于各类瓷器或釉陶。几分钟后初步干燥，24小时完全干燥，充分干燥后在150℃下烘焙35分钟，能够形成耐水、乙醇洗涤剂的色层。该产品可以层层叠加，加入专用稀释剂增强颜料流动性，加入亚光介质能降低光亮度，而使用光亮介质可调淡颜色，但不会令色层变薄。该颜料容易变色，不宜大面积使用。

3.稀释剂（溶剂）

稀释剂的作用是将涂料的成膜物质溶解或分散为液态，便于施工形成薄膜。不同的上色介质要配合不同的稀释剂或溶剂，例如：丙烯画颜料可以用水来稀释，而丙烯酸酯色漆要用香蕉水等有机溶剂来调节色料的浓度。许多商业产品会配备专门的稀释剂。

4.消光剂

上色涂层固化后常会形成比原器更光亮的表层，除了改用哑光型的上色介质之外，还可在涂料中添加消光剂来降低色层光泽。色层光泽是表面对光的反射特性，色层越平滑，反射的光越多，光泽度越高；色层越粗糙，散射的光越多，光泽值就越低，呈现"平光"。消光剂指那些能使色层表面产生预期粗糙度，明显地降低表面光泽的物质。消光剂悬浮在涂层的表面或充填在涂层体系内部，使涂膜的表面产生不同程度的粗糙度。古陶瓷修复中常用的消光剂为气相二氧化硅，其折光率为1.46，接近大部分成膜树脂的折光指数（1.4～1.6范围内），不会影响涂层的透明性，且具备耐磨、抗划痕性、高分散性等优点。研究表明，最多添加40%的二氧化硅都不会影响到色层的粘结强度。

5.7.4 上色流程

1. 准备

正式上色前，准备好颜料、稀释剂、粘接剂、笔刷、喷枪、白瓷板等上色材料与工具，器材保持干净整洁、取用快速方便。丙酮、丙烯酸酯漆等挥发性试剂须装在密闭容器内，相关的调色与上色操作均在通风橱内进行，操作者要佩戴橡胶手套或口罩。准备工作是为了能够迅速流畅地开展工作，许多上色材料的干燥速度快，因而要尽量缩短工作时间。

2. 封护

石膏等多孔隙的填补材料在上色前需要表面封护，例如：5%～10%Paraloid B-72 丙酮溶液，或者低浓度的环氧树脂粘接剂的酒精溶液，这是为了加强石膏的强度，也起到打底的作用。封护可采用笔涂或者喷涂的方式。

3. 基色

该层涂料中会添加有强遮盖力的钛白颜料，一是为了均匀上色部分的颜色，便于稍后的正式上色，二是加入较多的钛白颜料可增厚涂料，填补表层的坑洞或划痕等细小缺陷，固化后用细砂纸打磨平整。基本涂层会凸显出修复表面的不足，可用上色介质混合滑石粉后来填平，固化后再打磨光滑。该操作可能需要反复多次。

4. 底色

用调刀或画笔在白瓷砖上混合颜料和粘结剂，调配出与原器底色相同的颜色。可在相同的填补材料上实验，等干燥后与陶瓷器颜色进行比较。上色可以采用笔绘或喷绘的方式，后者的颜色过渡自然，能够实现天衣无缝的修复效果。根据不同器物，选用适合的上色材料与方式，通常陶器上色使用丙烯画颜料，带釉器物采用丙烯酸酯漆。等待色层固化后才能再上下一层，往往需要多次上色才能达到所需颜色。

5. 纹饰

补绘所缺纹饰或者镏金装饰需要有可靠的依据，例如：器物保留的重复对称的纹饰或者简单线条。大多数采用笔绘的方式完成，有时需要采用喷涂来达到晕散的效果。

6. 罩光

上色修复最后一道工序是罩透明光漆，用于保护修复部分的色层，防止材料老化变色或者受到磨损，主要是用于带釉器物。根据需要选择光亮或者亚光的丙烯酸酯透明漆，或者在其中添加适量气相二氧化硅，降低涂层的光亮度。

5.7.5 调色方法

在白瓷板中央放置粘结剂，四周放所需的粉状颜料或美术颜料产品，并且准备好稀释剂。用笔或调刀取颜料添加到粘结剂中混合，粉状颜料要用调刀尖研磨细碎，添加的颜料要逐渐增量，直到调出合适的颜色。调色要控制时间，避免颜料使用前就干燥，建议多调一些颜料，因为调色过程中颜料会有损耗。调好的颜料要在同样的填补材料上实验，与原陶瓷器颜色接近后方能正式使用。

调色时先放含量多的颜色，后加含量少的颜色。比如调配青花的青白底色时，先在调色板上放上白色，然后加少量群青、生赭逐步调整。加黑、灰等量的补色可以加深颜色，加白可调淡颜色。有人建议使用生褐加深颜色，用柠檬黄来调淡颜色。调和一种颜色最好是两色相加或三色相加，否则颜色会变灰暗。要增加颜料透明度，可增加无色的上色介质。在所有颜料产品中，丙烯画颜料固化前后颜色会有色调不同。最后罩光也会改变颜色深浅；光亮的介质会令颜色变深，哑光介质会令颜色变浅。这些可能的色差变化都需要加以考虑，但如用量过多，颜料中的粘接剂相对不足，就会减弱颜料层与修复表面之间的附着力。

5.7.6 上色方法

1.喷绘

喷绘是将液态颜料倒入喷枪中，对修复部位进行喷涂。喷绘可以使修复部分和原器物的交接处实现自然过渡，保证器物表面整体上的平整光滑。但是喷绘时颜料由于气雾的形式喷出，因此影响范围较大，若是小范围上色，可能会造成过度修复。所以喷绘适宜于大面积修复。

2.笔绘

笔绘即用毛笔、油画笔或水彩、水粉画笔等美工笔的笔尖沾取颜料后在修复部分上涂刷或点戳的形式进行上色。由于手工笔绘可能会出现力道不匀、上色不均等问题，因此采用笔绘上色通常会造成器物表面不平整以及修复部分和原器物交接处过度不自然的现象，不适于大面积修复。笔绘通常用于破损面积较小的部位、花纹以及一些小细节的绘制。

5.7.7 陶瓷文物仿釉工艺及方法

1.仿釉定义

瓷器修复过程中，作色作釉环节是最后一步，也是极为重要的一步。上色时难免会出现喷笔力度不均，或者是人工用毛笔着色而留有痕迹。颜色的深浅以及回溶和翻色等情况不可避免，所以对于仿釉涂料的选择比较重要。仿釉材料主要包括仿釉基料、着色剂和稀释剂三种材料，仿釉基料可以使颜色固定，从而让陶瓷具有光泽；着色剂主要是使之和陶瓷原有颜色相匹配，使瓷器颜色过渡自然；稀释剂是用来稀释涂料，使涂料更易上色。而仿釉基料是最为重要的组成部分，它会直接作用于瓷器修复过程后颜色和光泽的持久度以及修复后的视觉效果。

国内仿釉材料有虫胶漆、丙烯酸漆、环氧树脂、醇酸清漆、氰基丙烯酸共聚物以及硝基清漆等，目前常用的是醇酸清漆和硝基清漆涂料。其中虫胶漆因为颜色深的关系已经基本不被选择为上釉材料。丙烯酸漆存在附着力、抗紫外线能力和耐水性等方面的不足。醇酸清漆主要以醇酸树脂为主，是一种成膜物质材料，流动平滑性好，但在上色过程中容易出现"翻色"现象，且凝固时间长，凝固过程中容易出现沉淀分离等问题。硝基清漆凝固时间短、光泽效果好，但修补处容易粉化、泛黄、受热不稳定、抗紫外线能力差等问题。所以目前所用的仿釉涂料都是商业用品，还未出现专门针对古陶瓷修复做出的仿釉产品。

2.仿釉方法

针对具体瓷器需要具体对待，筛选合适的仿釉涂料。需要考虑的要素有：1.可逆性，尽量避免翻色、回溶情况。2.耐老化性，防止修补部位泛黄粉化等情况出现。3.与文物相容性，使修补部位和原本部位的衔接过渡流畅自然。

仿釉分笔触法和喷涂法。笔触法仿釉时釉料质地需要相对浓稠一些，能够挂在瓷器上并且不留下笔触痕迹。而喷涂法则需要将釉料质地调得稀薄一些，防止堵塞喷口而导致的出釉不均情况出现，之后还需要在衔接部位无光泽处进行稀料溶解，使光泽过渡自然。

5.7.8 民国柳树黄莺瓶右耳作色研究

上色是瓷器修复中最关键的一环。"上色考验了修复人员的很多能力，如对颜色的把握情况、对喷笔的操作是否熟练，对瓷器原有纹饰的理解是否正确，以及画功是否扎实等。"古陶瓷的釉色并不是单一的一种颜色，所以修复者需要根据釉色的变化自己调配出与修复瓷器相配的颜色进行上色。在颜料的选择上，分为矿物颜料和有机颜料。现在通常是使用丙烯颜料作色，因为它固化后能附着于多种材料基底，无眩光、不易变黄褪色，具有可逆性，产品种类多，干燥时间快，无毒无害。

作色的基本要求是与周围协调一致。首先笔者要把所需要的颜色调配出来，要仔细对比原器物相应部位色彩，再进行上色操作。应先是调配瓶口这种大面积的地方的底色，这件器物的底色并不是纯色，稍稍有一点偏青。用丙烯颜料的钛白、钴蓝、中绿和土黄在纸杯中进行调制，要注意的是颜料的每次添加要少量。大面积的底色上色，使用喷笔能使颜色均匀，过渡自然。修复者在使用喷色之前，一定要把调好的颜料用喷笔先试喷试色，以防止偏色。而瓷瓶的耳朵部分造型和颜色复杂，笔者选择用毛笔涂抹的方式上色。准备一个调色板，笔涂时可以一边调色一边上色。最后用喷笔喷上釉，上色完成（图5-81）。

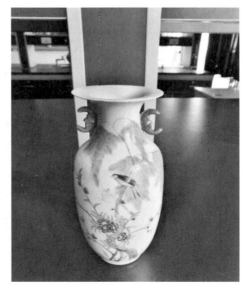

图5-81 瓷瓶上色前后对比（2014级本科生 陈茜茜修复作品）

在作色前，笔者首先要用色差仪来检测一下瓶口和蝙蝠耳的颜色数据并记录下来。在修复中使用色差仪能够降低文物传统修复上色调色的盲目性，并且能有效提高作色的准确程度和效果。上色之前笔者要将调配的颜色用色差仪来检测，通过数据比对来判断笔者的作色是否合格。

5.7.9 一件青花松鹿图瓶的作色研究

作色是陶瓷修复中的关键一步。很多商业修复中的不可识别修复，其修复像与不像的关键，往往就在于作色。因为博物馆中的展览修复要兼顾修复原则中的可识别性原则和美观性，所以作色要达到远看一致、近看有别的效果。

陶瓷器的色彩比较丰富，即使是一件单色釉瓷器，其颜色也包含很多层。修复人员需要调配与瓷器相符的颜色，这样才能使修复出的瓷器与原来的瓷器无差别或者差别不大。作色的方法也有很多，在国内以喷笔修复法和笔涂修复法为主，还有弹拨等方法，这些方法的使用要依据修复部分颜色的质感。喷笔作色法是用喷笔将颜色喷涂在器物上，由于喷笔喷涂面积比较大，喷涂时颜色单一，所以喷笔作色法比较多用于修复单色釉器物。笔涂修复法比较细致，所以常用于修复色彩比较多的瓷器。在欧美国家对于出土陶器和釉陶的作色方式，主要有笔尖点戳、牙刷弹拨、海绵涂擦等。

根据不同作色方法的效果对比与分析，笔者选取了喷涂和笔涂相结合的方式。对青花松鹿图瓶的底色采取喷涂的方法，由于瓶身的开裂纹和青花松树的部分比较细致，所以采取笔涂的方法进行绘画。

在色料的选择方面，可以有丙烯颜料、矿物颜料和水粉颜料。丙烯颜料作为水溶性材料在没干时，可以用水擦除，干燥时间也比较快且无毒，固化后则形成胶状物质，不易发黄变色且遮盖力比水粉颜料好。且丙烯干透后溶于丙酮，具有一定的可逆性。所以选择了丙烯颜料作为作色颜料。

因为瓷器表面有一层光泽，而无机颜料不具备这样的效果，所以我们需要在补配好的部分涂抹一层仿釉物质，从而达到瓷器的光泽感。丙烯颜料适合石膏等多孔表面可以实现无眩光的表面，也可以达到适当增加光亮的效果，适合陶器的修复。但是当修复釉质肥厚的高温瓷器时丙烯颜料的光泽感已无法满足需求，需要釉质更为透亮、坚固的产品。针对瓷器的这一特点，欧美国家也研发了专用的修复光漆，包括水溶性丙烯酸酯光漆、含有抗紫外线稳定剂的丙烯酸酯光漆、无色而且不容易变黄的水性的丙烯酸树脂光漆。

目前国内使用的仿釉基料主要有醇酸清漆、硝基清漆、丙稀酸清漆及其它仿釉涂料。但由于这些溶剂型材料对人身体有害，所以不建议使用。笔者选择的是美国的GOLDEN光釉。这是一种单组份水性瓷器修复釉材料，其稀释剂为水，所以毒性远低于传统的溶剂型仿釉材料，快干性好，硬度比较高，比较安全和方便。在干燥后可形成坚硬、无粘性的釉面瓷膜。该材料可使用毛笔或喷笔进行单层或多层的涂抹，可以用氨水清除，具有可逆性（图5-82）。

在颜料和仿釉材料确定后，作色之前要对器物的花纹以及颜色等进行观察，用丙烯颜料进行调色，调配好的颜色浓淡要合适，底色要方便喷涂，用笔描绘时的线条要自然流畅。最终修复好的瓷器要与原器物基本保持一致。

此青花松鹿图瓶为2014级本科生黄昊天修复作品。该青花松鹿图瓶的底色中有偏黄白和偏蓝白两种色彩，其开裂纹呈现偏棕的米黄色，青花颜色偏蓝紫，选用了丙烯颜料中的钛白、普蓝、赭石、酞青蓝、土黄等进行调色。先调好偏蓝白的颜色用喷笔进行第一遍喷涂，待颜色干透后用偏黄白的颜色进行第二遍喷涂。等做好的底色完全干透后，在干净的喷笔里倒入稀释好的高登釉，喷涂在补配的材料上，等其完全干透。青花松树的纹饰在瓶口处缺失，但保留部分具有一定的规律性，故可据此推测出完整纹饰。由于喷涂了釉，可选取铅笔绘制底稿，以方便修改。用铅笔在底色上勾画出经推测的松树纹饰，再用毛笔蘸取调好的青花颜料，按照铅笔底稿进行绘画。由于青花有晕染的效果，待松树颜色干透，可以在高登釉中加入少量颜料在绘制好的青花图案上进行晕染。由于开裂纹面积较大，且比较细致，所以最后绘制开裂纹。该器物的开裂纹也具有一定的规律性，靠近青花的部分开裂

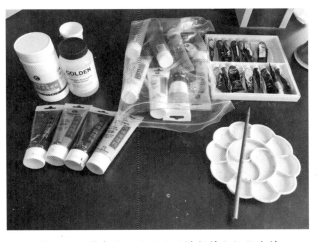

图5-82　作色的工具以及丙烯颜料和仿釉涂料

纹比较浅，且开裂纹呈圆形开裂，据此先用铅笔在瓶身上绘制底稿，再用细毛笔蘸取丙烯颜料进行绘制。待所有颜料完全干透后，再用干净的喷笔在修复部位涂抹一层稀释好的高登釉。待釉层完全干透后，补配作色的部分就具有了瓷器光泽感（图5-84）。

在修复的同时拍照记录每一步修复过程，并完成修复档案的填写。

图5-84a　青花松鹿图瓶作色前　　　图5-84b　青花松鹿图瓶作色后

5.7.10　一件康熙贺寿青花盘的作色研究

此件康熙贺寿青花盘为2014级本科生李齐修复作品。在补配、打磨步骤完成之后（图5-85a），将盘子放在光源处，用手指抵住，发现胎体太薄太透了（图5-85b），所以用喷笔在补配的地方喷上一层白色的丙烯颜料（图5-85c）。之后再进行调色，先把底色做出，喷均匀（图5-85d、5-85e）；再用薄薄的一层纸去拓印花纹（图5-85f~h），最后使得花纹印在残缺的地方，再进行的勾画和上色（图5-85i~k）；最后进行上釉。

图5-85a　作色前

图5-85b　透胎

图5-85c　白色打底

图5-85d　正面底色

图5-85e　背面底色

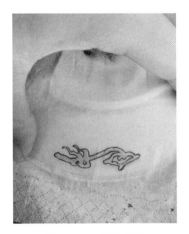

图5-85f　背面花纹

图5-85g　正面花纹

图5-85h　正面纹饰拓印

图5-85i　调色、试色

图5-85j 正面作色后

图5-85k 背面作色后

5.7.11 一件清青花花卉葡萄纹盘的作色研究

图5-86a 作色前

图5-86b 调色

图5-86c 绘制纹饰

图5-86d 作色后

5.7.12 清三代酱釉青花碗的作色修复研究

引言

作色环节中画法也很重要，根据器物的不同纹理，画法也要相应的改变。单色釉、釉上彩、釉下彩和斗彩等画法也是有差别的。作色还需要修复者有美术知识、鉴赏力和审美感。因此作色的难度是整个修复流程中最复杂的一个环节。

在动笔之前，首先要观察器物的质地、花纹、颜色等，调配的颜料要浓淡适中，以便上色。用笔时线条要流畅。最终修复后的瓷器，在颜色、质地、光感、纹理都要与原物一致。

1.上色材料筛选实验设计

（1）实验目标

本次实验的目的是探究酱釉青花碗的上色材料，笔者主要对比颜料的颜色、质地、稳定性是否适合文物作色的要求。

本次实验有三个部分，第一部分为对比四种颜料的质感，观察和体会四种颜料的颗粒度、笔触是否清晰等，进行初步筛选。第二部分，通过紫外线老化实验和加热高温实验对颜料进行稳定性测试，确定颜料耐老化性差异。第三部分，将筛选过后的颜料进行调色对比，经色差仪检验，检验颜料与文物的颜色是否相近。

（2）实验材料及制备

本次实验选择了四种颜料，见图5-87，除去矿物颜料外，其余颜料均是有机颜料，四种颜料均可使用到文物上，但最适合的颜料还需要结合其特点与实验结果进行对比筛选。

四种颜料的特性：水粉颜料有一定的覆盖能力，遇水时颜色的饱和度很高，变干后颜料会失去光泽，干透后的色层浓密厚重。矿物颜料，用天然矿石经一系列过程后制成，遮盖力强，耐热，

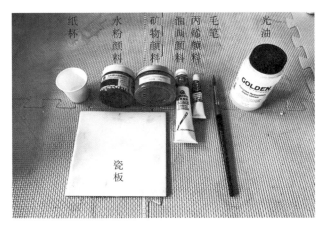

图5-87　准备工具

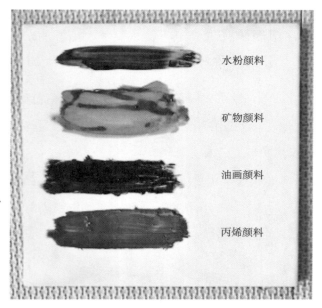

图 5-88　四种颜料

图 5-89　BG/UV-3 紫外老化试验箱

耐溶剂性好，不易变色，但色谱不是十分齐全，部分成分有毒性。油画颜料，覆盖能力强，有一定的可塑性，需要用松节油清除。丙烯颜料，干燥后形成薄膜，柔韧性好，抗腐蚀，不褪色，颜色饱满浓重，有轻微的毒，但对人体不会产生伤害。

笔者在涂抹过程中发现，水粉颜料、矿物颜料、丙烯颜料与光釉混合后涂抹在白色瓷片上时，笔触划过之处没有钝感力，十分顺畅。但是油画颜料油性大，十分黏稠，在涂抹时产生了钝感，留有笔触十分清晰，并且清洗时还需用松节油清洗，给修复过程带来不便。四种颜料的遮盖力，除去水粉颜料外，其余三种颜料的遮盖力较强。对四种颜料进行初步筛选，最终笔者放弃使用油画颜料。

（3）实验仪器及条件

笔者对初步筛选后的三种颜料进行紫外老化实验和加热实验，测试颜料的稳定性。紫外线老化实验使用 BG/UV-3 型紫外老化箱，该设备可自动控制循环时间、实验时间和紫外线照射和冷凝温度。色差仪选用三恩驰公司 NR200 便携式电脑色差仪。耐高温老化实验使用标诺 DHG202-0 型恒温干燥箱。

紫外老化实验方法：

1）把三种颜料分别涂抹在瓷板上，作为样本。

2）待样本完全干燥后，将样本放置紫外线老化箱中，设定温度25℃，连续老化时间12h。

3）实验（2）为一个周期，本实验中共进行5个周期。

耐高温老化实验方法：

1）把三种颜料分别涂抹在瓷板上，作为样本。

2）待样本完全干燥后，放置105℃干燥箱中干燥12h，晾凉至室温后使用色差仪测量数据。

3）实验（2）为一个周期，进行5个周期。

2.实验结果与分析

（1）紫外老化结果

1）紫外线老化色差仪测量数据

水粉颜料：

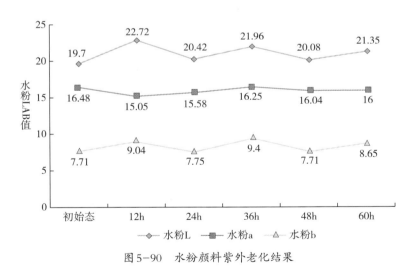

图5-90　水粉颜料紫外老化结果

矿物颜料：

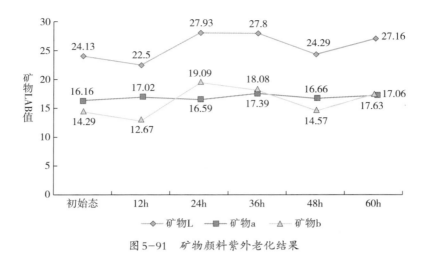

图 5-91　矿物颜料紫外老化结果

丙烯颜料：

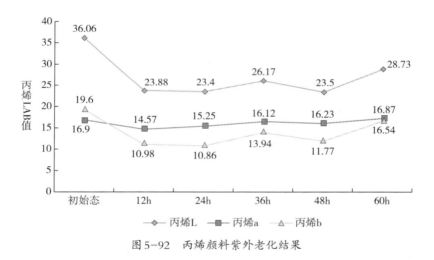

图 5-92　丙烯颜料紫外老化结果

2）紫外老化样品三维超景深显微观察结果

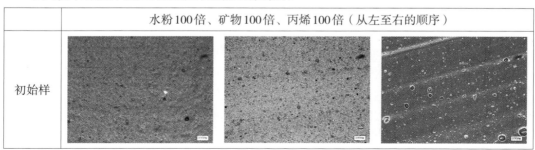

水粉100倍、矿物100倍、丙烯100倍（从左至右的顺序）
初始样

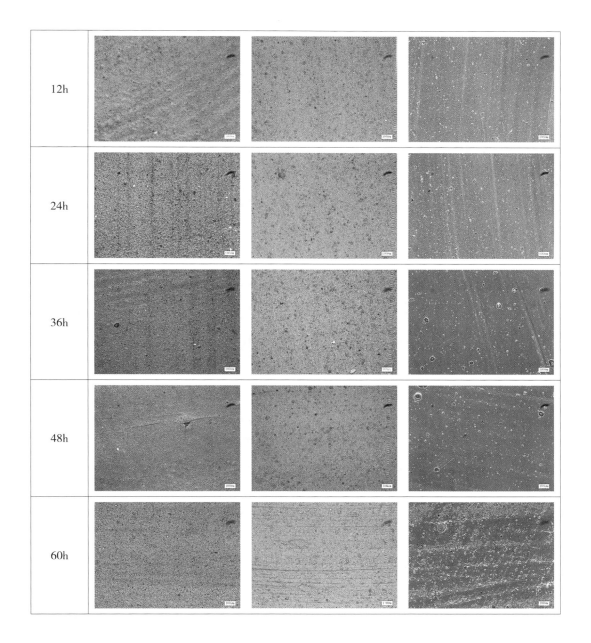

3）实验数据分析：

色差仪分析：L、a、b为颜色空间系统。所有的颜色可用L、a、b三个轴的坐标来定义。L为垂直轴，代表明度，其值从底部0（黑）到顶部100（白）；a代表红绿轴上颜色的饱和度，其中 –a为绿，+a为红；b代表蓝黄轴上颜色的饱和度，其中 –b为蓝，+b为黄。

紫外线老化实验中，水粉颜料的明亮度呈小幅度变化，总体范围在19.7～21.35之间。矿物颜料的明亮度呈非线性上升趋势。丙烯颜料的明亮度呈非线性下降趋势，其中经历第一次紫外线老化试验后，下降幅度在5次实验中的变化程度最大，除明亮度变化大，颜色变化幅度小，较稳定。

三维显微镜分析

紫外线老化的三种颜料随老化时间加长，颜色变化不明显。在第三次、第四次实验后水粉颜料表面出现了裂纹，第五次实验后，表面出现小洞。

（2）高温老化实验结果：

1）加热实验色差仪测量数据

水粉颜料：

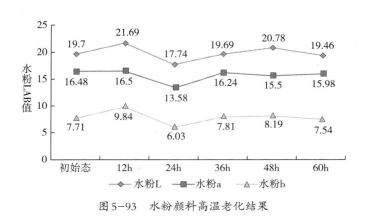

图5-93　水粉颜料高温老化结果

矿物颜料：

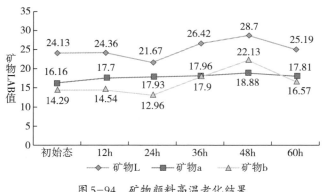

图5-94　矿物颜料高温老化结果

丙烯颜料:

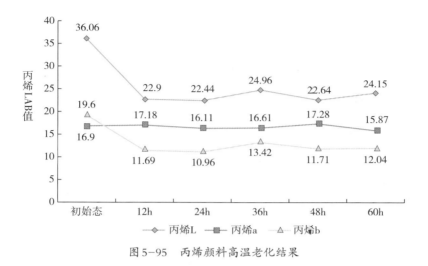

图5-95 丙烯颜料高温老化结果

2）耐高温样品三维超景深显微观察结果

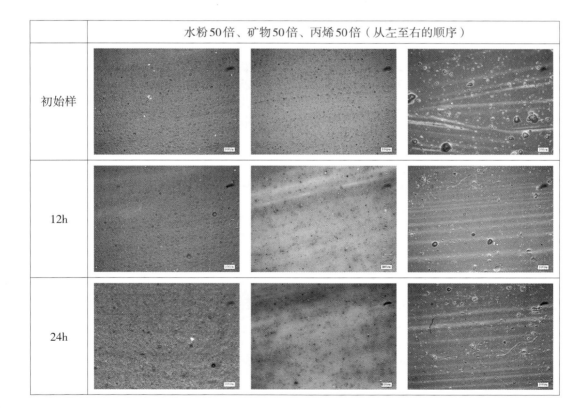

	水粉50倍、矿物50倍、丙烯50倍（从左至右的顺序）		
初始样			
12h			
24h			

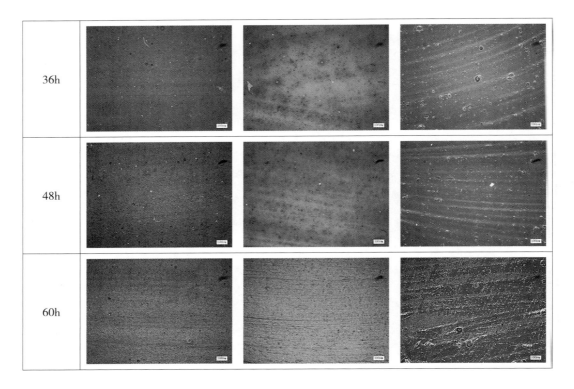

36h			
48h			
60h			

3）实验数据分析：

色差仪数值显示，三种颜料均呈非线性上升或下降趋势。水粉颜料与矿物颜料明亮度数值变化不明显，丙烯颜料进行第一次加热试验后，变化幅度最大，之后几次实验变化不明显。

三种颜料a值b值变化幅度不大，丙烯颜料第一次实验后，变化幅度最大，之后变化幅度不明显，说明三种颜料色彩变化不明显。

三维超景深显微镜：加热实验中，三种颜料表面并没有发生变化。但是笔者观察到，矿物颜料的颗粒度是三种颜料中最明显的。

总结：在紫外线老化中，水粉颜料在进行到第三次时出现裂纹痕迹，但并不明显。第四次、第五次实验时表面出现裂纹与小坑，说明水粉颜料稳定性不强，故水粉颜料不能作为上色颜料。

3.进一步实验

笔者继续对矿物颜料与丙烯颜料再一次进行对比筛选。矿物颜料作为上色颜料需要介质才可用于作色，笔者将矿物颜料与丙烯颜料混合，再与丙烯颜料进行对比。以下笔者将矿物颜料与丙烯颜料混合的颜料称为混合颜料。

（1）紫外线老化试验

实验方法：

1）将两种颜料分别涂抹在瓷板上，作为样本。

2）待样本完全干燥后，将样本放置紫外线老化箱中，设定温度25℃，连续老化时间24h。

3）实验（2）为一个周期，本实验中共进行3个周期。

实验数据：

1）紫外线老化色差仪测量数据

混合颜料：

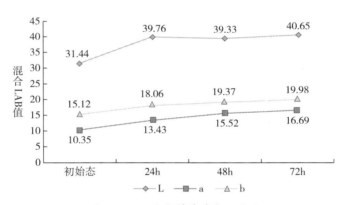

图5-96　混合颜料紫外老化结果

丙烯颜料：

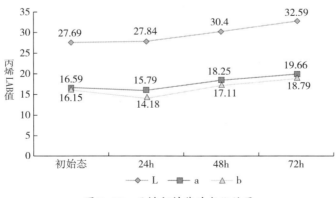

图5-97　丙烯颜料紫外老化结果

2）样品三维超景深显微观察结果

	混合颜料100倍、丙烯颜料100倍（图片顺序从左至右）
初始样	
24h	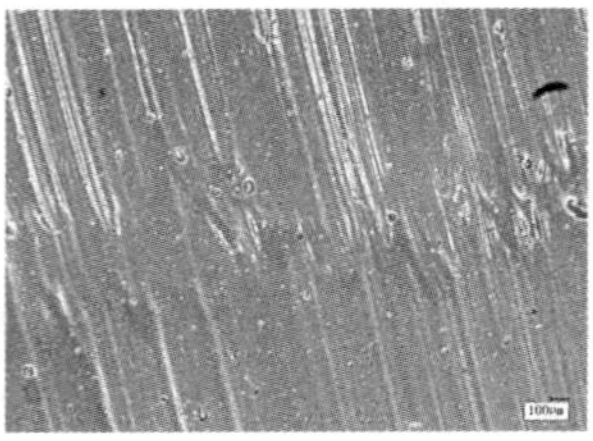
48h	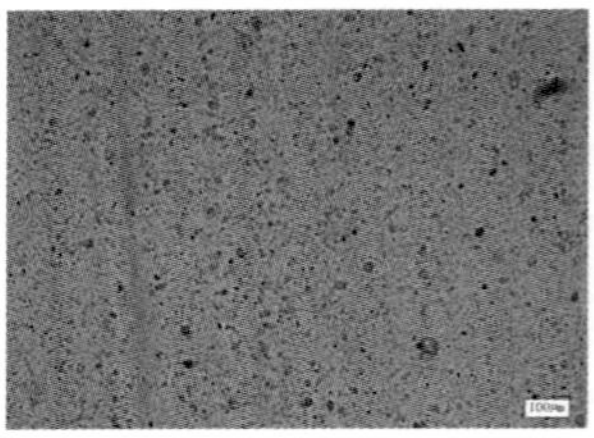 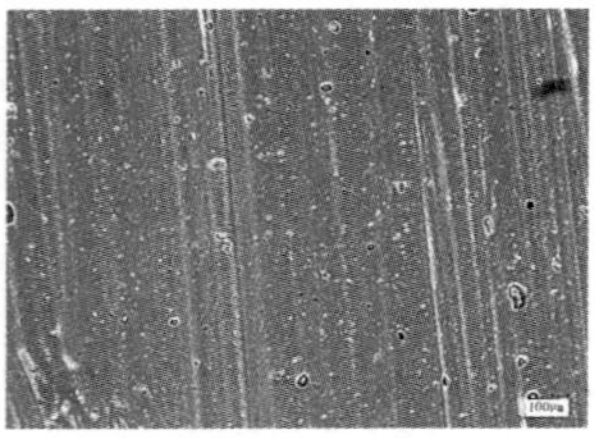
72h	

3）实验数据分析：

色差仪数据显示：两种颜料明亮度和饱和度均升高，两者比较下，丙烯颜料的颜色变化较小，较稳定。

三维超景深显微镜：两种颜料颜色变化并不明显，但是混合颜料颗粒度较大。

（2）耐高温老化实验：

使用标诺DHG202-0型恒温干燥箱，色差仪选用三恩驰公司NR200便携式电脑色差仪。

实验方法：

1）把两种颜料分别涂抹在瓷板上，作为样本。

2）待样本完全干燥后，放置105℃干燥箱中干燥24h，晾凉至室温后使用色差仪测量数据。

3）实验（2）为一个周期，进行3个周期。

实验数据：

1）加热实验色差仪测量数据

混合颜料：

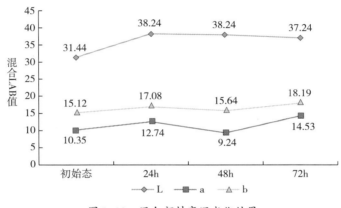

图5-98　混合颜料高温老化结果

丙烯颜料：

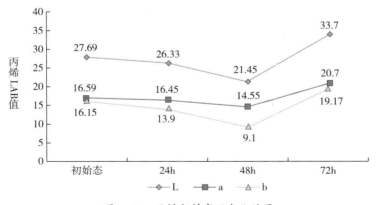

图5-99　丙烯颜料高温老化结果

2）样品三维超景深显微观察结果

	混合颜料100倍、丙烯颜料100倍（图片顺序从左至右）	
初始样		
24h		
48h		
72h		

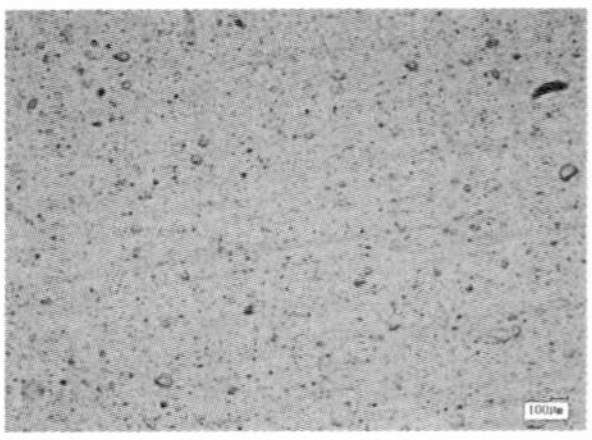

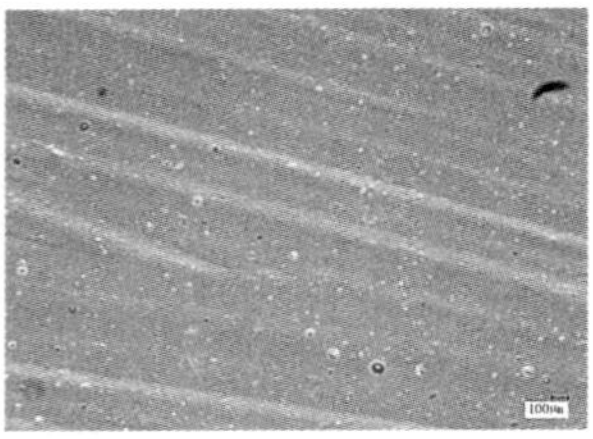

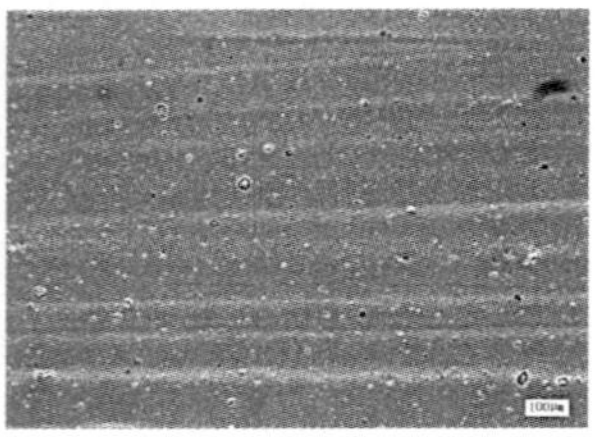

3）实验数据分析：

色差仪数据显示：两种颜料受温度影响，都呈现非线性上升趋势，相比较之下，丙烯颜料的稳定性比混合颜料的稳定性差一些。

三维超景深显微镜：根据实验时间加长，在进行到第三次实验时，混合颜料表面出现了裂纹，相对比之下，丙烯颜料表面没有出现任何情况。

实验总结，经过三次实验的对比，笔者先后排除油画颜料、水粉颜料和矿物颜料。最终确定出丙烯颜料作为上色颜料。

（3）丙烯颜料示范修复

按照器物外部的酱色进行调色，使用色差仪检查器物颜色与调配颜色的差别，即两种颜料的色差△E，确保调配的颜色与器物的颜色几近相同。使用色差仪测量出器物外部酱釉的颜色值，作为标样，之后对白色瓷板上的颜料进行取样，作为试样。

如何知道不同颜色间的差异，两者关系见图5-100。

物质颜色的变化/颜色差异	ΔE
微量	0–0.5
轻微	0.5–1.5
能感觉到	1.5–3.0
明显	3.0–6.0
很大	6.0–12.0
截然不同	12.0以上

图5-100　颜色差异与视觉差异对比

根据色差仪数据显示，两种颜料色差为2.34，属于合格。

色差仪数据			
L*	27.95	ΔL*	−1.68
a*	11.7	Δa*	−0.8
b*	14.28	Δb*	−1.42
c*	18.59	Δc*	−1.69
h*	50.19	ΔH*	0
		ΔE*	2.34

图5-101　测试的色差值

采用丙烯颜料上色后，将酱釉青花碗完全修复后，见图5-102。

图5-102　修复前后比较

4.结论

1.清三代酱釉青花碗运用的是研究性修复的修复理念，根据文物保护法的相关规定在前期对文物进行保护，之后以文物保护行业规范为依据对其进行修复。

2.本文在筛选适合清三代酱釉青花碗上色的颜料这一环节时，充分将科技检测与修复结合在一起，通过紫外线老化试验、加热实验、色差仪检测和三维超景深显微镜检测，最终确定丙烯颜料是较为适合的上色颜料。

参考文献

[1]杨植震，俞蕙，高正，吕迎吉.关于提高丙烯酸光油仿釉层硬度的研究[J].文物修复与研究，2009：115-118.

[2]蒋道银，罗曦芸，刘伟，余宏华.古陶瓷修复仿釉涂料的研究[J].文物保护与考古科学，2002（S1）：92-100.

[3]张翠，吴燕，张洋，孙妍.纳米二氧化硅对涂料的改性研究现状[J].林业机械与木工设备，2013，41（8）：16-22.

[4]黄琼涛，吴燕，张莉娇，闫小星.纳米二氧化硅改性对硝基木器涂料力学及光学性能的影响[J].家具，2014，35（2）：25-28.

[5]于清章，韩行勇，郝庆辉，邱再明，吴霁虹.纳米二氧化硅浓缩浆在涂料中的应用研究[J].涂料工业，2013，43（10）：11-15.

[6]吴慧.纳米二氧化硅改性聚氨酯风机叶片涂料的制备及应用研究[D].复旦大学，2013.

[7]Dashtizadeh A，Abdouss M，Mahdavi H，Khorassani M. Acrylic coatings exhibiting improved hardness，solvent resistance and glossiness by using silica nano-composites[J]. Applied Surface Science. 2011；257（6）：2118-2125.

[8]张翠，吴燕，张洋，孙妍.纳米二氧化硅对涂料的改性研究现状[J].林业机械与木工设备，2013，41（8）：16-22.

[9]于清章，韩行勇，郝庆辉，邱再明，吴霁虹.纳米二氧化硅浓缩浆在涂料中的应用研究[J].涂料工业，2013，43（10）：11-15.

[10]金祝年.应用纳米二氧化硅改进外墙涂料性能的研究[J].化工新型材料，2004（5）：42–43.

[11]黄琼涛，吴燕，张莉娇，闫小星.纳米二氧化硅改性对硝基木器涂料力学及光学性能的影响[J].家具，2014，35（2）：27.

[12]蒋道银，罗曦芸.仿釉涂料在古瓷修复中的应用[A].中国文物保护技术协会第三次学术年会论文集[C].中国文物保护技术协会，2004：88.

[13]陈泽铭.对古陶瓷修复仿釉涂料的几点思考[J].艺术科技，2016，29（11）：168.

[14]俞蕙.国外古陶瓷修复仿釉产品综述[J].文物修复与研究，2012：405–410.

[15]郑景新，舒畅，钟婷婷.气相二氧化硅的性质、发展现状及其应用[J].有机硅氟资讯，2009（4）：20.

[16]苏学军.纳米SiO_2的应用研究进展[A].全国无机盐信息总站、全国无机硅化合物协作组.第十二届全国无机硅化合物技术与信息交流大会论文汇编[C].全国无机盐信息总站、全国无机硅化合物协作组：中国建筑材料联合会粉体技术分会，2003：6.

[17]王磊.水性聚氨酯涂料技术的发展研究论述[J].化工管理，2018（17）：163.

[18]金祝年.应用纳米二氧化硅改进外墙涂料性能的研究[J].化工新型材料，2004（5）：42–43.

[19]贾文忠.目前古陶瓷修复中存在的问题和解决策略[J].文物修复与研究，2003：198–199.

[20]张慧，张金鼎.瓷器传统修复材料变色成因分析[J].文物保护与考古科学，2018，30（6）：111–115.

[21]庞倩华，张艺博.古陶瓷修复保护技术概述[J].陶瓷，2017（1）：63–65.

[22]柯加良.气相白炭黑在粉末涂料中的应用[J].有机硅氟资讯，2006（10）：46–48.

[23]惠学军.陶瓷类文物保护与修复工作的几点思考[J].博物馆研究，2016（4）：92–97.

[24]张辛铖.水性丙烯酸涂料的改性及应用研究进展[J].广东化工，2018，45（12）：131–133.

[25]张军，王刚，曾国屏，胡震宇，刘书保.水性丙烯酸树脂及涂料应用技术的研究进展[J].江西科学，2018，36（4）：551–557+562.

[26]林锐，刘朝辉，林壮文，贾艺凡，王飞.水性丙烯酸涂料的改性及其功能化应用研究进展[J].表面技术，2017，46（1）：133-140.

[27]培芝.康熙外销瓷：外酱釉内青花咖啡具[J].收藏界，2002.1.

[28]马未都.马未都谈瓷之色 玉碗盛来琥珀光 酱釉[J].紫禁城，2009（5）.

[29]杨俊艳.千古流韵酱釉瓷[J]收藏，2013（1）：60-65.

[30]霍华.携来世界曾游——外销瓷漫谈[J].东南文化，2003（12）：81-85.

[31]万钧.东印度公司与明清瓷器外销[J].故宫博物院院刊，2009（4）：113-123.

[32]彭明翰.郑和下西洋·新航路开辟·明清景德镇瓷器外销欧美[J].南方文物，2011（3）86-100+194.

[33]纪炜.碧海扬波域外生辉-哥德堡号和海上丝绸之路[J].收藏家，2005（11）：5-10

[34]俞蕙、杨植震.古陶瓷修复基础[M].中国上海：复旦大学出版社，2012.

[35]艾玉庭.浅谈青花瓷的起源和发展[J].佛山陶瓷，2006，16（4）：28-30.

[36]杨俊艳.碎金流霞-北京毛家湾出土瓷器珍品[J].收藏家，2009（10）.

[37]中华人民共和国文物保护行业标准-陶质彩绘文物保护修复档案编写规范[R].2009.5.15.

[38] 中华人民共和国文物保护行业标准-陶质彩绘文物保护修复方案规范[R].2009.5.14.

[39]可移动文物病害评估技术规程 瓷器类文物[R].

[40]可移动文物病害评估技术规程 陶质文物[R].

[41]熊寥.中国古陶瓷集成：注释本[M].江西科学技术出版社，2000.

[48]詹长法 张可 王方.潼南大佛保护与修复研究[J].中国文物科学研究.2012.

六、考古现场出土陶瓷文物保护与修复

在考古发掘的过程中会遇到很多文物安全问题，文物在地下，经过长时间埋藏，往往会达到一种腐蚀平衡。一旦人们将其发掘后，相当于把文物从它已经适应的地下稳定环境转移到地上的新环境，所以会加剧文物的腐蚀速度，尤其是对丝织品的侵蚀，不加以保护的话断裂变硬在几小时之内就会发生。此外，温湿度的变化对出土文物也会有很大影响。因为湿度增加，文物本体会膨胀，而因为某种原因湿度降低时，文物就会发生开裂、变形、变色、变脆等等问题。

如此看来，对于文物的现场保护技术显得尤为重要，预防性保护和风险管理的概念是需要贯穿文物现场保护当中的。一般考古发掘时可以在附近建立临时实验室，配备一些常用的保护材料和温湿度计。另外，可以采取现场保护，整体提取的方法。比如"南海一号"水下考古发掘，就是将沉船打捞上来后整体保护并建立博物馆，科研保护与参观同时进行。

6.1 出土陶瓷文物的清洗

多数的陶瓷器在埋藏中较少受到化学损伤，但有容易受到物理损伤的倾向。并且因为陶器是具有多孔质的组织结构，这就增加了它因可溶性盐类引起的损伤的可能性。

一旦干燥，陶瓷器的表面就会出现白色粉末状的堆积物。遇到这种情况就必须做实验确定是否是可溶性盐类。在水合后的所有陶瓷器中都含有可溶性盐类，所以保管要在潮湿状态下进行。或者使之干燥后，在相对湿度20%以下保管。釉层产生裂纹变成断片，就是由可溶性盐类引起的。盐类隐藏在釉层之下的状态，有结晶的可能。不能使含有可溶性盐类，潮湿多孔质的陶瓷器直接干燥。有关去除碎片上附着的可溶性盐类，须事先从保护负责人处征求关于在现场可行的简单的方法（Paterak:s 1987），在清洗陶瓷器之前，要仔细调查是什么样的组织构造，低温烧成的陶器不能清洗。如用炉火烧成的史前时期的陶器与碎片，变成粉状的釉，化妆土，画的彩画等都不能直接清洗，带有颜色的碎片由于自身的重量等，在清洗期间会伴有风险，出土陶器或瓷器都有清洗的需要，要使用不含盐类的干净的水和柔软的牙刷，猪毛刷子等。为了防止碎片产生摩擦，不应在水中放入一片以上的碎片。这一系列的清洗作业须在监督下进行。

6.2 出土陶瓷文物打包与临时保管

碎片要放置在塑料制的干燥架上使之干燥，但要避免阳光直射或直接接触加热器。低温烧制的陶器由于非常脆弱，所以发掘后一旦干燥就会产生裂纹或碎掉。是否能够使保留下来的碎片安全的干燥，最好做实验试一下。如果因为干燥而产生劣化，则要在潮湿的状态下保管。然后，确保用潮湿的聚酯泡沫打包后，尽早地送至保护负责人处。找不到适合的铺垫材料时，将脆弱潮湿的碎片与探方周围的土一起放入聚乙烯容器中并密闭，尽早地送至保护负责人处。在此之前，要在阴凉的地方保管。

关于低温烧制、脆弱的陶器碎片的保护要特别注意。首先要决定是用干燥的状态还是潮湿的状态进行打包。碎片要夹在非酸性纸巾或聚酯泡沫，聚乙烯泡沫中，放入聚酯容器或聚乙烯容器中，然后放入带标签条的聚乙烯袋子里。这些铺垫的材料应全部放入保管用的容器的底部。

在潮湿状态下对碎片进行保管时，不能使用非酸性纸巾。因为它会分解并粘在碎片上，对于低温烧制、脆弱的陶器碎片，使用软的木制竹签或圆的金属竹签，用机械的方法将附着的泥去除掉。这种情况下，泥和碎片的表面可能已经是分不清楚的状态，所以作业进行得要十分缓慢，这项工作需要大量能经验和耐心，去除泥土时，潮湿的碎片比干燥的碎片容易一些。在使泥土附着的陶器碎片干燥之前，要事先试验一下潮湿状态和干燥状态下，哪一种清洗方法更适合瓷器或原始瓷，高温烧成的陶器，其碎片要放入打好孔的聚乙烯袋子中保管。为了避免磨损，注意不要接触胎土较软的物品，完整的器物要整体提取。这样的操作最好是由有经验的保护负责人来完成。

6.3 陶瓷碎片的标签制作

高温烧制的陶瓷器上要使用墨汁进行记录

对于多孔质且易损坏的陶瓷器，用墨汁记录之前，要预先用聚乙烯醋酸树脂稀释10%的溶液或丙酮稀释的B72溶液涂抹。B72与聚乙烯醋酸树脂相比干燥得较慢一些。使用这些溶液时请参照COSHH协议记录完成后，在上面再用前面讲到的聚乙烯醋酸树脂稀释10%的溶液或丙酮稀释的B72溶液涂抹，做一层保护层。

有关陶瓷器的记录，可以遵照有关石材的记录标准。因为之后的修复，记录有看不清楚的可能性，所以记录不能写在碎片的断面上。

6.4 陶瓷文物的提取

在文物的整体保护中有套箱提取法，是比较简单的一种方法，利用木制框架结构对物体进行整体提取，能够有效提高稳固程度与提取安全性。然而这种方法适合自身强度较高的土质，并且文物的体量相对较大。

提取工作首先需要去除文物周边的杂物泥土，然后利用土质框架将土壤包裹起来，以此实现对文物周边的加固。其次最关键的是底切处理，在实际操作过程中必须将土质台基的底部完全掏空，然后在插满底板之后用绳子或铁丝将木质框架和底板绞紧。最后一步则是刚性支撑，将一块刚性支撑板放在与底切处理板相同的水平位置，然后再对整体提取的另外一端施力，以此来将整体提取块从低的处理板上移到刚性处理板之上，最终实现提取。

绷带法主要是针对小型文物的方法，首先将纤维绷带螺旋上升的将土质基台的底部将土体包裹住，利用织物绷带的强度为其提供支撑。如果实际支撑强度不够的话可以在绷带上刷一层树脂加固剂或者石膏来增加强度。另外，如果在进行底切处理的时候所使用的金属板带刃，可以直接利用其硬度进行支撑，达到提取文物的目的。

无氧或氮气保存法，是为了防止文物出土时受到氧化，所以要提前准备一些盒子抽干里面的氧气，变成简易的真空装置对文物进行保护处理。除此之外，氮气保护法可直接利用空气来实现对氮气的分离，这样可以在考古现场就对文物进行充氮保存，从而最大限度地保存文物出土原貌。

参考文献

[1]左威.考古发掘现场环境突变对出土文物的破坏及应急保护对策[J].技术与市场，2020，27（07）：173-174.

[2]潘坤容.关于瓷器污染物的研究[J].中国国家博物馆馆刊，2020（06）：138-144.

[3]冯丹，齐孝蕾，郝健，王辉，李小伟，罗宏杰，崔永梅.薄荷醇作为临时固型材料在文物保护中的应用[J].文物保护与考古科学，2020，32（02）：112-117.

[4]卞尚.陶质文物彩绘加固工艺试验研究[D].西北大学，2018.

[5]夏佑.咸阳坡刘村东汉墓出土陶器制作工艺分析[D].西北大学，2018.

[6]贺翔.彩绘文物次生病害与典型保护材料失效机理研究[D].浙江大学，2019.

[7]潘晞.徐州北洞山西汉楚王墓彩绘陶俑的保护和修复[D].南京艺术学院，2018.

[8]俞剑清.潮湿环境考古发掘现场挥发性固型材料的比较与复配研究[D].浙江大学，2018.

[9]梁宏刚.考古现场出土文物清理与保护的实践与探索——以广西上思县出土三合土棺的室内考古清理与文物保护为例[J].南方文物，2017（04）：256-264+300.

[10]赵倩.信阳城阳城址战国楚墓出土彩绘陶器保护修复研究[D].西北大学，2017.

[11]孟宪微.探讨考古发掘现场文物保护的重要意义及措施[J].中国民族博览，2017（11）：221-222.

[12]于宗仁.文物保护移动实验室功能构建及其综合分析方法应用[D].兰州大学，2017.

[13]考古发掘现场出土脆弱遗迹临时固型材料研究[N].中国文物报，2016-12-09（006）.

[14]容波，周珺，刘成.考古发掘现场出土脆弱遗迹提取方法研究述评[A].中国文物保护技术协会.中国文物保护技术协会第八次学术年会论文集[C].中国文物保护技术协会：中国文物保护技术协会，2014：7.

[15]李斌，吴晨，容波.考古发掘现场文物保护方法和材料的新进展[J].长安大学学报（社会科学版），2014，16（03）：136-140.

[16]容波，周铁.陶质彩绘文物保护材料研究新进展[J].中国材料进展，2012，31（11）：16-21.

[17]魏璐.榆林地区馆藏汉代彩绘陶器的保护研究[D].西北大学，2012.

[18]李晓溪.脆弱陶质文物加固材料的筛选及改性研究[D].西北大学，2012.

[19]李政.张安世家族墓发掘：探索考古发掘现场文物保护的有效模式[N].中国文物报，2011-04-22（002）.

[20]俞蕙.论古陶瓷修复中上色颜料的选用[J].文物修复与研究，2009（00）：108-114.

[21]黄建华，杨璐，王丽琴，严淑梅，王伟锋.彩绘漆盘的考古发掘现场保护[J].文博，2009（06）：292-297.

[22]杨璐，孙道山，潘娇，黄建华.一件带漆陶器的考古发掘现场保护[J].西部考古，2008（00）：291-296.

[23]王蕙贞，冯楠，宋迪生.考古发掘现场环境突变对出土文物的破坏及应急保护研究[J].边疆考古研究，2008（00）：303-313.

[24]袁传勋，徐靖，姚政权，高飞.六安双墩一号汉墓考古发掘现场的文物保护[A].中国文物保护技术协会、故宫博物院文保科技部.中国文物保护技术协会第五次学术年会论文集[C].中国文物保护技术协会、故宫博物院文保科技部：中国文物保护技术协会，2007：7.

[25]吴双成.浅谈彩绘陶器的保护与修复[J].人类文化遗产保护，2003（00）：106-109.

[26]李存信，考古现场处置与文物保护技术[M].中国社会科学出版社，2016，01

七、出水陶瓷文物保护与修复

目前我国陶瓷文物的保护修复方法主要应用在出土的陶瓷器上,国内对于海洋出水的陶瓷文物的保护修复尚处于起步阶段。自20世纪80年代开始,随着水下考古领域的不断拓展,以"华光礁Ⅰ号""南海Ⅰ号"与"南澳Ⅰ号"为代表的多个沉船遗骸及大量文物相继打捞出水,许多古代陶瓷文物亦随之浮出水面,如何做好出水陶瓷文物的保护修复,探索出一套高效、耐久、可复制的基础方法理论,并迅速付诸实践,是我国文物保护工作者目前所共同面临的一个重要难题。

海洋出水陶瓷长期处于海洋环境中,受到海水侵蚀、海洋生物污损等多种因素影响,发生了不同程度的病变,给陶瓷的保护及修复带来了一定的困难。多数出水陶瓷文物的保护与修复工艺和流程是相同的,包括清洗、脱盐、拼对粘接、补配、加固、打底、作色、仿釉和做旧。其中的每一项工艺又要根据器物的保存状况及实际保护要求,选择特定的材料及流程。

7.1 出水陶瓷文物现场病害观察

观察病害在器物上的分布状况并分析判断病害的种类,进而绘制病害图,为后面制定科学有效的修复方案提供强有力的数据支撑。

由于受到海水侵蚀和生物污损,许多陶瓷的外部结成坚硬致密难以去除的石灰质、石膏质沉积物,个别表面还存有铁质沉积物。在这些陶瓷中,有一部分被贝壳、海泥等混合组成的沉积物包裹着，而且胎体内必然存在大量的可溶性盐类。陶瓷器被打捞出水后，由于保存环境的温度、湿度的变化，可溶性盐类会随着溶解度的变化而反复发生溶解—结晶—再溶解—再结晶的情况。在这一过程中，陶瓷器内部的孔隙会发生变化，器物内壁压力也会反复增减，这就使得陶瓷器，尤其是低温釉陶的强度大大降低，进而出现釉和胎剥离、酥松易碎等现象。所以，应根据陶瓷器的具体情况，及时采取清洗、脱盐措施并对陶瓷器进行修复。

7.2 出水陶瓷文物清洗脱盐

清洗脱盐是出水陶瓷保护修复中的重要步骤。一般是先利用各种工具和化学试剂在最小程度干预的前提下清除陶瓷表面的污物、凝结物等，然后再处理陶瓷中的可溶盐离子。常用的清洗方法有物理清洗法和化学清洗法。

7.2.1 海洋出水陶瓷凝结物的去除

这一步骤的主要目的是去除对瓷器未来长期保存产生巨大影响的覆盖物，主要以机械方法来实施，必要时辅之以化学方法。对于化学清洗试剂的选择应遵循"最小干预原则"，在现有的文物清洗保护材料中筛选最安全材料，在可以达到清洗效果的前提下，优先选择对文物造成"负担"最小的试剂。根据陶瓷腐蚀理论可知，陶瓷在碱性环境中会发生基体溶解反应，且反应速率非常快，因此，对陶瓷器进行保护处理时应当尽量在中性环境中进行。当然，由于陶瓷具有耐酸性，且在弱酸环境中的溶解速率很低，与中性环境中速率相同，因此，在弱酸环境中进行保护处理也不会对瓷器本体产生损伤。对于钙质等无机类沉积物多用稀酸类清洗剂（如草酸、醋酸、柠檬酸、稀盐酸等）去除，其中对于石灰质沉积物多用10%的盐酸或10%的硝酸去除，石膏质凝结物多用浓硝酸去除，硅质凝结物用1%的氢氟酸去除。也有学者用5%的六偏磷酸钠溶液去除钙质沉积物，近年来比较盛行用EDTA去除钙质沉积。对于各类油污等有机质污迹多用丙酮、酒精、汽油及双氧水等试剂去除。截至目前，国内对于沉船内文物表面凝结物的系统分析及去除研究还较少。

根据"南海I号"出水的这2件瓷器的情况，去除凝结物的步骤如下：（1）把器物放入3%～5%的稀酸溶液中浸泡0.5～1.5小时（此操作能迅速去除大部分碳酸盐沉积，但时间不宜过长）。（2）用手术刀、毛刷等工具去除已软化部分凝结物。（3）将器物转入5%的EDTA加柠檬酸混合溶液中浸泡5～7天（此操作能去掉硫酸钙、硫酸盐等）。（4）器物表面的有机污垢残存，用3%～5%的双氧水擦拭去除。

7.2.2 清洗

对器物进行了清洗，具体选用的清洗试剂如下：

（1）使用去离子水擦拭器表析出的铁锈侵蚀物和其他附着物；

（2）使用2A试剂清除器物表面侵蚀较浅的铁锈侵蚀物及其他附着物；

（3）使用5%的草酸涂敷惊纹处与侵蚀处；

（4）使用10%的草酸涂敷惊纹处与侵蚀处；

（5）使用5%的高锰酸钾涂敷惊纹处与侵蚀处，再用10%的草酸还原。使用不同清洗试剂发现，使用5%的高锰酸钾涂敷惊纹处与侵蚀处，再用10%的草酸还原效果最佳。瓷器经过清洗后，侵蚀物去除效果显著。在对器物使用化学清洗剂清洗后，接着笔者又使用了去离子水对器物进行清洗，清除残留化学试剂。

7.2.3 可溶盐脱除

早些年从"南海I号"上打捞出的较为完整的几千件陶瓷，已有部分出现了裂缝，主要是脱盐脱水处理不当造成的。因此，对出水陶瓷的清洗脱盐处理显得尤为重要。可溶盐脱除方法基本有以下几种。

（1）静态去离子水浸泡法

去离子水浸泡法实际上是最简便可行的脱盐方法。可溶性盐作为电解质，在水中含量越多，水的导电率就越大。将瓷器浸泡于去离子水中，可通过观察其电导率的变化了解可溶性盐的迁移状况。

（2）加热加速法

通过加热去离子水可以使之更快渗透到器物的众多孔隙中去，特别是较深层的孔隙，从而加速可溶盐和器物的快速分离，同时加热去离子水还可以在一定程度上增大无机盐的溶解度，使器物中的有害盐更易脱除。

（3）超声波加速脱盐

超声波振荡脱盐是通过搅拌使水溶液发生运动，将已溶解出的离子带离陶瓷本体。但同时也会产生一个副作用，使用超声波可能会对清洗对象造成损伤，所以，对于那些已经出现胎釉剥离或有严重胎裂的器物应避免使用。在这次实践操作中选用了该种方法对瓷器进行了脱盐处理，并每天对水的电导率进行测定、记录。

（4）电渗加速法

将器物浸泡在去离子水中，并在浸泡槽的两头接入电极，通过电流使器物中的金属离子加速运动，从而析出到浸泡液中，还可以使浸泡液中的金属离子向电极运动，降低器物附近的离子浓度，进一步加速脱盐。

7.2.4 可溶盐离子脱除终点判断

怎样判断脱盐是否顺利完成，是需要进行实验和检测的，应以所检测到的数据加以判断，即通过电导率检测仪检测水中电导率变化或测定TDS（total dissolved solid，即溶解性固体总量）值来判断。水的电导率和水中所含的无机酸、碱、盐的含量有一定的关系，电导率随着这些元素含量的增大而增加。TDS值越高，表示水中含有的溶解物越多。通过使用电导率检测仪对所提取的脱盐溶液的电导率进行检测，同时记录并对比前后的检测数值。如果连续三次所测电导率数值稳定且接近去离子水的电导率，就可判定脱盐顺利完成。

7.3 出水陶瓷文物其他修复步骤

其余的粘接，加固，补配，作色等流程与考古出土陶瓷文物修复流程一致。

7.4 小结

出水瓷器文物受到的腐蚀和污损多是由海洋环境物理、化学、生物等多方因素共同作用的结果。出水发掘现场对文物的保护是后期实验室保护的重要基础。成功的现场文物保护能为文物的长久保存创造有利条件，而且为考古学、文物学、历史学及其他学科研究保留重要信息资料。根据瓷器文物所处海洋腐蚀环境，不同病害特征进行分析研究，采用安全、成熟的保护修复方法，最大限度地延长其寿命与合理利用的时间，充分体现出文物本身所具有的历史、艺术和科学价值。

参考文献

[1] 石俊雯，张茂林，李其江，袁枫.陶瓷文物表面沉积物病害研究进展[J].陶瓷学报，2021，42（02）：256-262.

[2] 卢丽芬.广州海事博物馆出水瓷器脱盐保护试析[J].陶瓷，2021（01）：102-104+127.

[3] 潘坤容.关于瓷器污染物的研究[J].中国国家博物馆馆刊，2020（06）：138-144.

[4] 马显冰."南海Ⅰ号"出水瓷器保护修复前期评估简析[J].文物天地，2020（02）：109-112.

[5] 张欢."南澳Ⅰ号"沉船出水瓷器类文物表面凝结物激光清洗实验研究[J].中国文化遗产，2019（05）：23-30.

[6] 耿苗."南海Ⅰ号"出水瓷器传统制瓷工艺辨析及在修复中的指导意义——以龙泉窑、景德镇窑青白瓷为例[J].文物鉴定与鉴赏，2019（13）：92-94.

[7] 耿苗."南海Ⅰ号"出水陶瓷的主要病害及稳定性处理[J].文物世界，2019（03）：74-77.

[8] 习阿磊."南澳Ⅰ号"出水陶瓷器脱盐技术对比研究[J].文物保护与考古科学.2020（01）

[9] 肖九梅.浅谈陶瓷轴承的使用与维护[J].陶瓷.2020（02）

[10] 张玄微."南海Ⅰ号"出水瓷器脱盐[J].文物天地.2020（02）

[11] 周瑞旎.论金属器与陶瓷器之间文物保护技术的借鉴——关于脱盐的器物保护手段[J].美与时代（上）.2018（07）

[12] 陈岳，李乃胜，罗武干，王昌燧.华光礁Ⅰ号出水瓷器脱盐方法研究[J].江汉考古.2013（01）

[13]李乃胜，海洋出水瓷器保护研究[M].科学出版社，2016.

[14]马燕如.我国水下考古发掘陶瓷器的脱盐保护初探[J].博物馆研究.2007（01）.

[15]王艳蓉，朱铁权，冯泽阳等."南海Ⅰ号"出水古陶瓷器科技分析研究[J].岩矿测试.2014（03）.

八、陶瓷文物修复工作中的预防性保护问题

8.1 预防性保护发展现状[1]

文物保护前期最重要的工作就是风险评估，这一概念最早在意大利被系统化，而风险评估和预防性保护的关系则是先进行评估以后，根据不同文物的特点量身定制预防性保护方案。

意大利文化遗产风险评估系统在1975年初具规模，主要是根据1975年Um-bria大区文化遗产保护规划的经验与方法手段，对包括壁画分布区域图、油画分布区域图、降尘污染颗粒物分布区域图、建筑和纪念物遗址分布区域图、考古区域分布图等在内，制定了160页的实施细则。到了20世纪80年代，意大利在上述基础上又添进了传世艺术品与博物馆分布区域图，全国馆藏文物被盗情况统计分布图，开创了各类侵蚀因素对区域文物整体影响的研究先河。自20世纪90年代起，该系统逐渐变为规范化、科学化的管理体系，建立了长期监管机构，用以管理意大利文化遗产保护的全部信息，并进行遗迹侵蚀调查。1990年正式将其命名为"国家遗产风险图"，并拨款1400万欧元，并且政府指定中央修复研究所为其科技支撑结构。自此，风险评估系统在意大利发展较为成熟。

风险管理的内容主要有两点，一是了解文物特定的易损性以及区域危险性因素，确定需要进行的优先干预，制定文化遗产管理保护策略。二是减少或清除影响文物的一个或多个因素，如危险性、易损性（减轻病变）、人为风险因素等。

针对陶瓷文物展开的风险管理要从陶瓷自身的特性、外部的环境和人为的影响因素三方面考虑。陶瓷保护与修复工作首要任务就是文物的预防性保护问题。不论修复工作者修复技术水平的高低，保障整个修复过程的安全问题是必须具备的基本素质。陶瓷修复的预防性保护包括瓷器本身、修复实验室和修复工作者自身的预防性保护问题。

8.2 陶器文物材料腐蚀与环境

地球环境中的所有材料都会遭受环境腐蚀，腐蚀程度、速率、现象和机理取决于材料成分、结构以及环境因素。硅酸盐玻璃、陶瓷和金属腐蚀一直是现代材料腐蚀科学研究的重点和热点。我国古代陶瓷有着悠久历史和辉煌成就，在科技史和工艺史上占有重要地位。古陶瓷为研究陶瓷在自然埋藏下长期腐蚀提供了有效标本。古陶瓷腐蚀现象、腐蚀产物以及腐蚀过程等研究成果不仅能提升该领域的科学认知水平，也可为古代瓷器的保护与现代陶瓷研发提供科学借鉴。

陶器文物由于质地疏松、多孔隙、吸水性强，因而很容易吸收雨水或地下水。地下水或雨水在流动和渗透的过程中会溶入各种酸、碱、盐、有机物，从而给陶器带来损坏。以下是陶器文物在埋藏环境中可能发生的病害。

《彩绘陶质文物病害及其劣化因素探析》一文就从成因角度将劣化因素分为自身因素、环境因素、人为因素三类，比较全面地分析了陶质文物的劣化机理[2]。

8.2.1 彩绘层龟裂、起翘、卷曲、脱落、酥粉

第一，出土前胶结材料的老化或流失。胶结材料为高分子有机物，由于受到地下水、土壤中的酸碱度、埋藏环境温湿度的变化、微生物的侵蚀等影响，颜料层中的胶结材料会老化或流失，颜料层结构由致密而变得松散、无粘附力。这不仅会使彩绘层因上层覆盖土的长期塌压，直接粘附于覆盖的土上，而且遇到干燥的环境后彩绘层还容易起翘、脱落、酥粉。如果颜料层是直接绘在陶坯上的，彩绘层比较薄，还会粉化、酥解。

第二，底层或生漆层的老化。生漆底层老化后，该层结构会变得分布不均匀，还

具有较多的中孔径毛细孔，这使得生漆层失去对陶坯的附着力，且生漆层对失水也变得敏感，失水后产生收缩，出现破裂、卷曲或起翘现象，造成彩绘层的脱落。病害现象会随着生漆层的老化的严重程度而加剧。

第三，水分和温度的相互影响。李华[3]在关于秦俑博物馆彩绘陶器的文中指出，彩绘中仅含的一部分水，会随着温度的变化而进出于彩绘层中，这样不仅会使彩绘层松散，而且也会降低彩绘层之间的黏着力，甚至使黏着力丧失，进而造成各层之间的剥离。生漆层中的水分含量还会随着温度的剧烈变化而发生变化，使生漆层产生龟裂，皱缩，或者造成彩绘的起翘、卷曲、脱落。此外，彩绘层与陶体的热胀冷缩系数不同，在温湿度的剧烈变化下，由于热胀冷缩，会造成彩绘自身材质的强度降低，从而也会产生彩绘层的起翘、卷曲、空鼓、脱落、粉化等。

第四，颗粒物的影响。颗粒物的"某些组分以结晶盐形式存在，沉降到文物表面，随室内温湿度的变化反复结晶析出，长期作用可能会造成陶质文物表层酥解、陶质彩绘文物彩绘，及中介层（如秦俑漆层）脱离陶体。"对于以结晶盐形式存在的颗粒物对于陶器彩绘的影响，赵静等学者对唐代彩绘陶质文物酥粉问题的研究得出：氯化钠和硝酸钠结晶对陶质样品产生损害的最主要因素是相对湿度的变化。赵静还进行模拟实验验证了陶质文物损害或酥粉的本质在于可溶盐结晶受力过程中产生的微裂纹的扩展和贯通，使陶质文物的形貌、质量、强度等发生了一定程度上的变化，而其中的氯化钠破坏性最强。关于具体的破坏历程和劣变分析，赵静在其论文《典型酥粉陶质文物的病变分析及其变化研究》[4]中有详细的论述。另外，刑惠萍在《起甲、脱落、酥粉陶质文物胶料彩绘的回位修复研究》[5]中指出长时间的光照会导致，彩绘中的胶结材料会发生老化、降解、失效，造成彩绘粉化脱落。并且颜料中的胶料量过多时，会在器物表面形成一层较硬的壳，这层厚壳会随着温度变化（热胀冷缩）和湿度变化（湿胀干缩）与底层变化不一致，久而久之会导致颜料层开裂，这层硬壳在胶材料黏着力的作用下，在开裂处产生向回的拉力，致使颜料层起翘，最终脱离器物。

8.2.2　盐析污染或发霉等腐蚀

第一，土壤或彩绘陶器中的可溶性盐的影响。存在于土壤中或彩绘陶俑内的可溶盐，其中的钙、钡、镁、铁等离子析出文物表面时会跟其他阴离子发生作用，在陶器表面形成硬结物；这些可溶盐也会直接在文物表面析出，以结晶形式存在。而出土后表面附着的污垢及适宜的生长环境有利于微生物滋生，其代谢产生的有机酸、色素及酶类等会腐蚀文物材质，影响文物外观。

第二，颗粒物及微生物的影响。富含铁、锰的颗粒物会催化、加速污染气体和文物表面材料的化学反应。在一定湿度情况下，附着各类微生物的大气颗粒物会使文物长霉腐蚀。当温度过低发生冻融作用时，会使彩绘层酥松脱落，并导致陶胎产生酥粉。

第三，空气中有害物质的影响。空气中的有害气体，尤其是二氧化硫，经过一系列的转化会形成硫酸，对陶器彩绘具有腐蚀作用。在一定条件下，大气颗粒物中携带的某些酸性化学物质会与文物表面或矿物颜料发生化学反应，损坏文物。

8.2.3 颜料褪变色

第一，颗粒物的影响。文物表面沉降的颗粒物会覆盖、污损颜料层的原有色彩，影响到彩绘文物的美学观赏价值与视觉效果。

第二，光线的影响。自然光线的紫外线和红外线等照射多时会对文物造成破坏，而波长较长的红外线和波长较短的紫外线对颜料的色彩与光泽有很强的损坏能力。

第三，有害气体的影响。空气中的有害气体，尤其是二氧化硫，其水溶液和某些色素化合可以生产无色化合物，它具有较强的漂白作用，使彩绘变色或褪色。

第四，颜料材质的劣化。陶质彩绘层的颜料多是无机盐，本身具有一定的物理化学性质，在埋藏过程中，由于环境的作用，会发生一定化学变化。其作为盐类浸泡在潮湿的土壤中，也会打破本身的溶解平衡而溶解出部分颜料，从而会导致颜料层脱落、变色等。

8.2.4 表面附着物

表面附着物主要有泥土、硬结块、结晶盐，土壤中的碳迹、植物根茎或其他物体。前三个上面有介绍，土壤中的碳迹，例如秦兵马俑曾被火烧留下碳迹，其他物体，如铜锈、铁锈等。

8.2.5 人为伤害

这类主要是翁沁锦在《青州香山汉墓出土彩绘陶器病害研究》[6]中指出的，首先是划痕，它是器物在发掘或者包装运输过程中，由于失误或碰撞等在其表面造成的条状划痕或者大面积片状损伤。其次是在对出土彩绘进行现场保护时，由于试剂用量或操作工艺不当，彩绘层产生流淌或眩光，甚至会出现粘附污染物而形成薄膜物质。再有就是拼对粘接文物时粘接断面出现的粘接剂外溢现象。此外，还有老化变色现象。这几类中前两类对陶器彩绘的影响直接深远，危害极大，早在 2000 年发表的《三门峡彩绘陶器保护浅析》一文就明确指出"彩绘陶器发生病变的根本原因在于：渗透并储存到彩绘陶器内部的盐类的反复变化和其本身的质地，彩绘颜料的成分及颜料层的厚度，以及它所处环境的温度、湿度等因素的影响。"[7]然而，近年来随着空气污染物的增加，有害气体和颗粒物及其承载的微生物对陶器彩绘的影响也逐渐增加，彩绘陶器的保护应注意这个问题。

陶器彩绘在出土前后会经历环境的变换，新环境中温湿度、光线、颗粒物、微生物等对陶器的彩绘都有影响，保护不及时均会加重病变，环境不同影响亦不同。陶器彩绘病害的研究是为了更好地进行保护，应在目前已有的病害研究基础上，积极探索出土现场对彩绘陶器的科学保护或修复工艺，探索如何能减小出土前后环境的差异，减少新环境对彩绘的损害，延缓彩绘的保存时间。同时在以后的保存中要加强环境监测，将空气污染物对陶器彩绘的伤害降到最低。只有这样，我们才能更好地保护陶器的彩绘，真正发挥彩绘陶器作为文化瑰宝的历史、艺术、审美、科技等多方面的价值，促进学术研究与文化内容的多样性。

8.3 瓷器文物材料腐蚀与环境

瓷器的胎体比较坚硬，在硅酸盐釉层的保护下，吸水率低，受水的影响和侵害不大。所以瓷器的损毁更多来自外力的冲击造成断裂、缺损等破坏。还有一部分病害来自于外界环境对表面釉层的影响形成的沉积物。陶瓷器表面的沉积物形成与埋藏环境和埋藏时间有很大的关系，陶瓷器长期被地下水冲刷、微生物和珊瑚腐蚀、海水中的盐类侵蚀，一些硅质矿物、有机物、炭黑、海洋盐类、铁质器、颗粒较大的黏土等粘附和沉积下来，在陶瓷器表面形成了难以去除的沉积物，亦有学者称之为硬结物、凝结物、土沁、沉积膜等。

近年来，随着越窑、龙泉窑、钧窑、御窑厂等遗址大量瓷器出土，"南海 I 号""华光礁 I 号""南澳 I 号"三艘沉船相继被发现，人们对瓷器的病害又有了新的认知：不论是早期的青瓷还是出现时间相对较晚的青花瓷、釉上彩瓷，釉面、胎体、磕口部位都有不同程度的沉积物附着[8]。有的附着于器表，遮盖器物的颜色、纹饰等信息，影响瓷器的美观，甚至还会对器物造成进一步腐蚀，导致瓷器表面出现大小不一的坑洼、掉釉、掉彩；还有些附着于残断的磕口，侵蚀瓷器的胎体，使其胎体变色[9]。

8.4 陶瓷文物本体预防性保护

瓷器类文物和其他文物相比较稳定，瓷器一般有釉面保护，但釉面往往容易受损，尤其是釉上彩，彩绘层易脱落；出土瓷器易有土沁、破损，出水瓷器有表面侵蚀等等，还有以往人们修复的老化等问题，这又涉及瓷器文物的病害分类。一般可以根据这件文物的病害类型来进行风险评估，并作预防性保护。瓷器类文物病害主要包括毛边、惊纹、冲口、裂缝、破碎、缺损、伤釉、伤彩、侵蚀、附着物、生物损害、盐析以及其他病害13类。按照不同病害的发展趋势及其对瓷器类文物稳定性的影响，可以将这些病害分为稳定病害、活动病害和可诱发病害三类。根据不同的病害类型，开出合适的"药方"，这是进行文物保护首先要做的事情。对文物的病害进行风险评估，需要绘制病害图，对其进行测量评估并给出修复建议。

（1）瓷器修复与保护实验室的地面使用应使用木地板或塑胶等软质材料，实验室的操作台应铺放橡胶垫，操作时台面上只放被修复的瓷器与修复工具，不能放置其他任何物品，以此来确保修复过程中瓷器的安全。

（2）实验室中水池应使用亚克力材料，水池的底部和水池四周应铺放塑料防滑网格以此来确保清洗过程中瓷器的安全。

（3）移动瓷器时，应使用正确的拿放瓷器的姿势，对于形状不同的瓷器应采取不同的拿放姿势；移动大型瓷器时，要多人配合。

（4）实验室中应配备不同规格的靠垫，对瓷器站立起辅助作用；实验室中应安置储物柜，用来储藏瓷器。

（5）对于文物藏品保存的温湿度控制标准，国际博物馆协会曾在1977年就规定博物馆库房相对湿度应控制在45%~60%。从我国情况看，温度保持在14℃~20℃，相对湿度50%~60%，温度的日变化在5℃以内，和相对湿度的日变化在5%范围内，是比较适宜的，应该讲这个标准适用较多的气候条件和各类藏品的保存要求。

8.5 陶瓷实验室的预防性保护问题

（1）应注意防火和防盗的问题。瓷器的修复过程中会使用一些化学试剂，一定要保证化学试剂的正确使用和保存，并在实验室中配备灭火器以及安装监控系统，放置瓷器的储物柜也应设置密码锁；

（2）实验室进出要严格。实验室的大门应设置密码锁或者识别系统，确保闲人免进，使得工作人员在工作过程中不被打扰，也同时保证了瓷器的安全；

（3）实验室功能分区。将实验室分成若干区域，包括瓷器修复区、更衣淋浴区、瓷器清洗区、瓷器保存区等。

8.6 陶瓷文物库房的预防性保护

8.6.1 库房结构

为了满足温度、湿度、光线、粉尘、有害气体、防火、防盗等严格要求，收集陶瓷器皿的储藏室的建筑结构必须符合一定的要求和规范。仓库的面积应根据收集的大小和数量充分考虑，然后将面积增加约30%，作为未来收集的额外空间。每个仓库的开间不应太大，一般面积约80平方米，层高2.4米。促进无窗或少窗封闭仓库的建设。库房建造与装修使用的建筑材料要经过检测，不能释放有害气体，铺地材料一定要注意防滑。

8.6.2 橱柜

橱柜的设计和制作应符合长期收藏的储存要求。保存陶瓷的橱柜应采用双门设计，橱柜宽、深、高为 $130 \times 60 \times 210$（cm）更适宜，使库内的空气不因柜子过高而无法充分均匀流通，它也不会增加访问收集的难度和危险性。橱柜内的每一层货架都要方便地调整高度，以适应时间的需要。橱柜框架的榫头和连接结构必须牢固，库内柜的布置要求统一、有序、实用。从目前的情况来看，橱柜的材料是金属的、木制的和密集的，尽管近几年来密集的货架被更多地用于在较少的空间中储存更多的物品。但在密集帧的移动设备中存在不稳定性。金属柜坚固耐用，防火效果好，但易受环境影响而产生露水。所以，目前一般还是以用木橱柜多。木料的选择，一定要选取含油脂较低弱酸性的木材，并经过消毒烘干（含水率控制在15%以下）以消除虫卵，固定木性，始终保持严密无隙。橱柜外表的油漆，过去有使用桐油与生漆的，现在使用的油漆应不受气候变化的影响，易于擦拭除尘。橱柜制成后交付使用，应有严格的验收制度，对木料的原蛀痕和框架结构的牢度等都要严格检查，否则一旦文物入柜后，发现问题，后患无穷。

8.6.3 囊匣

由于陶瓷文物本体易碎，所以制作囊匣对其储存保护。囊匣的制作材料一定要采用无毒、无污染、无有害气体释放的安全材料，如无酸纸纸板材料。囊匣的内胆必须使用优质脱脂棉作为填充物，内囊以与藏品形状适宜、收取方便、有效保护囊匣内藏品免受外部传递的震动和摇摆为原则。在室内环境下，囊匣能防灰尘，防紫外线照射，还可以隔绝、抵制、消除各种微生物对文物的侵蚀污染。在移动文物时，囊匣还能起到控制温度和湿度的过大变化，便于藏品的归库和提取，特别是文物在运输的过程中，囊匣能有效防止器物之间的磕碰和挤压，起到一定的防震作用。

8.7 陶瓷修复人员自身安全

（1）工作人员一进实验室就要换上工作服；在补配、打磨的过程中要佩戴口罩、眼镜等，避免粉尘吸入；在上色过程使用喷笔时或者使月有害化学试剂时应佩戴防毒面具以及橡胶手套。

（2）实验室中应常备创口贴、医用酒精、紫药水等。

（3）工作人员要定期做身体检查。

参考文献

[1]詹长法意大利文化遗产风险评估系统概览东南文化2009-06-01

[2]张尚欣：《彩绘陶质文物病害及其劣化因素探析》，《秦始皇帝陵博物院》2012年第00期。

[3]李华、容波、马生涛等：《秦俑博物馆陶器库房空气污染的物理化特征及其对彩绘陶器的影响》，《文博》2009年6月。

[4]赵静：《典型酥粉陶质文物的病变分析及其变化研究》，西北大学博士学位论文. 2016年6月。

[5]刑惠萍：《起甲、脱落、酥粉陶质文物胶料彩绘的回位修复研究》，陕西师范大学博士论文，2010年6月。

[6]翁沁锦：《青州香山汉墓出土彩绘陶器病害研究》，《武汉文博》2010年第3期。

[7]李书谦、崔松林：《三门峡彩绘陶器保护浅析》，《华夏考古》2000年第2期。

[8]胡东波，张红燕，刘树林.景德镇明代御窑厂出土瓷器分析研究（下）[M].北京：科学出版社，2011.

[9]张红燕.景德镇明代御窑遗址出土瓷器的腐蚀分析和瓷器常用清洗材料研究[D]. 北京大学，2008.

九、波兰陶瓷文物修复方法与实践

9.1 引言

中国历史文化悠久，文化资源丰富，随着社会的发展，文化领域越来越受到重视。"我在故宫修文物"、"国家宝藏"、"国宝会说话"等节目的播出，更是引发大众对我国文物保护事业的关注和喜爱，文物保护事业的发展也进入到崭新的阶段。

笔者在2018年7月～8月参加由北京联合大学与波兰托伦哥白尼大学共同举办的陶瓷类文物修复暑期夏令营。笔者结合此次实践经历，介绍波兰的陶瓷文物保护修复的理论与方法及思考。

9.2 波兰哥白尼大学文物保护专业发展介绍

波兰的文物保护事业，在国际上享有声誉。20世纪50年代至60年代，波兰托伦哥白尼大学就开始培养文物保护技术人才[1]。哥白尼大学艺术品修复和保护专业在本科教育涵盖绘画、雕塑、纸张、皮革、陶瓷等方向，一般采取本硕连读模式，读完研究生课程后，可以继续申请博士课程。

此次实践的时间共3周，第一周为理论课学习，包含欧洲陶瓷工艺发展史、陶瓷文物保护理论与实践、陶瓷类文物材料科学、陶瓷类文物的劣化（建筑材料、多孔隙材料、考古文物）、陶瓷类文物的保护和修复。第二、三周为实践课，进行了科技检验、清洗、脱盐、粘接、补配、上色等练习，并参与几件文物的修复。

9.3 波兰陶瓷文物修复理论知识体系构建

开展陶瓷文物修复保护，其理论基础包括，陶瓷工艺发展史，主要内容为欧洲地区的陶瓷工艺发展；陶瓷保护材料学，具体包括搪瓷、玻璃、瓷器的生产和性能、陶器的生产和性能、炻器和彩色陶器的生产和性能、陶瓷类工艺品的调查方法；陶瓷类文物的劣化，主要包括建筑材料、多孔隙材料、考古文物；陶瓷类文物的维护和修复主要包括清洗、可溶盐的去除、玻璃的修复。

9.4 波兰陶瓷文物修复材料与工艺

9.4.1 陶瓷文物病害检验工艺

图9-1　显微镜

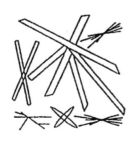

Crystals of CaSO₄·2H₂O

图9-2　硫酸钙的结晶产物

针对陶瓷文物病害的检查分为无损和有损方法。检查方法包括肉眼观察法、初步鉴定微量化学成分、孔隙率的测定、显微镜观察、红外光谱、热释光等。

1.肉眼观察法

首先肉眼观察，拍照记录，并对待修复作品进行基本信息记录，包括尺寸、颜色、文物的病害信息、修复建议等。

2.盐酸滴定法

沉积物的样本取自非切碎的物体，用手术刀轻轻刮一层附着物作为样本放在载玻片上，倒入 $5\%HCl$，看是否冒气泡以此判断是否含有碳酸根离子，然后将试片静置，之后用显微镜观察，看是否有硫酸钙的结晶产物 $CaSO_4 \cdot 2H_2O$，以此判断是否含有硫酸根离子，上述过程为常规的无损判断方式。

3.显微镜观察

将样品嵌入树脂中，使用砂纸将样品面打磨光滑平整，放入显微镜下进行观察样品的分层情况及包含的物质形态。

4.含水率的测定

了解釉砖的吸水性能的目的是为后续选择与釉砖吸水率相适应的材料而进行的方法。测试方法有两种，一种为观察干燥样品在水中的上升时间；另一种使用Mirowski tube和Karsten tube测量吸水性能。

方法一：将样品方砖称重（放烘箱内24小时60℃自然烘干，其质量记为m_0），将样品放入盒子内，放入水，期间一直保持盒子中的水在1cm左右，直至釉砖完全充满水分，完全浸泡的质量为m_1，公式：m_1-m_0/m_0，以此公式测定计算样品的饱和含水率。

方法二：Mirowski或Karsten瓶渗透测试是一种简单的测试方法，用于测量水渗透到不同材料（如陶瓷、石材、混凝土、灰泥）的程度。标定管应粘在物体表面，然后倒入蒸馏水，测量水的时间。在测量表面产生的湿斑直径的基础上，通过将水的体积（in cm^3）除以饱和物质的体积来计算其体积吸收（0.5球体体积→$2.09r^3$）。

公式：管中浸透陶瓷的水量（cm^3）/2.09×圆形湿斑的半径×100%

用这种方法测定的体积吸水能力低于重量吸水能力，因为在测量过程中测试对象有自身吸水率的问题。例如，砂岩的体积吸收率仅为实际吸收率的86%左右，Pinczow石灰岩的体积吸收率为70%左右。我们应该始终使用具有相似吸水

图9-3　打磨样品

图9-4　观察样品

图9-5　Karsten tube

图9-6　Mirowski tube

图9-7　布鲁克ALPHA紧凑智能的
FT-IR红外光谱仪

9.4.2　清洗材料与工艺

1.清洗材料

清洗表面的沉积物，采用了物理清洗和化学清洗的方法。物理方法包括：使用刷子和不同种类的洗涤剂；水蒸气清洁；微喷砂（石英、

能力的兼容材料，以避免原始材料的损坏。

5.红外光谱

仪器选用布鲁克ALPHA紧凑智能的FT-IR红外光谱仪，测定的样品为diamond resin。高分子有不同的官能团，不同的分子团通过红外光谱显示不同的波段，没有图谱可以通过基团的数量和计算面积可以推断出物质种类，有图谱的情况下根据峰值所在范围与标准化合物图谱进行比对可以确定出物质种类。

6.差热分析

将样品放在锅炉内燃烧，在不同温度下之样品质量会有所变化，到达特定的能量级可以激发物质产生变化，质量变化可能是失水，与空气中的氧化物发生反应变成气体逸出，样品经过高温燃烧变成灰烬，通过重量的变化和温度的关系来判断样品的物质。

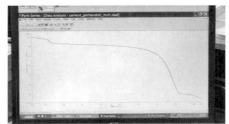

图9-8　进行差热分析实验

刚玉粉、多孔玻璃泡沫）。针对包裹着钙质结壳的釉砖和黑色沉积物（95%烟灰与5%石膏）的雕塑残片进行化学清洗，使用试剂包括：5%的硫酸羟胺；5%的盐酸羟胺；6%的碳酸铵；2%的氢氟酸。

2.物理清洗方法

使用锤子将大块沉积物清除，使用水蒸气清洗后，将余下沉积物使用微喷砂清洗。

图9-9　机械清除　　　　图9-10　高温蒸气清洗　　　　图9-11　微喷砂清洗

3.化学清洗方法

微喷砂清洗后的釉砖表面依旧存在沉积物，这时使用化学清洗方法。

方法一：将5%硫酸羟胺（NH_2OH_2）$_2 \cdot H_2SO_4$滴入纸浆中，敷满釉砖整体，用塑料膜包裹，除去钙沉积物。

方法二：将5%盐酸羟胺（NH_2OH_2）$\cdot HCL$、盐酸羟胺滴入纸浆中，敷满釉砖整体，用塑料膜包裹，除去钙沉积物。工作时间约30～40分钟。

方法三：2%氢氟酸针对雕塑表面的黑色沉积物（95%烟灰，5%石膏）进行清洗。又分为两种方法①笔刷涂刷法 ②纸浆贴敷；分别放置6～8分钟，使用高温清洗机对陶瓷表面进行清洗，并配合牙刷对表面进行摩擦。清洗效果显示纸浆贴敷明显。

9.4.3 脱盐材料与工艺

1.脱盐材料

脱盐采用了5种方法：用十层宣纸紧密包裹釉砖；

图9-12 纸浆包裹

将膨润土、石英砂和水按照1∶6∶2.1的比例调和均匀涂抹于釉砖上；纸浆与水混合包裹文物；将膨润土和纸浆和水以1∶1∶2.1实际效果（水可以使所有材料充分混合）的比例调和均匀涂抹于釉砖上；将膨润土、纸浆、石英砂和水以1∶1∶6∶2.1实际效果的比例调和涂抹于釉砖上。

图9-13　十层宣纸包裹

图9-14　混合脱盐材料

图9-15　五种脱盐方法

2.脱盐工艺

方法一：用十层宣纸紧密包裹釉砖（图9-13），置于空气中，等待干燥后打开宣纸取出釉砖。

方法二：将膨润土、石英砂和水按照1∶6∶2.1的比例调和均匀涂抹于釉砖上，放置于通风处，待干后清理混合物。

方法三：纸浆与水混合，均匀包裹文物。

方法四：将膨润土和纸浆和水以1∶1∶2.1实际效果的比例调和均匀涂抹于釉砖上，放置于通风处，待干后清理混合物（图9-14）。

方法五：将膨润土、纸浆、石英砂和水以1∶1∶6∶2.1实际效果的比例调和涂抹于釉砖上，放置于通风处，待干后清理混合物。

下图（图9-15）为釉砖使用的五种脱盐方法。

9.4.4　粘接材料与工艺

1.粘接材料

粘接材料使用502胶，环氧树脂粘接剂。

2.粘接工艺

方法一：用蘸着丙酮溶液的棉签擦拭瓷

片接口，将瓷片擦拭干净；将每片瓷片进行编号，用胶带贴在瓷片后面；将每片瓷片按照编号用热熔胶粘接好，放在沙堆里，使其立住；将热熔胶全部拆除，将AB胶混合充分后，用牙签涂在瓷片接口处，中间留出一定空间，将502滴在AB胶空隙中（图9-17），涂好后将两片瓷片对接在一起，等502胶干燥后（1~2分钟左右），放置在沙堆中；将每片瓷片按照标号顺序用环氧树脂粘接剂和502胶粘好后，放置在沙堆中，最后再进行组合。

图9-16　502胶与环氧树脂粘接剂

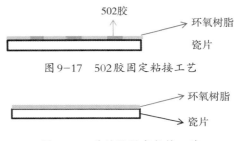

图9-17　502胶固定粘接工艺

图9-18　热熔胶固定粘接工艺

　　方法二：将AB胶混合充分，涂在瓷器接口处（图9-18），将两片瓷片对在一起后，用热熔胶固定，其余的瓷片以此类推；将全部瓷片粘好后，等待大约6个小时后拆除热熔胶。

　　沙子的作用主要是为了起到固定瓷盘的作用，第一步用热熔胶粘可起到视觉上还原的效果，502胶干燥快，可有效缩短时间，利于后期拆解工作。但在瓷器拼接中，由于天气炎热，502胶蒸发过快，而瓷片对接整齐需要时间，很可能在瓷片对接前就已经干了，会留下非常明显的裂缝，第二种方法更有效。

9.4.5　补配材料与工艺

1.补配材料

　　对于多孔材质的陶瓷补配材料有：（1）矿物粘合剂：水泥＋可再分散树脂；水泥＋石灰＋可再分散树脂（2）树脂粘结剂：环氧树脂（双组份）：Araldite 2020，Hextal Nyl-1；抛光树脂（双组份）（3）填料：砖粉＋矿物颜料；石灰粉＋矿物颜料；沙子＋矿物颜料。

表9-1　多孔材质的陶瓷补配材料

矿物粘接剂	树脂粘接剂	填料
水泥粉+可分散+树脂粉	双组份环氧树脂：Araldite 2020, Hextal NyI-1	砖粉+矿物颜料
水泥粉+石灰+可分散树脂粉	双组份抛光树脂	三灰粉+矿物颜料
		沙子+矿物颜料

对于非多孔材质的陶瓷补配材料有：（1）树脂：环氧树脂（双组分）：Araldite 2020，Hextal Nyl-1；抛光树脂（双组分）；丙烯酸树脂：Paraloid B72；UV-树脂。（2）填料：白色的玻璃粉（不透明）；大理石粉（不透明）；悬浮聚甲基丙烯酸甲酯是一种白色粉末（半透明）；硅胶（半透明）。

表9-2　非多孔材质的陶瓷补配材料

树脂	填料
双组份环氧树脂：Araldite 2020, Hextal NyI-1	白色的下班粉（不透明）
双组份抛光树脂	大理石粉（不透明）
Paraloid B72	悬浮聚甲基丙烯酸甲酯（半透明）
UV-树脂	二氧化硅（半透明）

进行填料制作时，将四种粉末混合在一起，各个间的比例按照待修复品的颜色深浅而自行调节。

2.补配工艺

（1）配置补配材料

图9-19　配置补配材料

树脂粉与水泥粉混合+砖粉+铁红+水，树脂与水泥混合粉末与砖粉的比例为2∶1，同时按照不同釉砖的不同颜色添加适量铁粉，充分混合粉末后加少量水搅拌，注意水不要加太多导致材料难以塑形（图9-19）。

（2）调试颜色

不断的对比釉砖的颜色，调节补配材料里铁红的质量。

（3）增强补配强度

当釉砖残缺部分较大时需要先在釉砖缺口部位打两个洞后再内部用钢丝搭建骨架（图9-20）以支撑补配材料，增加补配强度。

（4）填补残缺部位

用铲子将配好的补配材料均匀地涂抹在釉砖缺口处，要注意不要涂得过厚，同时可用棉签蘸水清洁多余材料，在修补过程中补配材料易干结块可在使用过程中少量兑水，易于补配材料塑形（图9-21）。

（5）打磨修整

充分晾干，将修复好的釉砖表面补配部分打磨平整，然后用不同粗细程度的砂纸打磨。可用手指触摸接缝处检查是否打磨平整，并清理多余的补配材料。注意不要打磨到釉层（图9-22）。

9.4.6 上色材料与工艺

上色材料有：水彩画颜料aquarelle；水粉颜料gouache；蛋青+矿物颜料egg tempera；现代的蛋彩画颜料modern tempera；酪蛋白kazein；丙烯颜料acrylic paints；玻璃和陶瓷使用的丙烯酸颜料acrylic paints for glass and ceramic；Paraloid B72+矿物颜料。

上色工具使用各种型号的油画笔，在补全的材料上进行上色。

图9-20　搭骨架

图9-21　补配

图9-22　打磨修整

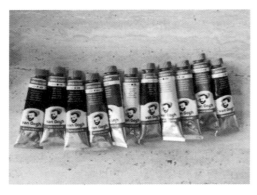

图9-23　丙烯酸颜料

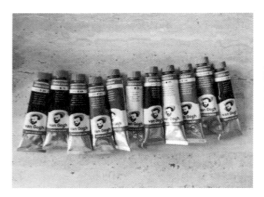

图9-24　丙烯酸颜料

图9-25　水粉颜料

图9-26　水粉颜料

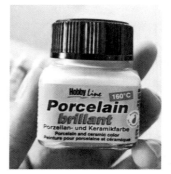

图9-27　陶瓷专用丙烯酸颜料

9.4.7　贴金材料与工艺

贴金材料有：Gold petal；Sliver petal；Schlagmetal petal；Aluminium petal；Gold powder；Mineral gold powder；Paraloid B72；KOLNER KT-5 CERAMIC size；KOLNER PERMACOL base p.

实践课使用金箔和金粉进行练习，将美纹纸贴在待修复区域周围，将其包围，蘸取少量蛋黄液涂抹在内，将金箔或金粉涂抹在上面，变干后将美纹纸取下。

9.5　结论

波兰在陶瓷文物保护修复过程中所做的材料筛选实验严谨细致。在开展陶瓷文物修复之前，对需修复的文物，进行一系列必要的科学检测分析，要求尽量将文物本身所携带的各种历史信息能够全方位地展现出来，另外针对不同的病害进行系统的材料筛选实验，选择适当的材料及工艺，这样做可以帮助修复人员对文物的病害对症下药，辨证施治，同时制定出科学合理的陶瓷文物修复方案。这种文物修复与科学研究相结合的理念，给笔者留下了深刻印象。

参考文献

[1] 胡继高.波兰的文物保护事业 [J].中国博物馆，1985.12.

[2] 波兰哥白尼大学讲义.

[3] CONSERVATION OF THE RENAISSANCE TILES FROM THE GRAND STOVE IN GDANSK ARTUS COURT [J]. Maria Rudy. 8th International Congress on Deterioration and Conservation of BERLIN. 1996.